Caro aluno, seja bem-vindo à sua plataforma do conhecimento!

A partir de agora, está à sua disposição uma plataforma que reúne, em um só lugar, recursos educacionais digitais que complementam os livros impressos e foram desenvolvidos especialmente para auxiliar você em seus estudos. Veja como é fácil e rápido acessar os recursos deste projeto.

1 Faça a ativação dos códigos dos seus livros.

Se você NÃO tem cadastro na plataforma:
- acesse o endereço <login.smaprendizagem.com>;
- na parte inferior da tela, clique em "Registre-se" e depois no botão "Alunos";
- escolha o país;
- preencha o formulário com os dados do tutor, do aluno e de acesso.

O seu tutor receberá um *e-mail* para validação da conta. Atenção: sem essa validação, não é possível acessar a plataforma.

Se você JÁ tem cadastro na plataforma:
- em seu computador, acesse a plataforma pelo endereço <login.smaprendizagem.com>;
- em seguida, você visualizará os livros que já estão ativados em seu perfil. Clique no botão "Códigos ou licenças", insira o código abaixo e clique no botão "Validar".

CB043051

Este é o seu código de ativação! → DGQRE-JV8BR-ACQ1P

2 Acesse os recursos

usando um computador.

No seu navegador de internet, digite o endereço <login.smaprendizagem.com> e acesse sua conta. Você visualizará todos os livros que tem cadastrados. Para escolher um livro, basta clicar na sua capa.

usando um dispositivo móvel.

Instale o aplicativo **SM Aprendizagem**, que está disponível gratuitamente na loja de aplicativos do dispositivo. Utilize o mesmo *login* e a mesma senha que você cadastrou na plataforma.

Importante! Não se esqueça de sempre cadastrar seus livros da SM em seu perfil. Assim, você garante a visualização dos seus conteúdos, seja no computador, seja no dispositivo móvel. Em caso de dúvida, entre em contato com nosso canal de atendimento pelo **telefone 0800 72 54876** ou pelo **e-mail** atendimento@grupo-sm.com.

215312_8498

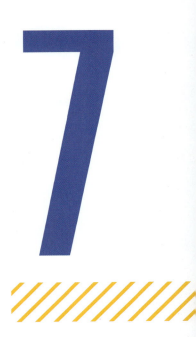

EDITORA RESPONSÁVEL: VALÉRIA VAZ

Licenciada em História pela Universidade Estadual Paulista "Júlio de Mesquita Filho" (Unesp).
Especialista em Linguagens Visuais e Mestra em Artes Visuais pela Faculdade Santa Marcelina (FASM).
Bacharela em Letras pela Faculdade de Filosofia, Letras e Ciências Humanas (FFLCH) da Universidade de São Paulo (USP)

São Paulo, 5ª edição, 2023

Geração Alpha História 7
© SM Educação
Todos os direitos reservados

Direção editorial André Monteiro
Gerência editorial Lia Monguilhott Bezerra
Edição executiva Valéria Vaz
Edição: Andressa Pontinha, Gabriel Careta, Isis Ridão Teixeira, Rodrigo Souza, Marina Farias, Mírian C. M. Garrido
Suporte editorial: Camila Alves Batista, Fernanda de Araújo Fortunato
Coordenação de preparação e revisão Cláudia Rodrigues do Espírito Santo
Preparação: Berenice Baeder, Helaine Albuquerque
Revisão: Berenice Baeder, Camila Durães Torres, Helaine Albuquerque, Ivana Alves Costa
Apoio de equipe: Camila Lamin Lessa
Coordenação de *design* Gilciane Munhoz
Design: Camila N. Ueki, Lissa Sakajiri, Paula Maestro
Coordenação de arte Vitor Trevelin
Edição de arte: Alexandre Pereira, Fernando César Fernandes
Assistência de arte: Eduardo Sokei, Fernando César Fernandes,
Assistência de produção: Júlia Stacciarini Teixeira
Coordenação de iconografia Josiane Laurentino
Pesquisa iconográfica: Mariana Sampaio, Junior Rozzo
Tratamento de imagem: Marcelo Casaro
Capa Megalo | identidade, comunicação e design
Ilustração da capa: Thiago Limón
Projeto gráfico Megalo | identidade, comunicação e design; Camila N. Ueki, Lissa Sakajiri, Paula Maestro
Ilustrações que acompanham o projeto: Laura Nunes
Editoração eletrônica YAN Projetos Editoriais
Cartografia João Miguel A. Moreira
Pré-impressão Américo Jesus
Fabricação Alexander Maeda
Impressão Amity Printng

Dados Internacionais de Catalogação na Publicação (CIP)
(Câmara Brasileira do Livro, SP, Brasil)

Geração alpha história, 7 / editora responsável Valéria Vaz. -- 5. ed. -- São Paulo : Edições SM, 2023.

ISBN 978-85-418-3063-8 (aluno)
ISBN 978-85-418-3064-5 (professor)

1. História (Ensino fundamental) I. Vaz, Valéria.

23-154467   CDD-372.89

Índices para catálogo sistemático:
1. História : Ensino fundamental 372.89

Cibele Maria Dias – Bibliotecária – CRB-8/9427

5ª edição, 2023
2ª impressão, 2024

SM Educação
Avenida Paulista, 1842 – 18º andar, cj. 185, 186 e 187 – Condomínio Cetenco Plaza
Bela Vista 01310-945 São Paulo SP Brasil
Tel. 11 2111-7400
atendimento@grupo-sm.com
www.grupo-sm.com/br

APRESENTAÇÃO

OLÁ, ESTUDANTE!

Ser jovem no século XXI significa estar em contato constante com múltiplas formas de linguagem, uma imensa quantidade de informações e inúmeras ferramentas tecnológicas. Isso ocorre em um cenário mundial de grandes mudanças sociais, econômicas e ambientais.

Diante dessa realidade, esta coleção foi cuidadosamente pensada para ajudar você a enfrentar esses desafios com autonomia e pensamento crítico.

As fotografias, as reproduções de obras de arte, as ilustrações, os textos de diferentes gêneros e épocas e as atividades individuais e coletivas apresentados na coleção vão incentivar você e a turma a refletir sobre cada aprendizado e a compartilhar com a comunidade os conhecimentos construídos por vocês durante os Anos Finais do Ensino Fundamental.

Vinculados aos conhecimentos próprios do componente curricular História, também são explorados os Objetivos de Desenvolvimento Sustentável (ODS), da Organização das Nações Unidas (ONU). Ao longo da coleção, você e a turma vão conhecer cada uma das metas, debater sobre elas e realizar ações específicas que permitirão conscientizar a comunidade escolar e também transformar a realidade local.

Desejamos, assim, que esta coleção contribua para que você se torne um jovem atuante na sociedade do século XXI e seja cada vez mais capaz de questionar a realidade em que vive, buscando respostas e soluções criativas para os desafios do presente e para os que virão.

Bons estudos!

Equipe editorial

O QUE SÃO OS
OBJETIVOS
DE DESENVOLVIMENTO
SUSTENTÁVEL

Em 2015, representantes dos Estados-membros da Organização das Nações Unidas (ONU) se reuniram durante a Cúpula das Nações Unidas sobre o Desenvolvimento Sustentável e adotaram uma agenda socioambiental mundial composta de 17 Objetivos de Desenvolvimento Sustentável (ODS).

Os ODS constituem desafios e metas para erradicar a pobreza, diminuir as desigualdades sociais e proteger o meio ambiente, incorporando uma ampla variedade de tópicos das áreas econômica, social e ambiental. Trata-se de temas humanitários atrelados à sustentabilidade que devem nortear políticas públicas nacionais e internacionais até o ano de 2030.

Nesta coleção, você trabalhará com diferentes aspectos dos ODS e perceberá que, juntos e também como indivíduos, todos podemos contribuir para que esses objetivos sejam alcançados. Conheça aqui cada um dos 17 objetivos e suas metas gerais.

1 ERRADICAÇÃO DA POBREZA

Erradicar a pobreza em todas as formas e em todos os lugares

2 FOME ZERO E AGRICULTURA SUSTENTÁVEL

Erradicar a fome, alcançar a segurança alimentar, melhorar a nutrição e promover a agricultura sustentável

11 CIDADES E COMUNIDADES SUSTENTÁVEIS

Tornar as cidades e comunidades mais inclusivas, seguras, resilientes e sustentáveis

10 REDUÇÃO DAS DESIGUALDADES

Reduzir as desigualdades no interior dos países e entre países

9 INDÚSTRIA, INOVAÇÃO E INFRAESTRUTURA

Construir infraestruturas resilientes, promover a industrialização inclusiva e sustentável e fomentar a inovação

12 CONSUMO E PRODUÇÃO RESPONSÁVEIS

Garantir padrões de consumo e de produção sustentáveis

13 AÇÃO CONTRA A MUDANÇA GLOBAL DO CLIMA

Adotar medidas urgentes para combater as alterações climáticas e os seus impactos

14 VIDA NA ÁGUA

Conservar e usar de forma sustentável os oceanos, mares e os recursos marinhos para o desenvolvimento sustentável

3 SAÚDE E BEM-ESTAR

Garantir o acesso à saúde de qualidade e promover o bem-estar para todos, em todas as idades

4 EDUCAÇÃO DE QUALIDADE

Garantir o acesso à educação inclusiva, de qualidade e equitativa, e promover oportunidades de aprendizagem ao longo da vida para todos

5 IGUALDADE DE GÊNERO

Alcançar a igualdade de gênero e empoderar todas as mulheres e meninas

8 TRABALHO DECENTE E CRESCIMENTO ECONÔMICO

Promover o crescimento econômico inclusivo e sustentável, o emprego pleno e produtivo e o trabalho digno para todos

7 ENERGIA LIMPA E ACESSÍVEL

Garantir o acesso a fontes de energia fiáveis, sustentáveis e modernas para todos

6 ÁGUA POTÁVEL E SANEAMENTO

Garantir a disponibilidade e a gestão sustentável da água potável e do saneamento para todos

15 VIDA TERRESTRE

Proteger, restaurar e promover o uso sustentável dos ecossistemas terrestres, gerir de forma sustentável as florestas, combater a desertificação, travar e reverter a degradação dos solos e travar a perda da biodiversidade

16 PAZ, JUSTIÇA E INSTITUIÇÕES EFICAZES

Promover sociedades pacíficas e inclusivas para o desenvolvimento sustentável, proporcionar o acesso à justiça para todos e construir instituições eficazes, responsáveis e inclusivas a todos os níveis

17 PARCERIAS E MEIOS DE IMPLEMENTAÇÃO

Reforçar os meios de implementação e revitalizar a parceria global para o desenvolvimento sustentável

Nações Unidas Brasil. Objetivos de Desenvolvimento Sustentável. Disponível em: https://brasil.un.org/pt-br/sdgs. Acesso em: 2 maio 2023.

Abertura da unidade

Nesta unidade, eu vou...
Nessa trilha você conhece os objetivos de aprendizagem da unidade. Eles estão organizados por capítulos e seções e podem ser utilizados como um guia para seus estudos.

Uma imagem vai instigar sua curiosidade.

Primeiras ideias
Esse conjunto de questões vai incentivar você e a turma a compartilhar o que sabem sobre o tema da unidade e a levantar algumas hipóteses sobre ele.

Leitura da imagem
Essas questões orientam a leitura da imagem e permitem estabelecer relações entre o que ela retrata e o que será trabalhado na unidade.

Cidadania Global
Aqui são iniciadas as reflexões sobre um dos Objetivos de Desenvolvimento Sustentável (ODS), sempre de modo relacionado aos conteúdos da unidade. Esse ODS será retomado em diversos momentos do capítulo e ao final da unidade.

Capítulos

Abertura do capítulo e Para começar
Logo abaixo do título, as questões do boxe *Para começar* propõem reflexões introdutórias sobre o tema do capítulo. Textos, imagens, mapas e esquemas podem iniciar os diálogos sobre os conteúdos que você vai estudar.

Contexto – Produção escrita

No final de alguns capítulos, você vai produzir textos de diferentes gêneros, com base em temas estudados na unidade.

Arquivo vivo

Aqui você vai ler, interpretar e analisar diferentes fontes históricas, lembrando sempre que o olhar do historiador parte do contexto no qual ele está inserido.

Atividades

As atividades vão ajudar você a desenvolver diferentes habilidades e competências por meio do aprofundamento dos conteúdos do capítulo.

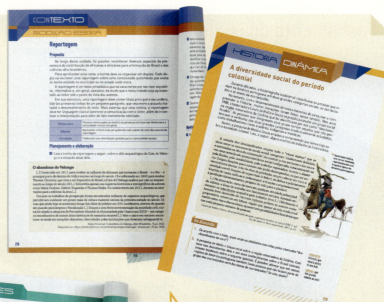

História dinâmica

Nessa seção, você tem contato com textos que apresentam atualizações de debates historiográficos ou analisam interpretações e controvérsias históricas em torno de temas do capítulo.

SABER SER

Esse selo indica momentos oportunos para o desenvolvimento de **competências socioemocionais**, como: tomada de decisão responsável, autogestão, autoconsciência, consciência social e habilidades de relacionamento.

Boxes

Cidadania Global

Apresenta informações e propostas de atividades relacionadas a algum aspecto do ODS trabalhado na unidade. O objetivo é que você e a turma possam refletir e se posicionar sobre a meta abordada desde o início da unidade.

Para explorar

Traz sugestões de livros, *sites* e filmes relacionados ao assunto em estudo.

Glossário

Expressões e palavras que talvez você não conheça são explicadas aqui.

Ampliação

Traz informações complementares sobre os assuntos explorados na página.

7

Fechamento da unidade

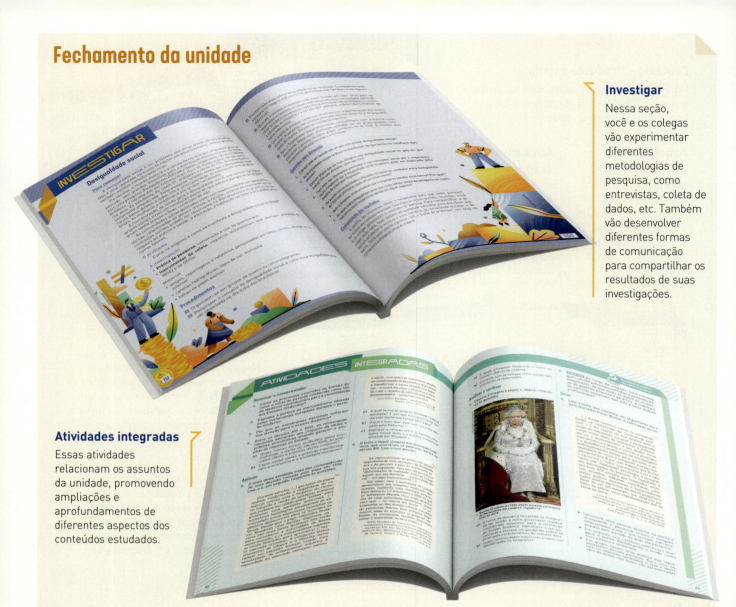

Investigar

Nessa seção, você e os colegas vão experimentar diferentes metodologias de pesquisa, como entrevistas, coleta de dados, etc. Também vão desenvolver diferentes formas de comunicação para compartilhar os resultados de suas investigações.

Atividades integradas

Essas atividades relacionam os assuntos da unidade, promovendo ampliações e aprofundamentos de diferentes aspectos dos conteúdos estudados.

Cidadania Global

Ao final da unidade, você e a turma vão realizar uma atividade final sobre o ODS trabalhado ao longo da unidade.
A proposta sempre apresenta duas partes: *Retomando o tema* (parte em que as discussões da unidade são revisitadas e ampliadas) e *Geração da mudança* (momento em que há uma proposta de intervenção que busca contribuir para o desenvolvimento do ODS na comunidade).

No final do livro você também vai encontrar:

Interação
A seção propõe um projeto coletivo que resultará em um produto que pode ser usufruído pela comunidade escolar e/ou do entorno da escola.

Prepare-se!
Traz dois blocos de questões com formato semelhante ao de provas e exames oficiais como Enem e Saeb para você verificar seus conhecimentos.

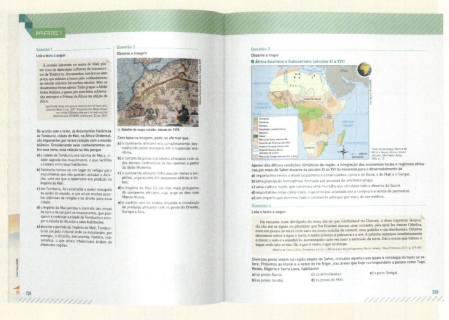

GERAÇÃO ALPHA DIGITAL

O livro digital oferece uma série de recursos para interação e aprendizagem. No livro impresso eles são marcados com os ícones mostrados a seguir.

Atividades interativas
Ao longo da unidade, você será convidado a realizar atividades que compõem um ciclo avaliativo. No início da unidade, poderá verificar seus conhecimentos prévios. Ao final de cada capítulo e da unidade, você encontrará conjuntos de atividades que permitirão o acompanhamento de sua aprendizagem e, por fim, terá a oportunidade de realizar uma autoavaliação.

 Conhecimentos prévios

 Autoavaliação

Acompanhamento da aprendizagem

Recursos digitais
O livro digital também oferece uma série de recursos para interação e aprendizagem. São imagens, atividades interativas, animações, vídeos, entre outros. Esses recursos estão identificados com esse ícone.

 Veja mais detalhes sobre o **Palácio de Versalhes**. Em seguida, identifique os tipos de vestígios históricos apresentados e faça uma lista deles no caderno.

9

SUMÁRIO

UNIDADE 1

ÁFRICA: MUITOS POVOS 13

1. Povos do Sahel 16
O estudo da história da África 16
As sociedades do Sahel 17
As rotas comerciais transaarianas 18
O Reino de Gana 20
O Império do Mali 21
O Império Songai 23
Atividades 24

2. Povos Iorubá 26
Ifé: local sagrado 26
As cidades-Estado 27
As cidades-Estado iorubanas e os orixás 28
As mulheres dos povos iorubá 29
Atividades 30
Arquivo vivo | As esculturas iorubanas 31

3. Povos da África Central à África Meridional 32
Bantu: múltiplas identidades 32
Diferentes modos de vida 34
Reino do Congo 35
Outros reinos Bantu 36
Atividades 37
História dinâmica | Religiosidade e trocas culturais 38

▲ **Atividades integradas** 40
▲ **Cidadania Global** | ODS 17 – Parcerias e meios de implementação 42

UNIDADE 2

A EUROPA OCIDENTAL NO INÍCIO DA ERA MODERNA 43

1. Uma visão de mundo renovada 46
O conhecimento em circulação 46
O pensamento humanista 47
A vida urbana e o Renascimento 48
A produção artística e intelectual 49
Atividades 52
História dinâmica | O conceito de Renascimento 53

2. A Reforma Protestante 54
A Igreja e os interesses materiais 54
Heresias: um precedente para a Reforma 55
A Reforma Luterana 56
Outras expressões da Reforma 57
Atividades 58
Arquivo vivo | A Reforma, seus ritos e as fontes históricas 60

3. A Contrarreforma 62
O Concílio de Trento 62
A Inquisição e seus alvos 63
A censura a ideias e livros 64
Os jesuítas e a expansão católica 65
A arte barroca e a religião 66
Atividades 67
Contexto – Produção escrita | Carta/epístola 68

▲ **Atividades integradas** 70
▲ **Cidadania Global** | ODS 4 – Educação de qualidade 72

10

UNIDADE 3

O ESTADO MODERNO ... 73

1. A formação dos Estados modernos ... 76
O fortalecimento do poder dos reis ... 76
Os novos aliados dos monarcas ... 77
Centralização na península Ibérica ... 78
A monarquia inglesa e o equilíbrio de poderes ... 79
O poder na França e a Guerra dos Cem Anos ... 80
Atividades ... 81

2. A ascensão do Estado absolutista ... 82
As monarquias nacionais no século XVI ... 82
Disputas religiosas e soberania nacional ... 83
Teorias em defesa do absolutismo ... 84
Economia e sociedade no absolutismo francês ... 85
As bases do mercantilismo ... 86
A Inglaterra absolutista ... 88
Atividades ... 89

Arquivo vivo | A teoria de Bossuet e as representações de Luís XIV ... 90

◿ **Atividades integradas** ... 92
◿ **Cidadania Global | ODS 10 – Redução das desigualdades** ... 94

UNIDADE 4

POVOS DO CONTINENTE AMERICANO ... 95

1. Diferentes estruturas sociais ... 98
Pensando em categorias... ... 98
Os povos da Mesoamérica ... 99
Os incas ... 100
Os Kambeba ... 101
Os Tupinambá ... 101
Atividades ... 102

Arquivo vivo | As "histórias de admirar" dos Kadiwéu ... 103

2. Técnicas e tecnologias ... 104
Diferentes arquiteturas ... 104
As técnicas agrícolas ... 105
Medicinas e filosofias dos povos originários ... 106
Medicina tradicional do povo Matsé ... 107
Atividades ... 108

3. Jeitos de pensar: as cosmogonias ... 110
Quetzalcóatl, a Serpente Emplumada ... 110
Viracocha, o criador ... 111
Nhanderu, nosso pai ... 111
Atividades ... 113

Contexto – Produção escrita | Relato de viagem ... 114

◿ **Atividades integradas** ... 116
◿ **Cidadania Global | ODS 13 – Ação contra a mudança global do clima** ... 118

UNIDADE 5

A EXPANSÃO MARÍTIMA EUROPEIA ... 119

1. Novas rotas da Europa para o Oriente ... 122
As riquezas do Oriente ... 122
O comércio e as colônias do Mediterrâneo ... 123
Um oceano de temores ... 124
A fascinação por outras terras ... 125
Atividades ... 126

História dinâmica | As trocas culturais e comerciais na Ásia ... 127

2. As navegações ... 128
Portugal: Um Estado centralizado ... 128
Navegação e comércio ... 129
As expedições marítimas e os novos instrumentos de navegação ... 130
A expansão pela África e pelas ilhas atlânticas ... 131
A Rota do Cabo ... 132
Atividades ... 133

3. Relações comerciais ... 134
A concorrência espanhola e as Américas ... 134
Explorando outros oceanos ... 135
Inglaterra e França na disputa colonial ... 136
As companhias de comércio ... 137
Holanda: uma nova potência marítima ... 138
Atividades ... 139

◿ **Investigar | Petróleo: o "ouro" preto** ... 140
◿ **Atividades integradas** ... 142
◿ **Cidadania Global | ODS 9 – Indústria, inivovação e infraestrutura** ... 144

UNIDADE 6

ESPANHÓIS E INGLESES NA AMÉRICA ... 145

1. Indígenas e espanhóis: guerras e alianças ... 148
Disputas por novos territórios ... 148
Diferentes valores ... 149
O Estado Asteca e os espanhóis ... 150
Tawantinsuyu: um império dividido ... 151
A administração espanhola ... 152
Povos indígenas: resistência e dominação ... 153
Atividades ... 154

Arquivo vivo | Códices astecas ... 155

2. A América espanhola ... 156
A estrutura da sociedade colonial ... 156
Resistência e legado: diferentes culturas ... 159
Atividades ... 162

3. A colonização inglesa da América ... 163
As populações indígenas da América do Norte ... 163
O início da colonização ... 164
As Treze Colônias ... 165
O modelo colonial inglês ... 166
O comércio triangular ... 167
Atividades ... 168

História dinâmica | O mito do melhor modelo de colonização ... 169

◿ **Atividades integradas** ... 170
◿ **Cidadania Global | ODS 16 – Paz, justiça e instituições eficazes** ... 172

UNIDADE 7 — PORTUGUESES E NEERLANDESES NA AMÉRICA ... 173

1. Indígenas no Brasil e estrangeiros europeus ... 176
   - Primeiros contatos ... 176
   - As narrativas indígenas ... 177
   - Nativos e estrangeiros: relações em conflito e alianças ... 178
   - Grupos isolados: estratégias de sobrevivência ... 180
   - Atividades ... 181

2. A colonização portuguesa na América ... 182
   - O pau-brasil ... 182
   - O início da colonização ... 183
   - As capitanias hereditárias ... 184
   - Os governos-gerais ... 186
   - Atividades ... 187
   - **História dinâmica** | Mulheres no Brasil Colônia ... 188

3. Neerlandeses na América portuguesa ... 190
   - A União Ibérica ... 190
   - A luta contra os reinos ibéricos ... 191
   - Os neerlandeses atacam ... 192
   - Atividades ... 193

- Atividades integradas ... 194
- **Cidadania Global** | ODS 7 – Energia limpa e acessível ... 196

UNIDADE 8 — A ÁFRICA NA AMÉRICA PORTUGUESA ... 197

1. Os africanos na América portuguesa ... 200
   - A escravidão no continente africano ... 200
   - Os portugueses na África ... 201
   - O tráfico de escravizados ... 202
   - A chegada de africanos à América portuguesa ... 203
   - O trabalho dos africanos escravizados ... 204
   - Conhecimentos e tecnologias africanos ... 205
   - Valorização e afirmação das identidades afro-brasileiras ... 206
   - Atividades ... 207

2. A sociedade do engenho ... 208
   - O açúcar chega ao Brasil ... 208
   - O engenho ... 209
   - A sociedade do engenho ... 210
   - Conexões entre África e América portuguesa ... 212
   - Atividades ... 214
   - **Arquivo vivo** | O quilombo dos Palmares ... 215
   - **Contexto – Produção escrita** | Reportagem ... 216

- Atividades integradas ... 218
- **Cidadania Global** | ODS 2 – Fome zero e agricultura sustentável ... 220

UNIDADE 9 — EXPANSÃO DA AMÉRICA PORTUGUESA ... 221

1. O processo de interiorização ... 224
   - Em busca de novas atividades comerciais ... 224
   - Resistências, entradas e bandeiras ... 226
   - Atividades ... 228
   - **História dinâmica** | A diversidade social do período colonial ... 229

2. As missões jesuíticas ... 230
   - A chegada dos jesuítas e as missões ... 230
   - Os conflitos entre jesuítas e colonos ... 232
   - Os impactos da colonização para as populações nativas ... 233
   - O eurocentrismo e a diversidade cultural indígena ... 234
   - Atividades ... 235
   - **Arquivo vivo** | A missão jesuítica de São Miguel Arcanjo ... 236

3. A sociedade das minas ... 238
   - A corrida do ouro ... 238
   - Indígenas na região das minas: presença e resistência ... 239
   - O aumento do controle da Metrópole ... 240
   - A descoberta e a exploração de diamantes ... 242
   - A expansão das fronteiras ... 243
   - O cotidiano nas cidades ... 244
   - O barroco colonial ... 248
   - Atividades ... 249
   - **Contexto – Produção escrita** | Biografia ... 250

- **Investigar** | Desigualdade social ... 252
- Atividades integradas ... 254
- **Cidadania Global** | ODS 12 – Consumo e produção responsáveis ... 256

PREPARE-SE! ... 257

INTERAÇÃO
Circulação de produtos no mundo: mapa temático ... 275

BIBLIOGRAFIA COMENTADA ... 279

ÁFRICA: MUITOS POVOS

UNIDADE 1

PRIMEIRAS IDEIAS

1. O que você sabe sobre o continente africano?
2. A África apresenta grande diversidade étnica, linguística e cultural. Converse com os colegas sobre essa afirmação. Caso não conheça o significado de algum termo dessa frase, procure-o em um dicionário.
3. Você percebe a presença da cultura de origem africana e de afrodescendentes em seu dia a dia? Cite exemplos.
4. Em sua opinião, por que é importante estudar a história dos povos africanos e dos afrodescendentes?

Conhecimentos prévios

Nesta unidade, eu vou...

CAPÍTULO 1 — Povos do Sahel

- compreender e superar a visão eurocêntrica da História e valorizar narrativas históricas de diferentes povos e regiões.
- analisar imagens, mapas e um infográfico para construir conhecimentos sobre a história do continente africano e seus povos.
- compreender as características geográficas do Sahel e sua historicidade.
- conhecer melhor como se dava o comércio intercontinental entre a África, a Ásia e a Europa entre os séculos XII e XVI.
- compreender a importância das tradições orais como fontes históricas, analisando relatos de diferentes origens africanas.

CAPÍTULO 2 — Povos Iorubá

- conhecer as formas de organização social de diferentes povos iorubá antes de os europeus passarem a subjugar o território africano.
- identificar saberes e técnicas próprios dos povos Iorubá.
- reconhecer algumas das contribuições da cultura dos Iorubá para a sociedade brasileira.

CAPÍTULO 3 — Povos da África Central à África Meridional

- identificar as formas de organização social dos povos Bantu antes da dominação europeia.
- identificar saberes e técnicas próprios dos povos Bantu.
- analisar a importância do contato entre diferentes povos e culturas.

CIDADANIA GLOBAL

- identificar a importância das parcerias e da cooperação entre os povos.
- caracterizar a cooperação Sul-Sul e os aspectos da cooperação entre Brasil e África do Sul.
- refletir sobre a importância das parcerias globais que visam ao desenvolvimento sustentável.

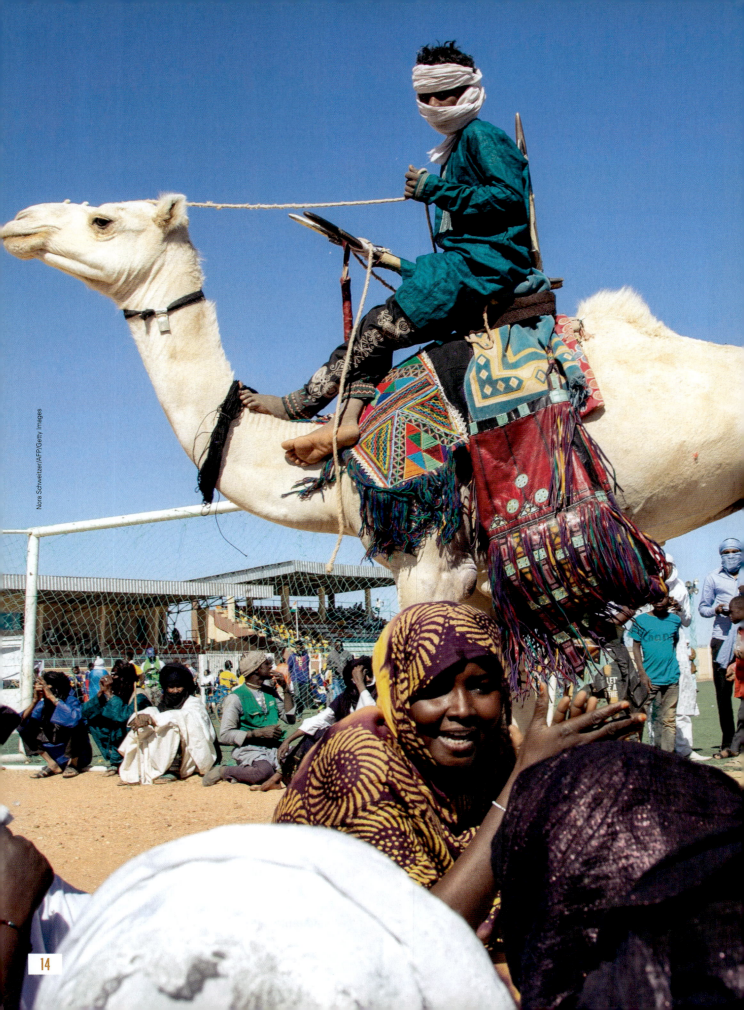

LEITURA DA IMAGEM

1. O que você sabe sobre o povo retratado nesta foto? Caso não o conheça, quais aspectos do cotidiano mostrados na imagem despertam sua curiosidade?
2. Quais informações sobre o modo de vida dos Imazighen podemos inferir pela observação dessa foto?
3. Em sua opinião, como os Imazighen podem ter contribuído para o estabelecimento de relações comerciais e trocas culturais entre povos africanos?

CIDADANIA GLOBAL

17 PARCERIAS E MEIOS DE IMPLEMENTAÇÃO

Nesta unidade, você vai conhecer as rotas transaarianas e o papel delas no estabelecimento de parcerias e trocas culturais entre diversos povos africanos, de modo semelhante às parcerias e trocas estabelecidas entre diferentes países no contexto global, que também desempenham um papel fundamental no desenvolvimento dos povos.

1. De que forma você imagina que o estabelecimento de parcerias e o compartilhamento de tecnologias e experiências entre diferentes países, povos e comunidades possam proporcionar o desenvolvimento sustentável?
2. Converse com seus colegas e, juntos, procurem exemplos de parcerias ou trocas de experiências e tecnologias que tenham beneficiado as pessoas do lugar onde vocês vivem.

 Ao longo dos séculos, os Imazighen desenvolveram tecnologias relacionadas a seu modo de vida em regiões desérticas ou próximas a elas. Uma delas é o **sistema de produção de tapetes Amazigh**. Conheça-o e, depois, compare-o com o sistema de produção de tapetes do mundo ocidental.

Comunidade de Imazighen reunida na cidade de Agadèz, no Níger. A cidade fica ao lado do deserto de Ténéré. Foto de 2019.

15

CAPÍTULO 1

POVOS DO SAHEL

PARA COMEÇAR

Estudos arqueológicos e genéticos apontam que a espécie humana surgiu no continente africano.

Ao longo do tempo, diversos povos, organizados em aldeias, reinos e impérios, como os de Gana, do Mali e de Songai, desenvolveram-se em diferentes áreas desse continente.

Como você imagina que as histórias desses povos chegaram até nós?

▼ Pastor conduz rebanho para ordenha, em Chinguetti, Mauritânia. Foto de 2021. Na Mauritânia, grande parte da população depende da agricultura e da pecuária para a sobrevivência, ainda que muitos nômades e praticantes do cultivo de subsistência tenham sido forçados a se deslocar para as cidades devido às secas recorrentes.

O ESTUDO DA HISTÓRIA DA ÁFRICA

Um dos objetivos do trabalho do historiador é estabelecer relações entre o **presente** e o **passado**, identificando as **rupturas** e as **permanências**, com base em diversas **fontes históricas**. Porém, até as primeiras décadas do século XX, a maioria dos povos africanos não era objeto de estudo da História.

Houve várias razões para isso. Inicialmente, apenas documentos escritos e oficiais eram considerados fontes históricas. Sociedades que não registravam seus feitos por meio da escrita eram julgadas inferiores e sem história.

Essas perspectivas foram se transformando a partir da década de 1930, em especial pela atuação de intelectuais africanos e afrodescendentes e de seus apoiadores. Atualmente, entende-se que qualquer manifestação cultural de um povo pode ser uma fonte histórica. Com isso, há o reconhecimento de que todos os povos têm história e de que não há povos mais evoluídos ou menos evoluídos, mas sim culturalmente diversos.

Essa diversidade pode ser observada nas experiências históricas de povos distintos em um mesmo tempo cronológico. Por exemplo, enquanto em boa parte da Europa Ocidental vivenciavam-se processos relacionados aos períodos conhecidos como Idade Média (séculos V a XV) e Idade Moderna (séculos XVI a XVIII), os povos do continente africano vivenciavam processos próprios que pouco ou nada tinham a ver com as dinâmicas europeias.

kaikups/Shutterstock.com/ID/BR

AS SOCIEDADES DO SAHEL

O **Sahel** é uma região de transição entre o deserto do Saara e a África Subsaariana. Nessa região, predominam as formações vegetais de estepes e savanas.

Mesmo com condições climáticas adversas, comunidades pastoris e povos que se dedicavam ao comércio se desenvolveram nessa região, elaborando técnicas de domesticação de animais, produzindo ferramentas para a pecuária e praticando diversos modos de vida, como o nomadismo, o seminomadismo e o sedentarismo.

AS ATIVIDADES COMERCIAIS

A região do Sahel era uma importante rota comercial e, por isso, foi fundamental para o desenvolvimento econômico, cultural e social do continente africano, principalmente entre os séculos VII e XI.

As caravanas árabes que partiam do norte do Sahel negociavam, no sul do continente africano, matérias-primas como linho, algodão, índigo e goma-arábica e alimentos como trigo, azeite, sorgo e milhete desidratado, provenientes do mundo islâmico, da Europa, da Índia e da China. Do sul da África, essas caravanas retornavam com ouro, ferro, marfim, sal e noz-de-cola, que eram comercializados com regiões de outros continentes. Também levavam escravizados – a escravidão era comum entre os povos africanos. A riqueza do sul da África despertava a cobiça de povos distantes, como os europeus. Veja no infográfico "As rotas comerciais transaarianas", a seguir.

A integração das economias locais e regionais africanas pelo Sahel foi essencial para o desenvolvimento de importantes reinos e impérios pastoris e comerciais, como o de Gana, o do Mali e o de Songai, e de cidades comerciais como Djenné, Tombuctu e Gao, que pertenceram aos impérios do Mali e de Songai.

Ao longo deste capítulo, vamos conhecer melhor essas culturas africanas.

Fonte de pesquisa: Marina de Mello e Souza. *África e Brasil africano*. São Paulo: Ática, 2006. p. 13.

CIDADANIA GLOBAL

A COOPERAÇÃO

Atravessar um deserto requer conhecimentos tecnológicos e meios de transporte adequados, além de saberes sobre a região.

1. Em sua opinião, qual foi a importância da cooperação entre as comunidades sahelianas para estabelecer rotas no deserto do Saara?

2. Em sua comunidade, há algum tipo de evento ou iniciativa que seja realizado em parceria com órgãos de outras regiões? Qual?

---

goma-arábica: seiva translúcida e viscosa extraída de algumas árvores.

índigo: corante azul de origem vegetal.

noz-de-cola: fruto muito valorizado pelas sociedades africanas e pelos muçulmanos. Era usado para saciar a sede e repor as energias, devido a seu alto teor de cafeína. No Brasil, é conhecido como obi e orobó e é usado em rituais religiosos de origem africana.

sorgo: tipo de cereal, semelhante ao trigo.

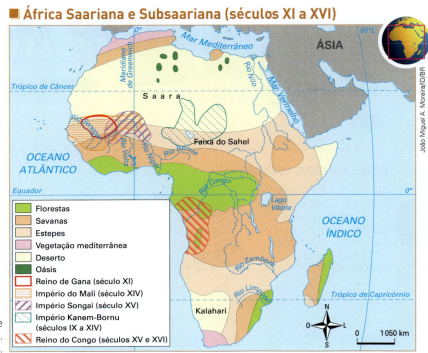

África Saariana e Subsaariana (séculos XI a XVI)

As rotas comerciais transaarianas

O deserto do Saara é muitas vezes retratado como uma grande fronteira árida que separa os povos do norte e do sul do continente africano. No entanto, entre os séculos V e XV, uma rede de rotas comerciais passava por esse deserto, conectando diversas regiões da África e desempenhando um papel crucial nas atividades econômicas desse continente.

 Saiba como eram as caravanas que circulavam pelas **rotas transaarianas** e conheça alguns trajetos usados atualmente na travessia do deserto do Saara. No caderno, anote as semelhanças entre passado e presente.

Conheça, neste infográfico, as conexões comerciais estabelecidas pelas rotas transaarianas. A ilustração representa uma dessas rotas: a que partia de Fez, no litoral mediterrâneo, em direção a Benin, ao sul do deserto do Saara, passando por Tombuctu. Observe a representação dessa rota no mapa "Rotas transaarianas (séculos V a XV)".

Imazighen: povos nativos não árabes do norte da África, falantes do idioma tamazight. Genericamente chamados de berberes por povos invasores.

CIDADES MUÇULMANAS
A expansão do Islã pelo norte da África impulsionou o comércio transaariano. Havia uma grande demanda nas cidades muçulmanas pelos produtos do interior da África, como o ouro e o marfim, e também por escravizados.

A TRAVESSIA DO DESERTO
Atravessar o Saara de norte a sul poderia levar cerca de dois meses ou mais. Como os Imazighen dominavam conhecimentos e técnicas de sobrevivência no deserto, como a localização de oásis ou a escavação de poços em zonas de aquíferos, eles eram muitas vezes contratados como guias das caravanas.

LITORAL MEDITERRÂNEO

FEZ

DESERTO DO SAARA

VIDRO, LAMPARINAS E OUTROS

Objetos de luxo (taças, pedras preciosas) e utensílios (lamparinas, papéis, vasos) circulavam a partir das cidades do norte da África que os produziam.

SAL

Assim como o ouro, foi um dos produtos mais importantes da economia da África Ocidental entre os séculos VIII e XVI. Podia ser encontrado em abundância no Saara, mas era raro em outras regiões do continente africano.

PRODUTOS DO SAHEL

Além de servir como ponto de parada, as cidades do Sahel forneciam marfim e cobre, provenientes das regiões de savana.

18

Rotas transaarianas (séculos V a XV)

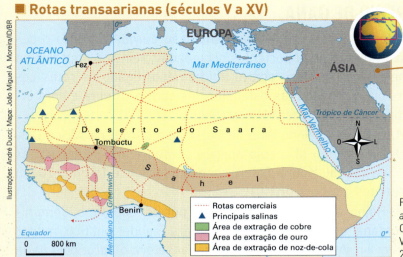

AS CONEXÕES INTERCONTINENTAIS
Entre os séculos XII e XVI, a África manteve intensas relações comerciais com a Europa e a Ásia, intermediadas pelos muçulmanos. Assim, as redes de comércio que atravessavam o continente africano também alcançavam outros continentes.

Fontes de pesquisa: Patrick K. O'Brien. *Philip's atlas of world history*: concise edition. London: Octopus Publishing Group, 2007. p. 81; Leda Ísola; Vera Caldini. *Atlas geográfico*. São Paulo: Saraiva, 2013. p. 175.

OS REINOS AFRICANOS NO SAHEL
O destino das caravanas eram as cidades do Sahel, cujos mercados reuniam comerciantes e produtos de várias partes da África. Esses centros eram controlados por reis que cobravam tributos sobre o comércio e o trânsito das caravanas em seus territórios.

ENTRE AS FLORESTAS TROPICAIS E O SAHEL
Muitos dos produtos negociados na cidade de Tombuctu vinham das regiões de florestas tropicais, ao sul do continente africano. Esses produtos eram levados pelas caravanas que viajavam em rotas terrestres e fluviais e eram negociados no Sahel com mercadores de outras regiões desse continente.

TOMBUCTU

BENIN

OURO
Era a base do sistema monetário do mundo islâmico e da Europa. Até a chegada dos europeus à América, as reservas africanas foram a principal fonte desse metal.

NOZ-DE-COLA
Fruto proveniente das regiões de floresta tropical da África Ocidental, com propriedades estimulantes e medicinais.

ESCRAVIZADOS
Muitos dos escravizados iam trabalhar nas salinas ou serviam como soldados. Havia também um tráfico de africanos escravizados para a península Arábica.

Fontes de pesquisa: Department of the Arts of Africa, Oceania, and the Americas. The trans-saharan gold trade (7th-14th century). Em: *Heilbrunn Timeline of Art History*. New York: The Metropolitan Museum of Art, 2000. Disponível em: https://www.metmuseum.org/toah/hd/gold/hd_gold.htm. Acesso em: 2 abr. 2023; Djibril Tamsir Niane. Relações e intercâmbios entre as várias regiões. Em: Djibril Tamsir Niane (ed.). *História geral da África*, v. IV: África do século XII ao XVI. Brasília: Unesco, 2010. p. 697-720; Tadeusz Lewicki. O papel do Saara e dos saarianos nas relações entre o norte e o sul. Em: Mohammed El Fasi (ed.). *História geral da África*, v. III: África do século VII ao XI. Brasília: Unesco, 2010. p. 327-368.

O REINO DE GANA

Alguns séculos antes da dominação europeia, houve o desenvolvimento de importantes sociedades, reinos e impérios no Sahel. Esse processo esteve intimamente ligado às rotas comerciais transaarianas estabelecidas com o Oriente e com algumas regiões do mar Mediterrâneo.

Um desses reinos foi o de Gana, que surgiu na África Ocidental no século III e cujo apogeu se deu entre os séculos IX e X. Sua capital, Kumbi Saleh, chegou a ter entre 15 mil e 20 mil habitantes.

O Reino de Gana era comandado por um soberano, denominado **gana**, que possuía grande riqueza e poder político, militar e religioso. A base da economia ganense era o ouro, pois havia muitas jazidas do precioso metal na região. Por causa disso, ficou conhecido como **Império do Ouro**. Os ganenses trocavam ouro por sal, pessoas escravizadas, peles de animais e alimentos. Além da exploração do ouro, desenvolviam no reino atividades como a tecelagem, a ferraria e a agricultura.

No século IX, o islamismo começou a se difundir no reino e foi adotado principalmente pelos membros da corte, pelos intelectuais e pelas pessoas letradas. Apesar disso, as crenças locais continuaram a ser praticadas pela maioria da população. O próprio rei de Gana não se converteu ao islamismo.

Em meados do século XI, devido a conflitos internos, principalmente com os povos Imazighen já islamizados e os almorávidas, o Reino de Gana entrou em declínio. Em 1240, foi incorporado ao Império do Mali, o que deu início a uma nova era de ascensão e de riqueza na região do Sahel.

> **EXPANSÃO MUÇULMANA NA ÁFRICA**
>
> Os muçulmanos são os praticantes do islamismo, uma religião monoteísta que surgiu na península Arábica no século VI, fundamentada nos ensinamentos do profeta árabe Maomé.
>
> No século VII, eles expandiram seu império conquistando, entre outros territórios, o norte da África. A expansão do Império Islâmico nessa região iniciou-se com a dominação do Egito. De lá, os muçulmanos ocuparam outras partes do Norte Africano, muitas vezes com o uso da força.
>
> O islamismo difundiu-se na África não só pela expansão militar, mas também pelos mercadores árabes islamizados que percorriam as rotas comerciais entre o Oriente Médio e o continente africano.
>
> A religião islâmica teve fácil assimilação na África, pois pregava valores e virtudes semelhantes aos de crenças já existentes nesse continente.

almorávida: dinastia islâmica que dominou territórios da África e da península Ibérica entre os séculos XI e XII.

Kumbi Saleh foi a última capital do Reino de Gana, na África Ocidental. Em 1913, a descoberta de uma crônica africana do século XVII levou os arqueólogos franceses às ruínas de Kumbi Saleh. Escavações no local revelaram vestígios de uma grande cidade muçulmana com casas de pedra e uma mesquita congregacional. A datação por radiocarbono sugere que o local foi ocupado entre o final do século IX e o século XIV. Foto de 2021.

O IMPÉRIO DO MALI

Segundo a tradição oral, no século XIII, o guerreiro Sundiata Keita, conhecido como Rei Leão, conquistou territórios a oeste e a leste do Sahel, como as cidades de Djenné, Gao e Tombuctu, além do Reino de Gana, dando origem ao Império do Mali. Este era composto principalmente dos povos Mandinga, também conhecidos como malinquês, e sua capital era Niani, localizada próxima à nascente do rio Níger.

O rei do Mali era chamado de **mansa**, que significa rei dos reis, soberano. Ele controlava todo o império, que chegou a ter cerca de quatrocentas cidades e vilas, organizadas em províncias. Cada província era comandada por um **farba**, um administrador submetido ao poder do mansa. O soberano do Mali também era assessorado por vários funcionários, como aqueles que cobravam e coletavam tributos dos povos vizinhos.

Muitos governantes do Império do Mali converteram-se ao islamismo. O fundador Sundiata Keita, por exemplo, teria adotado a fé islâmica para se integrar mais facilmente ao comércio realizado pelos árabes muçulmanos entre a África, o Oriente e o Ocidente.

Outro conhecido soberano do Mali foi Mansa Musa. Durante seu reinado, ele peregrinou até Meca com uma comitiva de 60 mil servos, 100 camelos e uma enorme quantidade de ouro, que impressionou os líderes árabes da época. Devido à grandiosidade e à riqueza dessa peregrinação, o Império do Mali tornou-se muito famoso no Mediterrâneo. Em alguns atlas europeus da época, chegou-se a fazer menção a Mansa Musa, como podemos observar no mapa a seguir.

Em razão de conflitos dinásticos, o Império do Mali entrou em declínio no século XV e acabou dominado pelo Império Songai.

▲ Gravura de Antonio Sasso, de 1843, que representa integrantes do povo mandinga. Apesar de fazer parte de um reino próspero como o do Mali, a população mandinga, que não tinha o direito de usufruir daquela riqueza, vivia em cabanas feitas de barro e palha.

 Veja alguns vestígios históricos do **Império do Mali** e anote, no caderno, os nomes de pelo menos duas fontes históricas apresentadas e o que mais chamou sua atenção ao observá-las.

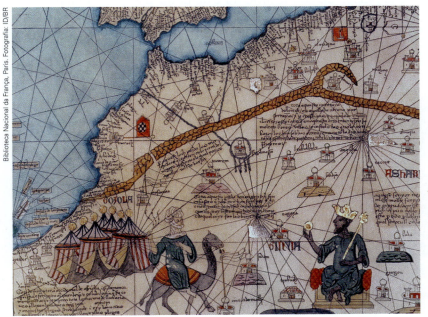

pepita: fragmento de metal, especialmente de ouro.

◀ Detalhe de mapa catalão de 1375, que representa, na parte inferior, Mansa Musa sentado em um trono, segurando uma pepita de ouro. No mapa, há o seguinte texto: "Este senhor negro é aquele muito melhor senhor dos negros de Guiné. Este rei é o mais rico e o mais nobre senhor de toda esta parte, com abundância de ouro em sua terra".

ATIVIDADES ECONÔMICAS

Durante o reinado de Sundiata Keita, a agricultura e a pecuária eram as principais atividades econômicas do Império do Mali. Cultivavam-se algodão e alguns alimentos, como feijão, inhame, amendoim e papaia, e criavam-se animais como bois e camelos. Também se praticava o artesanato, que era muito valorizado.

Mais tarde, esse império destacou-se como o maior produtor de ouro de sua época, principalmente sob o reinado de Mansa Musa, que dominou todas as minas locais de ouro e de sal e passou a controlar as principais rotas comerciais transaarianas do Sahel.

O Império do Mali também contava com um poderoso exército, que contribuiu decisivamente para sua expansão territorial e comercial, bem como para o controle das regiões conquistadas.

DJENNÉ E TOMBUCTU: POLOS CULTURAIS

Além do desenvolvimento econômico, houve intensa expansão da cultura árabe islâmica no Império do Mali. Cidades como **Djenné** e **Tombuctu**, que foram incorporadas a esse império no século XIII, tornaram-se grandes centros culturais.

Em Djenné, foi construída a maior mesquita de adobe do mundo, bem como os madraçais, escolas islâmicas de religião e de direito. Na época de domínio do Império do Mali, a cidade tornou-se um grande centro religioso (islâmico) e comercial.

Em Tombuctu, por sua vez, desenvolveu-se um importante sistema educacional com a construção da mesquita e universidade de Sankoré. Nesse local, eram estudadas diversas áreas do saber, como o Alcorão, caligrafia árabe, astronomia, história, matemática, entre outras. Assim, a cidade atraiu intelectuais árabes de diferentes regiões do mundo e tornou-se um polo de transmissão de conhecimento e da cultura afro-islâmica.

▲ Escultura em terracota datada do século XIII, pertencente à cultura do Mali.

adobe: tijolo de barro feito de terra crua, água, palha e outras fibras naturais. A palavra vem do árabe e significa "tijolo cozido".

▼ Vista da mesquita e universidade de Sankoré, em Tombuctu, no Mali. Foto de 2021. Tombuctu foi declarada Patrimônio Mundial pela Unesco em 1988. Na foto, soldados das Nações Unidas fazem o patrulhamento da mesquita, pois, anteriormente, o edifício foi alvo de ataques e destruição por parte de integrantes do Estado Islâmico.

O IMPÉRIO SONGAI

Por volta do ano 800 d.C., o povo Songai habitava uma área próxima ao rio Níger, onde fundou a cidade de Gao. Em 1325, essa cidade foi dominada pelo Império do Mali e só reconquistou a independência cinquenta anos depois.

No século XIV, época em que era reino, Songai tinha como principais atividades econômicas a pesca e o comércio local. Marinheiros muito habilidosos, os Songai dominavam a navegação no rio Níger, o principal da região do Sahel. Além disso, estavam localizados em uma área com grandes minas de sal, produto bastante valorizado na época e que era trocado por ouro com outros povos, favorecendo o acúmulo de riquezas no reino.

No século XV, os Songai já tinham um império consolidado, que se expandiu com a conquista do Império do Mali (veja a localização de ambos no mapa "África Saariana e Subsaariana (séculos XI a XVI)"). A cidade de Tombuctu foi destruída e houve um massacre, que atingiu principalmente os intelectuais da universidade de Sankoré, pois estes mantinham contato com povos inimigos dos Songai. A cidade de Djenné também foi ocupada, mas, ao contrário do que houve em Tombuctu, seus habitantes não foram tratados com violência.

Após dominarem o Império do Mali, os Songai passaram a controlar as rotas do comércio transaariano no Sahel, mantendo relações diretas com as populações árabes muçulmanas do norte da África. Tombuctu foi reconstruída e, com o novo impulso dado ao comércio, voltou a ser uma cidade economicamente próspera. Em Tombuctu também foram construídos muitos madraçais para ampliar os estudos do Alcorão e das leis islâmicas.

O Império Songai organizou-se em um grande Estado centralizado, comandado pelo imperador, e seguia rigidamente as regras do Alcorão. No entanto, as cidades mercantis mais importantes, como Tombuctu, Djenné, Ualata e Talaza, tinham relativa autonomia e eram governadas por chefes locais. Um dos imperadores de Songai, Askia Mohammed, no início de seu reinado, chegou a fazer uma peregrinação a Meca, semelhante à viagem de Mansa Musa.

Por meio de guerras e sob o domínio de Askia Mohammed, o Império Songai alcançou o poder máximo e conquistou muitos territórios. Contudo, entrou em declínio no século XVI, principalmente após a destituição do imperador pelo próprio filho, a chegada dos europeus à África e a invasão de Tombuctu pelo Reino do Marrocos, em 1591.

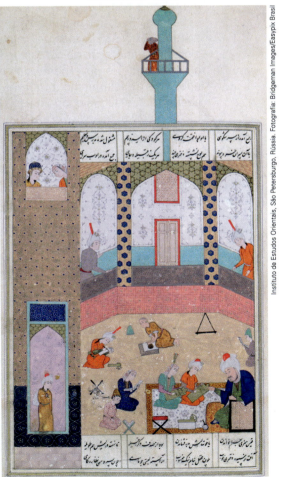

Interior de um madraçal representado em ilustração publicada em um poema do escritor persa Elyas Nizami, em cerca de 1550.

ATIVIDADES

Retomar e compreender

1. Imagine que você precisa explicar para alguém o que é Sahel. Como você faria isso? Elabore um pequeno texto ou um áudio curto com sua explicação.

2. A seguir, relacione cada comunidade do Sahel aos textos que aparecem na sequência.

    I. Reino de Gana

    II. Império do Mali

    III. Império Songai

    a) Comunidade que se desenvolveu por volta do século VIII, às margens do rio Níger. Seu apogeu ocorreu no século XIV, quando conquistou um importante império saheliano. Essa sociedade se tornou conhecida principalmente por causa da cidade de Tombuctu, um centro comercial e intelectual da região do Sahel.

    b) Reino que se desenvolveu na África Ocidental cujo poder era centralizado em um soberano. Seu apogeu ocorreu entre os séculos IX e X e se tornou um reino conhecido pela mineração de ouro. No século IX, a população e o governante do reino não aderiram ao islamismo, o que levou essa sociedade ao declínio, no ano de 1240.

    c) Sociedade saheliana que surgiu no século XIII, composta principalmente de povos da etnia mandinga. Ganhou notoriedade pelas riquezas do reino. Havia governantes locais e um governante que concentrava os poderes do Estado, chamado de mansa.

3. Forme dupla com um colega. Retomem o mapa "Rotas transaarianas (séculos V a XV)", leiam o texto e, em seguida, façam o que se pede.

> As caravanas de comerciantes [...] que atravessavam o grande deserto em direção às regiões mais férteis do Sahel e do Sudão não transportavam somente mercadorias: elas propagavam novas concepções religiosas e culturais que encontraram eco no seio da classe dos mercadores antes de seduzir as cortes dos soberanos africanos.
>
> Mohammed El Fasi (ed.). *História geral da África*, v. III: África do século VII ao XI. Brasília: Unesco, 2010. p. 9.

a) Por quais locais passavam as rotas transaarianas?

b) Localizem no mapa a região do deserto do Saara. Em que século foi mais intenso o comércio das rotas que passavam por essa região?

c) A quais concepções religiosas e culturais o texto faz referência? De que modo elas podem ser relacionadas ao mapa?

Aplicar

4. O texto a seguir apresenta algumas fontes históricas sobre o Reino de Gana. Leia-o e, depois, responda às questões.

> Al Bakri deixou-nos um relato carregado de admiração sobre a sua corte: "O rei [...] usa na cabeça uma espécie de chapéus pontiagudos, altos, semeados de ouro, em volta dos quais enrola um turbante de tecido de algodão muito fino. Concede audiência e recebe as queixas sob um pálio. À volta aguardam dez cavalos ajaezados de estofos de ouro. Por trás dele encontram-se dez pajens com escudos de couro e espadas. Estão soberbamente vestidos e usam o cabelo entrançado com fios de ouro". A riqueza e a ostentação da corte do Gana pode ser apreendida a partir de outro relato em língua árabe, que nos foi legado por Mahmud Kati, um historiador de Tombuctu. No seu *Tarikh el--Fettach* (Crônica do buscador), ele escreve que, nas cavalariças reais, cada um dos mil cavalos existentes só se deitava em cima da sua própria esteira. E tinham à sua disposição um corpo de serviçais que beirava o exagero. Segundo ele, cada cavalo dispunha de uma bacia de cobre para urinar e "tinha junto de si três pessoas ao seu serviço: uma para o alimentar, outra para lhe dar de beber e a terceira para a urina e as dejecções". Além disso, todas as noites o palácio real era animado por banquetes grandiosos. Nestas ocasiões, "do alto do seu trono de ouro vermelho, rodeado de numerosos criados com archotes, o soberano contemplava dez mil dos seus súditos, convidados a jantar no palácio".
>
> Wellington Barbosa da Silva. Reinos de negros na Idade Média: a África Subsaariana no medievo. *Cadernos de História UFPE*, v. 5, n. 5, p. 9, 2008. Disponível em: https://periodicos.ufpe.br/revistas/cadernosdehistoriaufpe/article/view/109988/21926. Acesso em: 3 abr. 2023.

a) Quais fontes históricas são citadas no texto? Se você fosse classificá-las, que tipo de fonte elas seriam?

b) Por meio dessas fontes históricas, quais características do Reino de Gana podem ser identificadas? Faça uma lista no caderno.

c) Em sua opinião, as fontes históricas apresentadas neste capítulo comprovam ou refutam a ideia de que a região do Sahel é praticamente inabitável e apenas populações muito pobres vivem lá? Converse com os colegas sobre isso, utilizando elementos do texto para comprovar sua análise.

5. Ao longo do capítulo, você estudou diversas sociedades do Sahel. Veja, a seguir, alguns vestígios históricos delas.

▲ Escultura do Mali antigo, feita em terracota. Data do século XIII.

▲ Vista lateral da mesquita Sankore, em Tombuctu, Mali. Foto de 2021.

▲ Vestígios da antiga cidade de Chinguetti, na Mauritânia. Foto de 2022.

▲ Vista da Mesquita Djenné, no Mali. Foto de 2020.

- Escreva uma frase sobre o império ou o reino que produziu cada vestígio histórico representado. Busque relacionar aspectos do vestígio às características da comunidade correspondente.

6. **SABER SER** Muito do que sabemos sobre as histórias do continente africano foi preservado pela tradição oral, transmitida pelos contadores de histórias conhecidos como griôs. De forma semelhante ao que ainda é feito por esses griôs, relate uma história familiar que lhe tenha sido contada por alguma pessoa mais velha de sua família. Use a criatividade e procure narrar a história como se você fosse um griô. Se necessário, utilize música, dança ou outras manifestações artísticas em sua apresentação.

CAPÍTULO 2
POVOS IORUBÁ

PARA COMEÇAR

A África Ocidental foi habitada, ao longo de milênios, por diferentes povos. Um desses povos são os Iorubá, cujas expressões culturais se difundiram para outras partes do mundo, como o Brasil. Você conhece alguma religião de origem africana praticada no Brasil?

IFÉ: LOCAL SAGRADO

Na região abaixo da faixa territorial denominada Sahel, desenvolveram-se diversos povos. Próximo ao litoral e a oeste do rio Níger, nas áreas que hoje pertencem a países como Togo, Benin, Nigéria e Serra Leoa, surgiram os povos **Iorubá**.

De acordo com a mitologia iorubana, a origem desses povos se deu em Ifé, cidade localizada no sudoeste da atual Nigéria.

As pesquisas históricas e arqueológicas sobre as origens dos Iorubá também remontam a Ifé. Ali foram encontrados vestígios de ocupações que datam de cerca de 500 a.C. Não é possível afirmar que essas comunidades fossem iorubanas, porém os vestígios indicam que Ifé era um importante centro populacional mesmo antes do desenvolvimento desses povos.

Dessa forma, sabe-se que Ifé, como cidade central desse povo, teve seu apogeu entre os séculos IX e X. O líder político e religioso dessa cidade era chamado **oni** e desempenhava funções importantes para as diferentes comunidades, embora não tivesse poder direto sobre elas.

Ainda hoje, Ifé é considerada uma cidade sagrada pelos Iorubá e por praticantes de religiões que têm origem na cultura desse povo, como alguns tipos de candomblé no Brasil.

▼ Líderes religiosos usando trajes típicos durante o Festival Olojo, na cidade de Ifé, atual Nigéria. Foto de 2019. Os festejos do Olojo ocorrem anualmente em Ifé, cidade considerada sagrada pelos Iorubá, para celebrar a vida.

AS CIDADES-ESTADO

Os Iorubá não constituíram um Estado unificado, como ocorreu em algumas regiões do Sahel, mas sim **cidades-Estado** independentes, embora ligadas a Ifé e ao **oni**, a quem deviam obediência espiritual e consultavam em caso de guerra.

Cada cidade-Estado tinha um chefe político e sagrado, o **obá**, também chamado de **alafin** em algumas cidades. Esses chefes deviam submissão apenas ao oni. Além de Ifé, as cidades de Benin e de Oyo eram importantes centros políticos e econômicos. Observe o mapa.

Apesar da centralidade de Ifé, as outras cidades também cresceram, principalmente por causa das atividades comerciais. O comércio de pessoas escravizadas, ou seja, os povos vencidos pelos Iorubá em guerras, constituía a fonte de riqueza da maior parte dessas cidades.

Durante muito tempo, a prática da escravidão entre os povos africanos antigos foi um dos principais argumentos para justificar a escravização desses povos pelos europeus a partir do século XV. No entanto, naquele contexto, os escravizados não eram considerados objetos, tampouco foram traficados em massa – como fizeram os europeus e, posteriormente, os estadunidenses. Esses dois aspectos são algumas das principais diferenças entre os dois casos históricos de escravidão.

África Ocidental: Cidades-Estado dos Iorubá (século XIV)

Fonte de pesquisa: Mohammed El Fasi (ed.). *História geral da África*, v. III: África do século VII ao XI. Brasília: Unesco, 2010. p. 570.

AS CIDADES-ESTADO IORUBANAS E OS ORIXÁS

O sistema de crenças dos Iorubá admitia centenas de divindades, ligadas ao mundo humano, às forças da natureza e aos antepassados. Para as comunidades iorubanas antigas, política, história e espiritualidade eram dimensões entrelaçadas e não poderiam ser compreendidas em separado.

As famílias formavam o primeiro grupo social das cidades-Estado. As cidades iorubanas eram planejadas e cada família ocupava um quarteirão específico. Cada família tinha um chefe, responsável por governar os quarteirões pertencentes a ela. Esses chefes menores respondiam ao obá e à família real, além de integrar o Conselho de Estado da cidade.

O obá, por sua vez, fazia parte da família que era considerada nobre pela comunidade. Isso porque ele descendia de um ancestral que, ao longo do tempo, foi cultuado pelas famílias e, assim, foi transformado em divindade, chamada de **orixá**. Dessa forma, os orixás se tornavam patronos das cidades iorubanas e eram consultados durante as reuniões de conselheiros e outros eventos políticos e sociais relevantes.

Havia também os orixás comuns a todos os Iorubá. Essas divindades seriam responsáveis pela existência dos seres humanos, como ancestrais de todas as pessoas. Por isso, eram consultados pelo oni em cerimônias e reuniões que envolviam representantes de diferentes cidades. Oduduwá é um exemplo desse tipo de divindade. Ainda hoje, esse orixá é cultuado pelos Iorubá, sendo considerado o criador dessa etnia. Há até mesmo movimentos nacionalistas atuais que reivindicam a criação de um Estado Iorubá, atribuído àqueles que são considerados os descendentes de Oduduwá.

O esquema a seguir mostra como essas relações de poder ocorriam.

▲ Cabeça feita de bronze e zinco que representa um oni, datada do período entre os séculos XII e XV.

orixá: divindade iorubá que pode ser associada a seres humanos e/ou a forças da natureza.

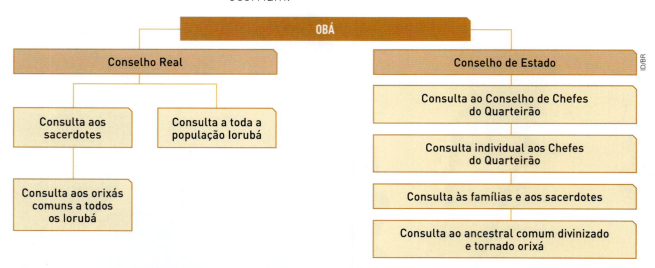

Fonte de pesquisa: Claudia Lima. A estrutura social, política e religiosa do antigo Império Iorubá, como modelo original no processo da hierarquização das casas de culto das religiões afro-brasileiras. *Revista de Teologia e Ciências da Religião da UNICAP* (descontinuada), v. 2, n. 1, p. 261.

AS MULHERES DOS POVOS IORUBÁ

As mulheres sempre desempenharam papel de destaque na sociedade iorubana, especialmente nos ambientes privados.

Aquelas que se tornavam mães tinham ainda mais poder, principalmente sobre as crianças, os adolescentes e outras mulheres, pois acreditava-se que a maternidade trazia poderes de adivinhação, explorados em oráculos. A valorização das mulheres se dava, principalmente, por sua capacidade de gerar a vida e, assim, perpetuar a humanidade.

As mulheres iorubanas também podiam exercer funções administrativas e ocupar cargos políticos nas cidades-Estado, porém a área pública em que mais se destacaram foi o comércio. Elas constituíam a maioria entre os grandes negociantes das feiras. Ainda hoje, a presença de mulheres Iorubá nos mercados públicos é marcante, representando uma continuidade histórica.

MERCADORIAS E TECNOLOGIAS

As principais mercadorias comercializadas nas feiras dos Iorubá eram:

▲ Noz-de-cola.

▲ Óleo de palma.

▲ Sal marinho.

Além desses produtos, também havia a comercialização de peles de animais e objetos artesanais. Entre esses objetos destacam-se os feitos de metais como o cobre e o bronze. Eles evidenciam as tecnologias metalúrgicas dos Iorubá, como a técnica de produzir entalhes diretamente sobre as placas de metal.

Nessas placas, eram esculpidas cabeças de animais, rostos de ancestrais e estatuetas de outros seres divinos (como os orixás). Também eram comuns a representação do oni e a produção de objetos para proteção e realização de rituais. Além disso, os metais eram usados na produção de ferramentas para a agricultura e o pastoreio.

> Saiba mais sobre o **povo Iorubá na atualidade** e, no caderno, anote as principais características das fontes visuais e materiais que foram apresentadas.

▲ Mulheres comerciantes na região de Ketou, no atual Benin. Foto de 2021.

ATIVIDADES

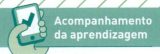
Acompanhamento da aprendizagem

Retomar e compreender

1. Forme dupla com um colega. Copiem o quadro desta atividade no caderno e completem-no com informações sobre os Iorubá. Para isso, retomem o mapa "África Ocidental: Cidades-Estado dos Iorubá (século XIV)" e os textos do capítulo.

Os Iorubá até o século XIV	
Locais onde viviam	
Organização político-administrativa	
Expressões religiosas	
Principais técnicas e tecnologias	

2. Em relação ao papel das mulheres nas comunidades iorubanas, responda:
   a) Em que situação as mulheres Iorubá eram consideradas sagradas?
   b) Como a sacralidade delas era explicada?
   c) Na sociedade brasileira atual, como são tratadas as mulheres que, nas sociedades iorubanas, seriam consideradas sagradas? Elas costumam ser valorizadas?

Aplicar

3. Observe esta pintura e, em seguida, responda às questões.

Cerimônia para Oxalufã no Opô Afonjá, aquarela de Carybé feita para o livro *Iconografia dos deuses africanos no candomblé da Bahia*, de 1980.

   a) Como as pessoas representadas nessa obra estão vestidas?
   b) A pintura registra um ritual de candomblé. Com base na imagem e na legenda, levante hipóteses sobre o ritual representado.
   c) O artista Carybé (1911-1997), nascido na Argentina e naturalizado brasileiro, fez esse registro com base em suas experiências nos terreiros de candomblé do Rio de Janeiro, da Bahia e de Pernambuco, nas décadas de 1950 e 1960. Como você explicaria a chegada da cultura iorubana ao Brasil?

4. Qual é a situação atual dos Iorubá? Faça uma pesquisa, em publicações impressas ou digitais, sobre esse povo, procurando identificar permanências e transformações em seu modo de vida. Anote as conclusões no caderno e lembre-se de registrar as fontes pesquisadas. Em uma data combinada com o professor, compartilhe suas descobertas com a turma.

ARQUIVO VIVO

As esculturas iorubanas

Os seres humanos criam esculturas utilizando diversos materiais (tinta, tecido, papel, madeira, pedra, bronze, mármore, etc.) para representar outros humanos ou divindades, criar formas novas, expressar sentimentos, entre outros objetivos.

Nas esculturas figurativas, utiliza-se como referência algo do mundo cuja representação seja possível reconhecer, como pessoas, animais, plantas e objetos.

Dessa forma, as esculturas também se caracterizam como importantes fontes históricas. Elas podem revelar aspectos da cultura, da religião, da política e dos costumes de um povo e de uma época.

Leia, a seguir, um trecho de um texto sobre a importância dada à cabeça e às mãos nas esculturas iorubanas e observe as imagens.

Esculturas feitas em madeira que representam um obá e uma mulher, ambas da região de Benin, na África, século XVII.

[...]
Para os indivíduos do Benin, a cabeça [...] é pelos iorubanos considerada como a residência da vida do ser humano. No entanto, quando olhamos com atenção as peças escultóricas do povo Iorubá, notamos que as mãos também são representadas com maior realismo, e em tamanho avantajado. As mãos e a cabeça de uma escultura são trabalhadas com maior apuro. [Afirma-se que alguns grupos] colocam ênfase nas mãos porque esse membro efetua os planos que essa cabeça elaborou.

Edmilson Quirino do Reis. *A representação do corpo humano na arte Iorubá*. 2014. 117 p. Dissertação (Mestrado em Estética e História da Arte) – Universidade de São Paulo, São Paulo. p. 17-18. Disponível em: http://www.teses.usp.br/teses/disponiveis/93/93131/tde-27042015-154306/pt-br.php. Acesso em: 3 abr. 2023.

Organizar ideias

1. Observe as imagens, leia a legenda e responda às questões.
   a) Quais objetos estão representados nas esculturas? Quando elas foram produzidas?
   b) Em que região da África elas foram encontradas?
2. As esculturas apresentadas são abstratas ou figurativas? Justifique sua resposta.
3. O que as esculturas revelam sobre o povo que as produziu?
4. Qual seria a função dessas esculturas? Compartilhe suas hipóteses com os colegas.

CAPÍTULO 3
POVOS DA ÁFRICA CENTRAL À ÁFRICA MERIDIONAL

PARA COMEÇAR

Entre as sociedades da África Subsaariana destacam-se os Bantu, termo usado pelos europeus para denominar o conjunto de povos que falam idiomas pertencentes à família linguística que tem esse nome. Por que será que os europeus usaram o termo Bantu para denominar esses povos?

BANTU: MÚLTIPLAS IDENTIDADES

Os povos Bantu ocupavam praticamente toda a África Central, abrangendo também áreas importantes dos litorais banhados pelos oceanos Atlântico e Índico e quase toda a porção sul do continente africano.

Acredita-se que esses povos tenham surgido por volta do século II a.C., na região fronteiriça entre os atuais territórios da Nigéria e de Camarões. Aos poucos, eles se dispersaram para a porção central do continente africano, onde desenvolveram uma agricultura adaptada à floresta equatorial e às savanas. Posteriormente, em torno de 900 a.C., expandiram-se para o oeste, o leste e o sul da África.

Esse movimento dos povos Bantu foi lento e irregular, e, ao longo do tempo, eles foram se misturando com comunidades de outras origens. Como resultado disso, atualmente, grande parte dos povos que habitam o sul do continente também fala algum idioma da família linguística bantu, como o **quimbundu**, o **umbundu** e o **quicongo**, entre outros.

▼ As danças tradicionais fazem parte da cultura dos povos Bantu. Na foto, mulheres dançam com os pés descalços em Manica, Moçambique. Foto de 2021.

FAMÍLIAS LINGUÍSTICAS

O termo **Bantu** foi criado por pesquisadores alemães no final do século XIX para se referir aos povos falantes de idiomas que pertencem a uma família linguística específica do continente africano. Em diversas línguas dessa família, o plural é indicado pelo prefixo *ba-*, e a palavra *ntu* significa "ser humano". Assim, a expressão Bantu significa humanidade, um coletivo de pessoas, nas línguas originárias desses povos.

Por isso, atualmente, há alguns pesquisadores que preferem chamar essa família linguística de **Níger-Congo**. Observe o mapa desta página e veja a distribuição dos povos africanos de acordo com a família linguística.

Os Bantu também tiveram contato com povos do Oriente Médio e do norte da África. Da relação com os mercadores árabes islâmicos surgiu um islamismo diferenciado, mesclado às tradições locais. E da comunicação entre os árabes e os nativos originou-se um novo idioma, o **suaíli**, uma língua bantu acrescida de grande número de vocábulos árabes. Esse idioma é hoje o mais falado no continente africano e é uma das línguas oficiais da Tanzânia, de Uganda e do Quênia.

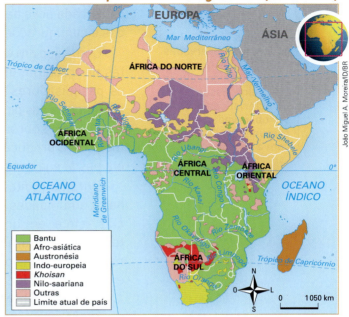

Fonte de pesquisa: World GeoDatasets. Steve Huffman language maps. Disponível em: http://worldgeodatasets.com/language/samples/index.html. Acesso em: 3 abr. 2023.

Conheça algumas características culturais dos **povos Bantu** que podem ser observadas em tradições que fazem parte da cultura brasileira. Essas características podem ser observadas em sua comunidade? Comente com a turma.

DIFERENTES MODOS DE VIDA

A organização política e econômica dos Bantu era diversificada: cada povo havia desenvolvido variadas atividades econômicas e configurações próprias de organização estatal.

Com base em vestígios, como estatuetas de metal, ferramentas de trabalho, utensílios domésticos e adornos, entre outros, os pesquisadores puderam inferir que, por volta do século V, a economia dos povos Bantu era basicamente agrária e que eles cultivavam, sobretudo, inhame e coqueiro-de-dendê (este último para a produção de azeite). Eles também praticavam a caça e a pesca e já conheciam a metalurgia do bronze e do ferro.

Durante muitos séculos, os povos Bantu viveram em pequenas comunidades rurais. A estrutura familiar baseava-se em clãs, isto é, em grupos de pessoas ligadas por parentesco, determinado por um ancestral comum. Esses laços de sangue foram importantes para o desenvolvimento de um senso de união e de solidariedade.

Nas comunidades Bantu, principalmente as da África Centro-Ocidental, havia um chefe que detinha os poderes político, religioso e militar e exigia da população o pagamento de tributos em troca da garantia de boas colheitas e da relação harmônica entre os membros do clã.

Entre os séculos X e XV, as aldeias familiares cresceram e deram origem a reinos independentes, que mantiveram a centralização político-administrativa na figura de reis ou de rainhas. Havia também comunidades Bantu que não se organizavam dessa forma, embora mantivessem relações políticas e comerciais com os reinos.

Com o tempo, os reinos buscaram dominar o maior número de aldeias possível, entrando em conflito quando os acordos diplomáticos falhavam. Destacou-se, no século XIV, o Reino do Congo, localizado na África Centro-Ocidental e hoje correspondente a regiões do Congo, de Angola e da República Democrática do Congo. Esse reino era formado por vários povos Bantu, principalmente pelos Bacongo, falantes do quicongo.

◀ Escultura funerária dos Bakota, povo Bantu que hoje habita o nordeste do Gabão. A peça foi confeccionada em madeira e cobre, em meados do século XIX.

Estudantes em escola da cidade de Pwani Machangani, Zanzibar, Tanzânia. Foto de 2021. Nesse país, falam-se diversos idiomas, mas as aulas nas escolas são ministradas em suaíli, língua oficial do país. A diversidade cultural dos povos de origem Bantu pode ser considerada uma continuidade histórica.

REINO DO CONGO

O soberano congolês, chamado **manicongo**, reinava sobre um Estado descentralizado, dividindo o poder com governadores dos reinos submetidos a ele e com chefes de aldeias. Esses líderes, contudo, eram escolhidos pelo próprio manicongo, que procurava garantir a unidade do reino por meio de casamentos e de boas relações comerciais e políticas entre as diferentes províncias. O manicongo vivia em uma corte luxuosa na capital fortificada M'Banza Kongo e administrava o reino com o auxílio de um conselho.

No Reino do Congo, a economia era essencialmente agrária. As aldeias rurais (*labata*) forneciam alimentos, pessoas escravizadas, tecidos e objetos de metal para as cidades (*mbanza*), bem como pagavam tributos ao manicongo. Também se praticava o comércio, no qual era utilizado o *nzimbu* (uma espécie de concha) como moeda de troca. Os principais produtos comercializados eram sal, metais, tecidos e artigos de origem animal.

A prática da escravidão era comum no Reino do Congo. Em geral, os escravizados eram capturados em guerras contra povos inimigos e trabalhavam nas minas e nas atividades agrícolas.

No século XV, os congoleses estreitaram as relações comerciais com os portugueses, que estavam interessados nos metais preciosos da região e na aquisição de escravizados. Nesse período, o manicongo se converteu ao cristianismo, recebendo o nome de dom João, e a capital M'Banza Kongo passou a ser chamada de São Salvador. Essa conversão foi controlada pelas elites congolesas e, por isso, não se configura como um processo de colonização. Aos europeus também era interessante estabelecer relações diplomáticas com o Reino do Congo, já que assim eles teriam acesso a ferramentas e utensílios produzidos com a metalurgia e a práticas agrícolas que ainda eram desconhecidas na Europa.

CIDADANIA GLOBAL

PARCERIAS E RELAÇÕES DIPLOMÁTICAS

A diplomacia era uma característica importante do Reino do Congo, que procurou estabelecer relações diplomáticas positivas não só com outros povos africanos, mas também com europeus e asiáticos.

1. Qual parceria congolesa foi retratada na imagem desta página?
2. Quais aspectos da imagem indicam que se tratou de um evento pacífico?
3. Quais benefícios essa parceria poderia trazer ao Reino do Congo? E para a Europa?

▼ Ilustração de manuscrito feito pelo padre Giovanni Antonio Cavazzi, em 1680, retratando seu encontro com um embaixador congolês. A imagem evidencia o poder do Reino do Congo nessa época, já que seu representante e Cavazzi foram apresentados em situação de igualdade. Além disso, os sinais de honra (como a presença de músicos da corte, de guerreiros e de carregadores de liteira) pertencem ao Congo, e não aos europeus.

OUTROS REINOS BANTU

Além do Reino do Congo, desenvolveram-se outros reinos e aldeias Bantu independentes. Um exemplo são as comunidades ao sul do Congo, que, por volta do século XI, formaram uma confederação de aldeias dedicadas à agricultura e à pecuária. Esses povos deram origem ao **Reino do Grande Zimbábue**, que corresponde aos atuais territórios de Moçambique e de Zimbábue.

O Grande Zimbábue exportava ouro, cobre e marfim para a costa africana do oceano Índico e importava mercadorias como porcelanas, da China, garrafas, da Pérsia, e tecidos, da Índia. Entre 1270 e 1450, esse reino formou um grande complexo urbano que entrou em crise por motivos ainda desconhecidos.

Outro exemplo é o **Reino de Ndongo**, na atual Angola, que estabeleceu relações com o Reino do Congo em diferentes momentos. Porém, a maioria dos registros analisados sobre Ndongo foi produzida por europeus, entre os séculos XVI e XVII.

Acredita-se que, nesse período, como forma de se tornar independente do Reino do Congo, Ndongo tenha enviado embaixadores próprios a Portugal e dominado outros reinos, como o de **Matamba**.

Nessa época, Portugal iniciava as primeiras investidas para controlar a região de Ndongo, em busca das jazidas de prata e de cobre e das reservas de sal. Os portugueses também consideravam essa região estratégica para ter acesso às minas do **Império de Monomotapa**, localizado no atual Zimbábue. Ali produziam-se instrumentos e adornos de metal que eram exportados para a Ásia e a Europa.

▲ Vestígios da capital do Grande Zimbábue, na atual província de Masvingo, no Zimbábue. Foto de 2020. Há registros de que a construção envolta por muralhas chegou a abrigar cerca de 20 mil pessoas. Esse conjunto arquitetônico é considerado Patrimônio Mundial pela Unesco desde 1986.

PARA EXPLORAR

Njinga, rainha de Angola. Direção: Sérgio Graciano. Angola, 2013 (109 min).
Nesse filme angolano, você vai conhecer alguns aspectos da história dos reinos de Ndongo e de Matamba, bem como de outras comunidades Bantu dos séculos XVI e XVII. Nessa narrativa biográfica da rainha Njinga, são apresentadas importantes características desses povos, como hábitos cotidianos, modos de vestir, rituais religiosos, organização política, utensílios e ferramentas, além de técnicas e tecnologias.

Giovanni Antonio Cavazzi. Ilustração de manuscrito publicado em 1690 representando a comitiva da rainha Njinga, governante dos reinos de Ndongo e de Matamba. Nessa imagem, Njinga lidera a procissão, portando uma arma (arco e flecha) e uma coroa. Nascida em 1582, ela é considerada uma heroína pelos angolanos por ter resistido à invasão portuguesa na região.

ATIVIDADES

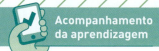
Acompanhamento da aprendizagem

Retomar e compreender

1. Elabore uma lista com os principais itens comercializados pelos povos Bantu entre os séculos X e XVI, tanto com europeus quanto com asiáticos.

2. Com base no que você estudou neste capítulo, escreva um parágrafo sobre os modos de vida dos Bantu. Procure abordar os aspectos que mais chamaram sua atenção sobre esses povos.

Aplicar

3. Forme dupla com um colega. Retomem o mapa "África: Principais famílias linguísticas (século XVI)" e respondam às questões.
    a) Qual é a maior família linguística africana, isto é, aquela cujos povos falantes ocupam a maior extensão territorial do continente?
    b) Quais são os principais rios que fazem parte dos territórios ocupados por esses povos?
    c) Que regiões do continente africano são ocupadas por eles?

4. Ainda em duplas, observem as imagens dos tópicos "Reino do Congo" e "Outros reinos Bantu" que retratam pessoas e leiam as legendas. Depois, façam o que se pede.
    a) Como as lideranças Bantu foram retratadas nas imagens?
    b) Quais são as semelhanças e as diferenças na representação dessas lideranças?
    c) As representações dos séculos XVII evidenciam o ponto de vista de qual povo sobre essas comunidades Bantu?
    d) Na opinião de vocês, como seriam os registros Bantu sobre essas lideranças políticas? Por quê?

5. O texto desta atividade é sobre o modo como um povo Bantu organizava seu calendário. Leia-o e, depois, responda às questões.

> A organização política que teve maior destaque na região analisada foi o reino do Kongo. [...]
> [...] Pela variabilidade do clima na região, e principalmente pela chuva, os nativos dividiam o ano em seis estações: *Massanza, Nsasu, Ecundi, Quitombo, Quibisso* e *Quimbangala. Massanza* é o mesmo que primavera e vai desde o princípio de outubro, quando começam as chuvas, até o fim de janeiro. Essa primeira estação caracterizava-se pelo germinar das plantas. A segunda estação, *Nsasu*, iniciava no fim de janeiro, quando os campos estavam germinados e em poucos dias os cereais amadureciam. Concomitantemente a isso, semeava-se para a estação seguinte. *Ecundi* e *Quitombo* juntam-se no começo de março, quando iniciam as chuvas, e continuam até meados de maio. Elas se diferem por seu maior ou menor atraso. Pelo fim do mês de março, encerrando as chuvas, o ar tornava-se quente e não chovia mais até meados de setembro ou princípios de outubro [...].
>
> Lucas Caregnato. Em terras do *Ngola* e do *Manikongo*: descrição dos reinos do Kongo e Ndongo no século XV. Em: *Anais do XXVI Simpósio Nacional de História*, São Paulo: ANPUH, 2011. Disponível em: http://www.snh2011.anpuh.org/resources/anais/14/1300849331_ARQUIVO_Texto-ANPUH-SP.pdf. Acesso em: 3 abr. 2023.

   a) Quais características do Reino do Congo são abordadas no texto? Em sua opinião, por que elas são importantes e se tornaram objeto de estudo?
   b) Quais são as estações do ano de acordo com o calendário congolês? Quais aspectos são utilizados para defini-las?
   c) As estações do ano presentes no calendário congolês são semelhantes ou diferentes das estações do ano do calendário que você costuma utilizar? Explique.

6. **SABER SER** Para os povos Bantu, a transformação da cultura ao longo do tempo é algo positivo e visto como um movimento natural de uma comunidade ao se relacionar com outra. Em sua opinião, esse valor é compartilhado pela sociedade brasileira atual? A comunidade em que você vive já recebeu pessoas com costumes e expressões culturais diferentes dos dela? Como foi essa recepção?

HISTÓRIA DINÂMICA

Religiosidade e trocas culturais

O processo de expansão colonial europeia resultou no contato entre diversas culturas, e a religião foi um elemento importante dessa interação. Durante muito tempo, o encontro da fé cristã com outros povos foi visto apenas como imposição da visão europeia de mundo. Contudo, em alguns contextos, essa compreensão tem mudado.

A historiografia recente aponta que a conversão do manicongo ao cristianismo e, em consequência, a adesão do Reino do Congo a essa religião não foi uma imposição europeia, mas sim uma decisão tomada pelas elites congolesas. Essa opção, que visava ao estabelecimento das melhores relações diplomáticas possíveis, possibilitou aos congoleses ressignificar suas práticas religiosas, ao que a historiadora martinicana Cécile Fromont chama de **cristianismo congo**.

O texto a seguir aborda as principais contribuições das pesquisas de Fromont para a compreensão do catolicismo no Congo.

◀ Cruz cristã produzida no Reino do Congo entre os séculos XVI e XVII, em cobre.

Museu Metropolitano de Arte, Nova York, Estados Unidos. Fotografia: ID/BR

[...] No Congo, a elite combinou estrategicamente elementos locais e estrangeiros em um discurso de poder por meio do qual lidaram com as mudanças trazidas pela sua entrada nas redes comerciais, religiosas e políticas do mundo atlântico. [...]

[...] A presença da cruz em uma variedade de objetos relacionados às tradições locais e ao cristianismo congo confirma a centralidade desse símbolo tanto no pensamento local quanto nos processos de construção de novas ideias e relações. Isto a torna especialmente rica para uma abordagem a partir da noção de espaços de correlação, sendo cruzes e crucifixos signos para os quais convergiam significados religiosos centro-africanos e católicos [...].

O signo da cruz esteve presente com destaque nos momentos inaugurais da introdução do cristianismo no Congo: no batismo de Nzinga Kuwu, pai de D. Afonso [governante do Congo entre 1506 e 1545, cujo nome português adotado após o batismo é interpretado como homenagem a dom Afonso Henriques, fundador de Portugal], na visão que este teve durante a disputa pelo poder, no brasão e estandartes enviados pelo monarca português, que assim guiava o mani Congo no caminho de sua inserção no rol de reis cristãos da época. Com a disseminação do cristianismo entre a elite conguesa, crucifixos tornaram-se comuns, e altamente cobiçada a obtenção do hábito da Ordem de Cristo, que trazia uma cruz de malta nas costas. Como mostra a autora, a cruz foi um agente de comunicação entre as diferentes culturas, foi um chão comum que permitiu o diálogo entre europeus e centro-africanos. Presente em inscrições funerárias, nos cultos de uma sociedade secreta composta pelos filhos da elite chamada *kimpasi*, na qual eram praticados ritos de iniciação por meio dos quais os adeptos morriam e ressuscitavam, para os centro-africanos a cruz remete à relação entre os vivos e os mortos, ao ciclo completo da existência, que inclui o mundo dos homens, e o dos espíritos e ancestrais. Símbolo maior da morte de Cristo, também para os cristãos a cruz liga-se à morte e à ressurreição. Era, portanto, um espaço de correlação privilegiado, entre a África e a Europa, entre a vida e a morte.

[...] Para a autora [Cécile Fromont], a iconografia dos crucifixos congo não é inteiramente decifrável, mas parece claro ser a acumulação recurso central na sua composição. Ao crucifixo cristão tradicional foram frequentemente acrescidas figuras sentadas nos braços da cruz, e no seu eixo vertical, acima e embaixo da figura que representa o Cristo, aparecem nossas senhoras, anjos, pessoas ajoelhadas de mãos postas. Além das marcas estéticas próprias da região presentes na representação de Cristo, as bordas com incisões são por ela associadas a ritos fúnebres da elite, quando os corpos eram envolvidos em panos com padrões decorativos semelhantes. No seu entender, essas bordas delimitam o espaço reservado aos mortos: Cristo, Nossa Senhora e os anjos, enquanto as figuras sentadas nos braços da cruz conectariam os dois mundos, na medida que seus corpos estariam parte fora e parte dentro desse limite. A ideia de ultrapassar fronteiras e a inter-relação entre os dois ambientes estaria de acordo com o significado maior do crucifixo — sendo a cruz representação do ponto preciso no qual as esferas da vida e da morte se conectam —, e as figuras <u>ancilares</u> dariam forma às noções abstratas de permeabilidade entre este e o outro mundo. Ao término de sua complexa e instigante análise dos crucifixos e da cruz, Cécile Fromont reafirma sua posição quanto ao cristianismo ter tido um desenvolvimento próprio na África centro-ocidental, não sendo resultado de um <u>proselitismo</u> violento ou de uma resistência a influências de fora, e sim de um processo de inclusão e reinvenção em uma situação de encontros culturais.

Marina de Mello e Souza. O cristianismo Congo e as relações atlânticas. *Revista de História*, São Paulo, n. 175, p. 451-463, jul-dez. 2016. Disponível em: https://www.scielo.br/j/rh/a/JxM835rmcJNLFbtNZ6gDpRR/?format=pdf&lang=pt. Acesso em: 3 abr. 2023.

ancilar: relativo ao que é acessório, suplementar.

proselitismo: esforço contínuo para converter alguém.

Em discussão

1. Quais aspectos da pesquisa de Cécile Fromont mais chamaram sua atenção? Por quê?

2. Observe a imagem de uma cruz produzida no Reino do Congo. Agora, descreva quais elementos dessa cruz representam características da cultura congolesa.

3. Converse com seus colegas sobre a seguinte questão: Qual é a importância da religião nas trocas culturais?

ATIVIDADES INTEGRADAS

Retomar e compreender

1. Reproduza o quadro desta atividade e preencha-o com as principais informações sobre os povos do Sahel, os Iorubá e os Bantu.

	SAHEL	IORUBÁ	BANTU
Origem			
Características da sociedade			
Aspectos da economia			

2. Sobre os reinos do Sahel, responda:
   a) Por que o Reino de Gana também ficou conhecido como Império do Ouro?
   b) Por que Mansa Musa foi um dos reis mais conhecidos do Império do Mali?
   c) Qual foi a importância das cidades de Djenné e Tombuctu?

3. As alternativas a seguir tratam das relações de sociedades da África com povos de outros continentes, entre os séculos VII e XVI. Indique a alternativa correta.
   a) Entre os séculos VII e XVI, não houve trocas culturais ou comerciais entre os povos africanos e os povos europeus e asiáticos.
   b) Os povos do continente africano, no período indicado, não estabeleceram relações comerciais externas, e sim internas, por meio das rotas transaarianas.
   c) Os povos do continente africano, no período indicado, constituíram diferentes sociedades, além de terem desenvolvido técnicas e tecnologias na produção de objetos que, posteriormente, se tornaram cobiçados por europeus e asiáticos.
   d) Os povos africanos comercializavam principalmente com os nativos americanos no período indicado, empreendendo viagens para a América, estimulando, assim, as trocas culturais com os povos desse continente.

Aplicar

4. Leia a letra de música a seguir e depois faça o que se pede.

Usando a mão
fazendo um som
utilizando a palma
[...]
Vai dos tambor da África
ao Pancadão do Gueto
Pra ser mal visto como artista
até me submeto
Coisa de preto, ter talento e luz
sinceridade está em nossos olhos
dizem que os anjos têm olhos azuis
[...]

Batucada, cantiga
e os cabelos com trança
Nos turbantes, as batas
elegância nas danças
Contra as armas de fogo
se defendendo com as lanças
[...]
Quem vos canta tem um nome
e eu vou lhe apresentar
Sou o senhor Manicongo
[...]

Rincon Sapiência. *Música preta*. Intérprete: Rincon Sapiência. Disponível em: https://www.vagalume.com.br/rincon-sapiencia/musica-preta.html. Acesso em: 6 jan. 2023.

a) Quais referências às culturas africanas você identifica nessa letra de música?

b) A qual manifestação cultural do Brasil atual o artista se refere com a expressão "Pancadão do Gueto"? Em termos históricos, essa manifestação foi relacionada ao passado de qual continente na letra da música?

c) O que significa a palavra **manicongo**? Qual pode ter sido o objetivo do artista ao dizer "Sou o senhor Manicongo"?

d) Retome sua resposta ao item **a**. Quais dessas referências é possível identificar no cotidiano da comunidade em que você vive?

Analisar e verificar

5. Leia o texto e observe as esculturas desta atividade. Depois, responda às questões propostas.

[...] Olowe de Ìsè [...] [foi] um mestre escultor Iorubá que nasceu em Efon-Alaiye, em 1873 (e faleceu em 1938). Seguindo a tradição Iorubá, Olowe de Ìsè frequentou uma oficina de um mestre onde adquiriu [...] reconhecimento como *onísé onà* (artista). [...]

Olowe atuou como artesão, recebendo encomendas para trabalhar nos palácios da região de Ekiti. Ele é reconhecido, hoje, como um grande inovador, seja na tradição Iorubá ou mesmo na tradição escultórica Ocidental. [...]

Rafael Gonzaga de Macedo. Negerplastik: a invenção da arte africana. *Projeto História*, PUC-SP, n. 56, p. 408-421, maio-ago. 2016. Disponível em: https://revistas.pucsp.br/index.php/revph/article/view/26874/20837. Acesso em: 3 abr. 2023.

Figura feminina ajoelhada, feita entre 1910 e 1938 por Olowe de Ìsè.

Figura equestre e mulher em escultura feita por Olowe de Ìsè por volta de 1938.

a) De acordo com o texto, de que modo Olowe de Ìsè aprendeu as técnicas que utilizava em suas obras?

b) Observe as imagens desta página. Em sua opinião, o que elas retratam?

c) A técnica escultórica pode ser considerada uma permanência ou uma transformação histórica dos Iorubá? Justifique sua resposta com base nas imagens desta atividade e nas da seção *Arquivo vivo*.

Criar

6. O que você retrataria em uma escultura? Em interdisciplinaridade com Arte, defina um tema e o material que poderia utilizar, de acordo com sua realidade. Combine com o professor uma data para confeccionar a escultura e organizar uma exposição para mostrar sua produção artística aos colegas. Lembre-se de produzir registros, como fotografias e vídeos curtos, em todas as etapas da atividade. Esses registros podem fazer parte da exposição. Se possível, filmem também a exposição. Assim, ela pode ser apreciada virtualmente pela comunidade escolar.

41

CIDADANIA GLOBAL

UNIDADE 1

Retomando o tema

Nesta unidade, você conheceu algumas das formas pelas quais povos do continente africano desenvolveram parcerias, trocas e compartilhamentos entre si e também com povos de outros continentes.

Hoje os países também podem estabelecer parcerias e promover trocas e auxílio mútuo de diversas maneiras, como é o caso da **Cooperação Sul-Sul**, que consiste em uma articulação entre países em desenvolvimento cuja finalidade é promover intercâmbio tecnológico e econômico.

1. Você conhece outras formas de parcerias globais ou entre diferentes países? Se sim, quais? O que sabe sobre a atuação delas?

2. Imagine que você representará o Brasil em um fórum internacional pelo desenvolvimento sustentável. Com quais países você procuraria estabelecer parcerias visando ao auxílio mútuo? Por quê?

Geração da mudança

- Façam como a Cooperação Sul-Sul e desenvolvam uma ação de cooperação local entre os estudantes que compõem a comunidade escolar.

- Essa ação terá por objetivo promover grupos ou parcerias de estudo que reúnam estudantes que tenham mais facilidade em algum componente curricular e estudantes que apresentem dificuldades nesse mesmo componente.

- Para isso, elaborem uma lista dividida em três colunas. Na primeira coluna, cada estudante deve escrever seu nome; na segunda, o componente curricular em que tem maior facilidade e no qual poderia auxiliar outros estudantes; na terceira, o componente em que sente maior dificuldade e em relação ao qual gostaria de receber alguma ajuda.

- Afixem a lista na sala de aula, de forma que fique acessível a todos durante todo o ano letivo. Com base nas informações disponibilizadas nela, organizem os grupos de estudo.

A EUROPA OCIDENTAL NO INÍCIO DA ERA MODERNA

UNIDADE 2

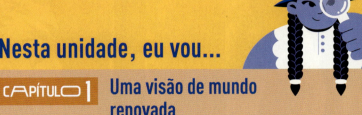

PRIMEIRAS IDEIAS

1. Em sua opinião, o que significam as expressões **Idade Moderna**, **Renascimento** e **Reforma**?
2. De acordo com seus conhecimentos, qual era o papel da Igreja católica na sociedade feudal?
3. No século XVI, os europeus eram obrigados a seguir a religião dos reis. Qual é sua opinião sobre essa obrigatoriedade?

Conhecimentos prévios

Nesta unidade, eu vou...

CAPÍTULO 1 — Uma visão de mundo renovada

- compreender o conceito de **modernidade** que se desenvolveu na Europa a partir do século XIV.
- identificar as características do Humanismo e do Renascimento por meio da leitura de imagens e de textos.
- explorar a produção cultural do período e sua relação com o imaginário social.

CAPÍTULO 2 — A Reforma protestante

- identificar, por meio da leitura de documentos de época, as críticas feitas à Igreja católica e relacioná-las às ideias humanistas e aos interesses da burguesia de diferentes regiões da Europa.
- caracterizar o protestantismo proposto por Lutero, Calvino e Henrique VIII.

CAPÍTULO 3 — A Contrarreforma

- conhecer as características da Contrarreforma e seu contexto histórico.
- reconhecer a atuação da Companhia de Jesus como estratégia de expansão religiosa.
- analisar obras produzidas por artistas barrocos, compreendendo essas obras como expressões da religiosidade católica.

CIDADANIA GLOBAL

- refletir sobre a importância da educação no mundo atual.
- reconhecer o papel dos jesuítas na educação na América portuguesa.
- levantar a situação do acesso à educação no Brasil contemporâneo, por meio de um trabalho de investigação e da produção de um painel digital de informações.

LEITURA DA IMAGEM

1. Quais características das personagens dessa pintura chamam sua atenção?
2. Em sua opinião, qual das figuras retratadas personifica a primavera? Por quê?
3. Segundo a legenda, essa pintura foi feita em 1482. A qual século pertence esse ano? Com base no que você estudou anteriormente, comente o que acontecia na Europa nesse período.

CIDADANIA GLOBAL — 4 EDUCAÇÃO DE QUALIDADE

Uma das características da arte do Renascimento é a valorização da figura humana. Para representar o corpo humano com a máxima precisão, alguns pintores da época o estudavam em detalhes, chegando a dissecar cadáveres para ter uma visualização de músculos e ossos, por exemplo. Esses estudos foram chamados de **anatomia**.

1. Esse tipo de estudo gerou que benefícios para a sociedade do período? E para a sociedade atual?
2. Você já estudou algo que tenha produzido benefícios a você ou a sua família? Compartilhe suas experiências com a turma.

Um importante pensador do Renascimento foi **Leonardo da Vinci**. Conheça algumas de suas obras e, depois, selecione uma delas. Use-a como referência para produzir um desenho ou protótipo, físico ou digital.

Detalhe da obra *A primavera*, 1482, de Sandro Botticelli. Têmpera sobre tela. Nessa pintura, o artista de Florença (cidade da Itália) utilizou personagens da mitologia grega para representar a chegada da primavera.

CAPÍTULO 1
UMA VISÃO DE MUNDO RENOVADA

PARA COMEÇAR

Entre os séculos XIV e XVI, a Europa vivenciou uma revolução cultural. Essa revolução, chamada Renascimento, transformou práticas políticas, religiosas e econômicas, além de maneiras de agir, de pensar e de ver o mundo. O que você entende por Renascimento?

O CONHECIMENTO EM CIRCULAÇÃO

Os últimos séculos da Baixa Idade Média foram marcados pelo enfraquecimento do sistema feudal, caracterizado pela fragmentação política entre os feudos. Nesse período, iniciou-se o processo de centralização do poder político em algumas regiões da Europa. Além disso, houve o crescimento das cidades e a dinamização do comércio. Essa conjuntura beneficiou uma nova categoria social: a **burguesia**.

Nessa época, passavam pela Europa ocidental produtos e moedas que circulavam entre as regiões ao redor do mar Mediterrâneo, vindos da Europa central e do norte, do Oriente e de diferentes áreas do continente africano. As rotas terrestres na África (como as transaarianas) e as rotas marítimas (via oceanos Índico e Atlântico) permitiam que até artefatos produzidos pelos reinos do sul do continente africano (como o Grande Zimbábue) chegassem à Europa.

Esses contatos propiciaram uma verdadeira revolução cultural na Europa, conhecida, a partir do século XVI, como **Renascimento**. Essa expressão foi adotada pelos pensadores da época em contraposição ao que chamaram de "Idade Média" ou "Idade das Trevas", um período que julgavam ter sido culturalmente estagnado. Nesse sentido, o novo vigor cultural das cidades europeias, em especial as da península Itálica, diretamente relacionado à ascensão burguesa, foi considerado o "renascimento" da cultura europeia.

▼ Rafael Sanzio (1483-1520). *A escola de Atenas*, 1510. Detalhe de afresco. A arte renascentista foi fortemente influenciada por temas e ideias da Antiguidade clássica.

O PENSAMENTO HUMANISTA

O dinamismo cultural dos séculos XIV a XVI permitiu à burguesia europeia o contato com ideias e obras de pensadores da Antiguidade clássica, como Platão e Aristóteles. No Ocidente, quem detinha o conhecimento sobre as obras clássicas era a Igreja, que as traduzia e interpretava de acordo com os dogmas da fé católica.

Traduções independentes dessas obras foram feitas, trazendo à luz reflexões sobre o papel do ser humano no Universo. Em contraposição às ideias medievais, que se centravam em temas religiosos e compreendiam Deus como o centro de todas as coisas (**teocentrismo**), o ser humano alcançou novo destaque no pensamento da época como o centro e a medida de todas as coisas (**antropocentrismo**). Os pensadores que defendiam essa nova ideia foram chamados de **humanistas**.

Afastando-se da influência da Igreja, esses pensadores concebiam o ser humano como dotado de conhecimento e de criatividade, capaz de aperfeiçoamento. Além disso, valorizavam a busca pelo conhecimento por meio da razão e do raciocínio lógico em vez de explicar a realidade pela fé e pela tradição religiosa. Isso não significava que não acreditassem em Deus ou que não fossem católicos. Pelo contrário, muitos dos questionamentos dos humanistas foram influenciados pela mentalidade católica do período. No entanto, pensadores que contrariavam os dogmas da Igreja eram perseguidos e punidos.

A disseminação desses conhecimentos foi impulsionada pela invenção da **prensa de tipos móveis**, que permitiu a reprodução de livros em quantidade maior do que se fazia até então. O maior acesso aos livros fez aumentar a quantidade de traduções de obras em latim e grego para as línguas vernáculas. Além disso, muitos autores passaram a utilizar seus idiomas de origem para escrever suas obras, em vez de utilizar o latim, como era habitual.

> **O DESENVOLVIMENTO DA PRENSA**
>
> Até o século XII, a produção de livros na Europa era manuscrita. Uma cópia podia demorar meses para ficar pronta. Então, por meio do contato com os árabes, os europeus conheceram a técnica da impressão, inventada na China no século III: entalhava-se o texto em uma peça de madeira, que, depois de receber a tinta, era pressionada sobre o papel.
>
> Em 1455, deu-se um novo passo com o desenvolvimento da prensa mecânica de tipos móveis, criada por Johannes Gutenberg (1396--1468), na atual Alemanha. Peças móveis, cada uma com o relevo de uma letra ou de um número, eram ordenadas para compor o texto da página, o que permitia imprimir diversos exemplares com boa qualidade e menor custo. Depois, bastava reordenar as peças para fazer novos livros.

dogma: princípio fundamental de uma doutrina religiosa apresentado como verdade inquestionável, devendo ser aceito por aqueles que professam essa doutrina.

língua vernácula: a língua de uso cotidiano em uma região; língua nacional.

A VIDA URBANA E O RENASCIMENTO

Apesar de a expressão Renascimento ter sido empregada somente a partir do século XVI para se referir às transformações culturais europeias do período, considera-se que esse movimento de retomada de ideias e valores clássicos tenha se iniciado no século XIV, nas cidades mercantis da península Itálica, como Veneza, Gênova e Florença.

Competindo pelo poder e pelas rotas de comércio, famílias ricas e influentes da região investiram fortemente na infraestrutura e na arquitetura das cidades. Vias e portos foram remodelados, edifícios ornamentados com elementos de inspiração greco-romana, e novas e suntuosas construções foram erguidas para abrigar órgãos de governo e associações de comerciantes e servir de residência para governantes e ricos donos de comércio.

Para obter prestígio diante da nobreza e do clero, bem como celebrizar o nome das próprias famílias, comerciantes e banqueiros financiavam grandes obras de arquitetura, pintura e escultura e apoiavam espetáculos e procissões. Muitas vezes, tornavam-se **mecenas**, ou seja, patrocinadores, assumindo todas as despesas de artistas para tê-los a seu serviço com exclusividade. Membros da nobreza e do clero também atuavam como mecenas.

Na mesma época, a arte e o pensamento científico desenvolviam-se em cidades como Bruges e Antuérpia, em Flandres (porção norte da atual Bélgica), e Amsterdã, nos Países Baixos (antiga Holanda). O comércio, a atividade bancária e a produção de tecidos e de itens de luxo enriqueceram essas localidades, e o intenso contato comercial entre elas e as cidades italianas levou à mútua troca de técnicas e ideias. A tinta a óleo, por exemplo, difundida por artistas flamengos, foi uma inovação bem recebida na península Itálica, tendo sido comumente empregada nas pinturas de Sandro Botticelli e de Rafael Sanzio.

A partir do final do século XV, ideias, modelos e técnicas do Renascimento já haviam se espalhado em diversas partes da Europa.

▲ Ticiano. Retrato de Isabella d'Este, século XVI. Óleo sobre tela. Muitas famílias influentes na política e na economia das cidades italianas, como a família d'Este, dedicavam-se ao patrocínio das artes. Isabella, por exemplo, foi uma importante figura política e mecenas de sua época.

▼ Jan van Eyck. *A virgem e o menino com o cônego Van der Paele*, cerca de 1435. Óleo sobre painel. A pintura com tinta a óleo foi uma inovação artística dos pintores da região de Flandres, como Jan van Eyck, técnica que se disseminou por toda a Europa durante o Renascimento.

A PRODUÇÃO ARTÍSTICA E INTELECTUAL

Embora buscassem inspiração na Antiguidade clássica, os renascentistas desenvolveram conhecimentos, técnicas e visões de mundo próprios. Até o século XVIII, as diferentes ciências e a Filosofia formavam uma única área de conhecimento.

Assim, muitos renascentistas atuaram em campos diversificados, como a medicina e a álgebra. Os artistas do período que buscavam atingir o ideal de representação realista também estudavam anatomia e geometria para, assim, dominar a representação das formas e das posições do corpo, bem como a perspectiva.

perspectiva: técnica de representação em que os elementos são elaborados em tamanhos e posições diferentes conforme a distância e o ângulo entre eles, a fim de transmitir a sensação de profundidade e realismo.

ARTES PLÁSTICAS

Costuma-se atribuir a inauguração do movimento renascentista na pintura ao pintor florentino **Giotto di Bondone** (cerca de 1266-1337), que utilizava, com alto grau de inovação, técnicas de desenho e de cor para conferir volume a seus afrescos de temática religiosa. Os pintores e os escultores europeus do Renascimento procuravam reproduzir um conjunto de características que chamavam de **ideal clássico de beleza**, fundamentado na harmonia das proporções e no equilíbrio.

Isso aparecia em obras com temas variados, que iam desde narrativas da mitologia clássica e da Bíblia até retratos e cenas históricas ou do cotidiano. Buscando o naturalismo, os artistas conferiram expressividade e sensação de movimento a suas obras. Na escultura, passou-se a valorizar a forma humana.

Conheça outras **pinturas de mulheres renascentistas**. Observe as características dessas obras e, no caderno, anote os principais temas retratados por elas.

AS MULHERES E A ARTE DO RENASCIMENTO

Algumas mulheres de famílias ricas da burguesia ou da nobreza praticavam o mecenato. Houve também aquelas que atuaram como artistas. Em geral, elas pertenciam a famílias da nobreza, como a pintora Sofonisba Anguissola (1532-1635), e essa condição garantia uma liberdade incomum às mulheres da época. Já as artistas Artemisia Gentileschi (1593-1654), Catharina van Hemessen (1527-1587) e Lavinia Fontana (1552-1614) eram filhas de pintores e aprenderam o ofício em casa.

Essas mulheres não apenas produziam e vendiam suas obras como também foram reconhecidas por colegas de profissão e contratadas por membros das cortes europeias. Mesmo assim, a discriminação fez com que muitas dessas artistas ficassem esquecidas por séculos. Obras de algumas delas chegaram a ter a autoria atribuída a homens até pouco tempo atrás, pois isso conferia maior valor de venda às peças.

▼ Detalhe da obra *Apolo e as Musas*, de Lavinia Fontana, cerca de 1598. Óleo sobre painel. Nessa parte da pintura, Fontana dá destaque às mulheres ao retratar algumas das musas que seriam responsáveis por inspirar a humanidade, segundo os mitos dos gregos antigos.

49

PARA EXPLORAR

Dom Quixote, de Miguel de Cervantes. Adaptação de Walcyr Carrasco. 2. ed. rev. São Paulo: Moderna, 2012.

Nessa obra, a personagem Dom Quixote, na companhia de Sancho Pança, seu fiel escudeiro, viaja o mundo em busca de aventuras e se envolve em diversas confusões. Publicada pela primeira vez em 1605, essa narrativa tornou-se umas das mais lidas do mundo.

CIDADANIA GLOBAL

ACESSO À EDUCAÇÃO

Apesar de diversas áreas do conhecimento terem se desenvolvido durante o Renascimento, nesse período apenas uma pequena parcela da população tinha acesso a aulas de leitura e escrita.

1. Em sua opinião, qual é a importância da educação para o desenvolvimento pessoal de um indivíduo?
2. De que modo seus aprendizados na escola impactam sua vida? Responda com exemplos práticos.

LITERATURA E TEATRO

A literatura e o teatro renascentistas também retomaram temas, personagens e gêneros clássicos, como a poesia épica, a poesia lírica, a tragédia e a comédia.

Em *A divina comédia*, o poeta florentino Dante Alighieri (1265-1321) descreve uma história na qual se imagina sendo conduzido do Inferno ao Paraíso pelo poeta romano Virgílio. Muitos consideram esse poema épico uma das mais importantes obras literárias do Renascimento italiano.

A cultura renascentista italiana influenciou o dramaturgo inglês William Shakespeare (1564-1616). Recorrendo a mitos, lendas, personagens e fatos históricos, Shakespeare criou peças teatrais de diversos gêneros e que são populares ainda hoje, como *Romeu e Julieta* (ambientada em Verona) e *Sonho de uma noite de verão* (repleta de seres míticos e referências à Antiguidade clássica).

Em *Dom Quixote de la Mancha*, o espanhol Miguel de Cervantes (1547-1616) fez uma sátira à sociedade feudal. Já o português Luís de Camões (cerca de 1524-1580) publicou, em 1572, *Os Lusíadas*, poema épico em que navegantes conseguem completar uma arriscada viagem ao Oriente, para a glória do povo de sua terra.

ARQUITETURA

A arquitetura, assim como outras expressões artísticas do Renascimento italiano, foi inspirada em conceitos da Antiguidade clássica. A preocupação com a simetria, a proporção e a regularidade das formas resultou em edifícios imponentes, mas predominantemente horizontais, em contraste com a arquitetura gótica, marcada por formas altas e pontiagudas.

Basílica de São Pedro, no Vaticano. A construção da basílica iniciou-se em 1506 e foi concluída somente em 1626. O edifício apresenta diversos elementos característicos da arquitetura renascentista, como a horizontalidade, as colunas de inspiração clássica e o domo. Foto de 2022.

CIÊNCIA E FILOSOFIA

A resistência da Igreja a teorias que ameaçavam seus dogmas e a perseguição promovida aos autores de tais teorias não impediram que muitos pensadores recorressem à razão e ao método experimental para buscar um novo conhecimento sobre o Universo e a natureza como sistemas lógicos.

A Igreja defendia a teoria **geocêntrica**, proposta pelo estudioso grego Ptolomeu, segundo a qual a Terra seria o centro do Universo e permaneceria imóvel. Em torno dela girariam todos os astros. Após observações astronômicas, o monge polonês Nicolau Copérnico (1473-1543) propôs a teoria **heliocêntrica**, segundo a qual o Sol ocupa o centro do Universo e a Terra e os demais planetas giram em torno dele.

O filósofo e cientista napolitano Giordano Bruno (1548-1600) foi além e afirmou que o Universo é infinito e que o Sistema Solar é apenas um entre muitos. O alemão Johannes Kepler (1571-1628) demonstrou que a órbita dos planetas do Sistema Solar não é circular, mas elíptica, e ainda sistematizou leis sobre o movimento desses planetas. Já o toscano Galileu Galilei (1564-1642) levantou uma série de evidências de que a Terra orbita ao redor do Sol, confirmando a base da teoria heliocêntrica proposta por Copérnico.

Também a medicina e a anatomia desenvolveram-se bastante. Estudos feitos com cadáveres humanos e baseados em cálculos matemáticos permitiram conhecer melhor a anatomia humana. Entre os estudiosos dessa vertente estavam o médico belga Andreas Vesalius (1514-1564), considerado por muitos o pai da anatomia moderna, e o médico britânico William Harvey (1578-1657), que fez importantes descobertas acerca da circulação do sangue pelo corpo.

Surgiam, assim, novas maneiras de pensar o ser humano. O inglês Francis Bacon (1561-1626) entendia que só seria possível chegar à verdade pela observação sistemática dos acontecimentos, o que permitiria à humanidade controlar a natureza. O francês Michel de Montaigne (1533-1592) foi um dos primeiros a refletir sobre a singularidade do indivíduo.

A compreensão da política também passou por uma reviravolta com o florentino Nicolau Maquiavel (1469-1527). Em sua obra mais conhecida, *O príncipe*, Maquiavel procurou mostrar que o bom governo muitas vezes exige decisões orientadas pela estratégia, e não pela ética, para que se evitem males maiores.

▲ Ilustração do modelo heliocêntrico de Copérnico presente no *Atlas celestial, ou a harmonia do Universo*, de Andreas Cellarius, c. 1660.

elíptico: trajetória similar a um círculo achatado.

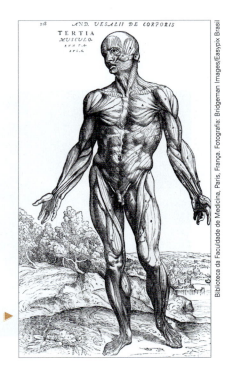

▶ Estudo da musculatura humana, do livro *De humani corporis fabrica* (A estrutura do corpo humano), de Andreas Vesalius, 1453. Nesse livro, Vesalius refuta muitas das teorias acerca do corpo humano propostas por Galeno, no século I.

ATIVIDADES

Retomar e compreender

1. Releia os textos deste capítulo e, no caderno, escreva um parágrafo explicando o que foi o Humanismo. Leia-o para os colegas e ouça os textos que eles vão ler.

2. Com base no que você estudou, qual foi a importância da invenção da prensa de tipos móveis para as produções renascentistas? E para a produção cultural escrita, na sociedade atual? Dialogue com os colegas.

3. Por que o Renascimento floresceu na península Itálica e em algumas cidades do norte da Europa?

Aplicar

4. Leia o trecho citado e, em seguida, responda às atividades propostas.

> A Itália renascentista foi a região mais desenvolvida na Europa nas perspectivas econômica e política, e foi o local no qual várias inovações se manifestaram de modo mais notável – além da política e da economia, na educação, na cultura, na ciência, na tecnologia e também na diplomacia [...]. Localizada no Mediterrâneo – que era, desde a Antiguidade, uma plataforma giratória de ideias, pessoas e mercadorias, entre Europa, África e Ásia, entre o ocidente e o oriente –, a Península Apenina foi predestinada como elo entre as fronteiras culturais e estatais [...].
>
> Peter Johann Mainka. Diplomacia e Estado na primeira modernidade. *Revista Brasileira de História*, v. 42, n. 89, p. 39-60, jan./abr. 2022. Disponível em: https://doi.org/10.1590/1806-93472022v42n89-04. Acesso em: 5 abr. 2023.

a) Do que o texto trata?

b) Quais foram os motivos que levaram a Itália a ser palco de diversas transformações durante o Renascimento?

c) Com base no que você estudou neste capítulo, elabore um texto breve sobre uma das principais inovações ocorridas na produção artística e cultural do Renascimento.

5. A pintura desta atividade foi feita por Lavinia Fontana, uma das mulheres mais proeminentes da arte renascentista. Observe a imagem e faça o que se pede.

a) Indique quais características da arte renascentista você observa nessa imagem.

b) O que se pode afirmar sobre o envolvimento de mulheres no movimento renascentista?

c) Você conhece alguma artista plástica da atualidade? Forme dupla com um colega e, juntos, busquem informações sobre mulheres artistas plásticas contemporâneas. Vocês podem pesquisar em publicações impressas e digitais. Escolham uma das artistas e, no caderno, anotem as informações básicas sobre ela, como nome, nacionalidade e principais obras. Em uma data combinada, apresentem para os colegas as descobertas que fizeram sobre essa artista.

Lavinia Fontana. *A Sagrada Família com Santa Catarina de Alexandria*, 1581. Óleo sobre tela.

HISTÓRIA DINÂMICA

O conceito de Renascimento

Muitas vezes, ideias de ruptura e de aperfeiçoamento se originam de tentativas de valorizar os feitos de uma época. Desde o século XIV, intelectuais, como o poeta italiano Petrarca (1304-1374), entre outros, apresentavam ideais distintos daqueles de seus antecessores, os quais consideravam pertencentes aos séculos de "trevas" culturais.

Um dos primeiros autores a usar o termo **renascimento** foi o arquiteto e pintor Giorgio Vasari (1511-1574) em seu conjunto de biografias de artistas publicado em 1550. Assim como Vasari, outros consideraram a efervescência cultural dos séculos XIV a XVI um renascimento da cultura na Europa.

Hoje, no entanto, muitos historiadores questionam a ideia de renascimento em contraposição à produção cultural medieval. A obra crítica *O Renascimento*, escrita pelo historiador britânico Peter Burke, comenta essa questão.

Esta imagem do Renascimento [...] remonta a meados do século XIX [...]. Foi [Jacob] Burckhardt quem [...] definiu o período em termos de dois conceitos: "individualismo" e "modernidade". "Na Idade Média", segundo Burckhardt, "[...] O homem estava consciente de si próprio apenas como membro de uma raça, povo, partido, família, ou corporação – apenas através de uma qualquer categoria geral". No entanto, na Itália do Renascimento, "[...] o homem tornou-se um indivíduo espiritual e reconheceu-se a si mesmo como tal" [...]. O Renascimento significava modernidade. [...]

Esta ideia de Renascimento é um mito. [...]

Em primeiro lugar, há argumentos que defendem que os ditos homens do Renascimento eram na verdade bastante medievais. Eram mais tradicionais no seu comportamento, crenças e ideais do que somos levados a pensar – e também mais tradicionais do que se julgavam. [...]

Em segundo lugar, os medievalistas reuniram argumentos no sentido de o Renascimento não ter sido um momento tão singular quanto Burckhardt e os seus contemporâneos pensaram e que o termo deve na verdade ser usado no plural. Houve vários "renascimentos" na Idade Média, manifestamente no século XII e de forma mais discreta na época de Carlos Magno. Em ambos os casos houve uma combinação de feitos artísticos e literários com um reavivar do interesse pela educação clássica, e também em ambos os casos houve alguns contemporâneos que descreveram a sua época como sendo de regeneração, renascimento ou renovação [...].

Peter Burke. *O Renascimento*. Lisboa: Texto e Grafia, 1997. p. 9-15.

Em discussão

1. Qual concepção de Renascimento é criticada por Burke?

2. Por que o autor afirma que essa ideia é um mito?

3. Assim como a ideia de "renascimento", a noção de "modernidade" também pode ser contestada. Por quê?

4. Como você se descreveria de acordo com o modo de pensar medieval? E de acordo com o modo de pensar renascentista ou moderno? Conte aos colegas.

CAPÍTULO 2
A REFORMA PROTESTANTE

PARA COMEÇAR

No início da Idade Moderna, a Igreja católica era a instituição mais poderosa da Europa, mas o poder dos reis passou a concorrer com o poder dos papas. Membros do clero católico eram acusados de corrupção, enquanto outros exigiam mudanças na Igreja. Você sabe que mudanças eram essas?

A IGREJA E OS INTERESSES MATERIAIS

No final do século XV, a Igreja católica era a instituição mais poderosa da Europa ocidental. O papa e o clero local tinham autoridade sobre reis e nobres, atuavam na escolha e na bênção do imperador do Sacro Império Romano-Germânico e recolhiam contribuições monetárias. A instituição possuía muitas terras e detinha, em suas bibliotecas, praticamente todo o conhecimento registrado em livros.

Com a conquista do sul da península Ibérica pelos reinos cristãos, a Igreja voltou a ampliar sua influência. Seu poder ia além das questões espirituais, estendendo-se à política e à economia do continente.

No entanto, cresciam as críticas à Igreja devido à troca de favores espirituais por bens materiais. Influentes membros do clero passaram a vender relíquias, cargos eclesiásticos e favores divinos, a chamada **simonia**. A venda de **indulgências** também gerou indignação. Nessa prática, aqueles que eram julgados pecadores compravam da Igreja, geralmente por uma vultosa soma de dinheiro, o perdão pelos pecados cometidos. O papa Leão X (1475-1521) determinou, no início do século XVI, que se concedesse a absolvição aos fiéis em troca de uma doação em dinheiro para a construção da basílica de São Pedro.

▼ Detalhe de pintura datada de 1581, feita com têmpera sobre painel em altar de igreja da atual Dinamarca. À direita, um dos principais críticos da Igreja católica, Martinho Lutero, aparece como pregador. À esquerda, foi representada uma cena de batismo.

HERESIAS: UM PRECEDENTE PARA A REFORMA

Ainda no final da Idade Média, desencadeou-se em diversas partes da Europa, sobretudo no norte, um movimento de contestação a determinadas práticas da Igreja católica. Houve líderes religiosos que propuseram reformas nessas práticas e em alguns dogmas católicos. Em geral, a Igreja os considerava hereges e os punia severamente; em alguns casos, até mesmo com condenação à morte.

No século XIV, o sacerdote inglês e professor de teologia John Wycliffe (cerca de 1330-1384) criticou a riqueza acumulada pela Igreja católica e seu envolvimento em assuntos não religiosos. Questionou a autoridade do papa, defendeu uma revolta camponesa e colocou em dúvida o dogma segundo o qual, durante a missa, o pão e o vinho se transformariam no corpo e no sangue de Cristo, respectivamente. Foi também o responsável pela primeira tradução da Bíblia para o inglês. Com a invenção da prensa de tipos móveis e a popularização dos impressos, mais pessoas passaram a ter acesso aos textos bíblicos, que antes eram restritos aos clérigos e nobres. Acusado de heresia, Wycliffe foi julgado por tribunais eclesiásticos, mas morreu de causas naturais, trinta anos antes da condenação.

De origem camponesa, o sacerdote e professor tcheco Jan Huss (cerca de 1370-1415) defendeu que não havia necessidade de intermediários entre os seres humanos e Deus. Huss lutou pela realização do culto religioso nas línguas vernáculas, pois isso permitiria que a cerimônia fosse compreendida por mais fiéis. Criticou a venda de indulgências pelo clero secular e o envolvimento dos papas em questões políticas que não diziam respeito à Igreja. Por causa disso, foi acusado de heresia e condenado à morte em uma fogueira.

> **CONHECIMENTO E PODER**
>
> Por muitos séculos, apenas o latim ou o grego foram utilizados nas cerimônias e nas reproduções da Bíblia católica. No final da Idade Média, poucas pessoas compreendiam esses idiomas. Assim, como o acesso às Escrituras era restrito, a Igreja intermediava o conhecimento dos fiéis sobre elas. Esse fato permitiu que alguns clérigos se beneficiassem mediante distorções do texto bíblico e também contribuiu para a propagação das chamadas heresias, pois alguns fiéis criavam versões próprias para as ideias cristãs e conquistavam adeptos.

clero secular: religiosos, como padres e bispos, que viviam em contato com o mundo leigo. Em contrapartida, o clero regular, formado por frades e monges, geralmente vivia enclausurado em mosteiros ou conventos.

herege: que defende uma heresia, ou seja, uma ideia contrária à posição da Igreja.

Museu Nacional da Dinamarca. Fotografia: A. Dagli Orti/DEA/Bridgeman Images/Easypix Brasil

A REFORMA LUTERANA

Nascido na Saxônia (na atual Alemanha), o monge Martinho Lutero (1483-1546) acreditava que o ser humano era essencialmente pecador e que nenhuma ação humana poderia redimi-lo. A salvação só poderia ser oferecida por Deus e somente àqueles que tivessem fé. Por isso, atacou a ideia de que a Igreja seria capaz de conceder aos fiéis o perdão de seus pecados e a salvação da própria alma.

Em 31 de outubro de 1517, Lutero divulgou suas **95 teses**. Entre outras questões, elas discutiam a autoridade do papa, opunham-se à venda de indulgências e defendiam a aceitação da Bíblia como única fonte da verdade. Também rejeitavam a adoração a símbolos religiosos e a santos e repudiavam boa parte dos sacramentos.

A oposição do papa Leão X a várias dessas propostas deu início a um confronto que levou à excomunhão do monge. No entanto, protegido pelo príncipe Frederico da Saxônia, Lutero traduziu a Bíblia para o alemão e escreveu tratados de teologia. Seus textos rapidamente se difundiram pela Europa. Suas ideias foram acolhidas por diversas comunidades, que romperam com a Igreja católica. Em 1529, o sentido religioso do termo **protestante** se concretizou, quando a Igreja decidiu banir Lutero do Sacro Império Romano-Germânico. A partir desse momento, os adeptos das **igrejas reformadas** passaram a ser conhecidos como protestantes.

Para muitos nobres germânicos, o rompimento com o papa era uma oportunidade de aumentar o próprio poder. Na época de Lutero, eles tinham razoável autonomia em relação ao imperador Carlos V (apoiado pela Igreja católica) para governar principados e cidades. Aderir ao **luteranismo** significava enfraquecer ainda mais o poder do imperador. Além disso, os príncipes planejavam se apossar dos bens da Igreja.

Já a burguesia e o povo desejavam pagar menos impostos. Assim, em muitos principados germânicos, Lutero contou com a proteção dos nobres e o apoio da população. Porém, por defender a manutenção da ordem estabelecida, opôs-se a protestantes radicais, como o teólogo alemão Thomas Müntzer (1489-1525), que liderou camponeses em uma rebelião contra seus senhores em 1525.

Em 1555, com a chamada **Paz de Augsburgo**, nobres luteranos e católicos e o imperador chegaram a um acordo: o soberano de cada reino ou principado poderia estabelecer a religião oficial de seu território.

PROTESTANTISMO NO BRASIL

Segundo pesquisa realizada em 2020 pelo Instituto DataFolha, cerca de 31% da população brasileira considera-se evangélica, denominação que inclui fiéis de todas as igrejas fundamentadas nos ideais da Reforma protestante. A maioria desses fiéis, porém, está ligada a igrejas pentecostais e neopentecostais, criadas principalmente nos últimos cem anos. Há comunidades luteranas relativamente grandes no Rio Grande do Sul, em Santa Catarina e no Espírito Santo, em razão da vinda de imigrantes alemães a essas localidades nos séculos XIX e XX.

---

excomunhão: na Igreja católica, exclusão à qual um fiel é submetido, sendo afastado de sua comunidade e privado do direito de receber os sacramentos.

sacramento: rito em que a Igreja católica confirma a graça divina (exemplos: batismo e matrimônio).

▼ Friedrich Wilhelm Wehle. *Dr. Martinho Lutero*, c.1882. Litografia. Nessa obra, Lutero foi representado durante a leitura da Bíblia, livro considerado sagrado pelos cristãos.

OUTRAS EXPRESSÕES DA REFORMA

O luteranismo ganhou adeptos em regiões das atuais Dinamarca, Suécia, Noruega, Estônia e Letônia. Em outras partes da Europa, as ideias de Lutero influenciaram o desenvolvimento de outras correntes protestantes, como o **calvinismo**, do teólogo francês João Calvino (1509-1564).

Para os calvinistas, as pessoas já nascem destinadas ao céu ou ao inferno e os bens materiais são vistos como bondade concedida por Deus e, portanto, sinalizam a predestinação ao paraíso. Para conquistar tais bens materiais, no entanto, essas pessoas devem viver uma vida simples, sem luxo, trabalhar arduamente e acumular riquezas. Essa doutrina teve bastante aceitação, sobretudo nos países onde a burguesia ascendia política e economicamente.

Na Inglaterra, um dos principais fatores que influenciaram a Reforma foi o desejo do então monarca Henrique VIII (1509-1547) de eliminar a interferência do papado em seu governo. Desejando um herdeiro do sexo masculino, o rei pediu ao papa a anulação de seu casamento com Catarina de Aragão. O pedido do rei lhe foi negado, mas Henrique VIII se divorciou – prática considerada proibida pela Igreja católica – e casou-se com Ana Bolena. Por esse motivo, foi excomungado pelo papa.

Em resposta, o rei conseguiu que o Parlamento inglês aprovasse o **Ato de Supremacia** (1534). Esse ato declarava o monarca chefe único e supremo da Igreja na Inglaterra. Com isso, Henrique VIII dissolveu mosteiros, confiscou as propriedades da Igreja católica e fundou uma nova Igreja cristã de cunho nacional, denominada **anglicana**. A nova Igreja manteve muitos elementos do catolicismo, mas rejeitou a autoridade do papa.

> Observe os dados sobre as **religiões dos parlamentares da Câmara dos Deputados** e identifique qual delas tem o maior número de adeptos. Há alguma religião que você conhece e que não apareceu na pesquisa?

Cristianismo na Europa Ocidental durante a Reforma

Fonte de pesquisa: Cláudio Vicentino. *Atlas histórico*: geral e Brasil. São Paulo: Scipione, 2011. p. 79.

ATIVIDADES

Retomar e compreender

1. Imagine que você precisa explicar para uma pessoa o que eram as indulgências da Igreja católica no século XVI. Como você explicaria isso? E quais eram as polêmicas sobre as indulgências nesse período?

2. Escreva um parágrafo relacionando as seguintes expressões:

   Renascimento   Martinho Lutero   indulgências   Igreja católica   dimensão religiosa

3. No caderno, elabore uma lista com itens de comparação entre as ideias de Martinho Lutero e as de João Calvino. Depois, compartilhe sua lista com os colegas.

4. Quais fatores propiciaram a disseminação das ideias reformadoras na Europa nos séculos XV e XVI, apesar do enorme poder da Igreja católica nesse período?

5. Retome o mapa "Cristianismo na Europa Ocidental durante a Reforma" e observe por quais regiões da Europa cada vertente reformista se disseminou. Depois, copie o quadro a seguir no caderno e preencha-o, organizando suas descobertas sobre como as igrejas reformadoras se distribuíram pela Europa.

REGIÕES ONDE CADA IGREJA REFORMADORA SE DIFUNDIU	
Luteranismo	Calvinismo

6. Identifique, entre as alternativas, aquela(s) que aponta(m) uma ou mais razões para a eclosão da Reforma protestante na Europa durante o século XVI.
   a) A corrupção e os problemas de conduta do clero católico.
   b) Conflitos internos na Igreja pela indicação do novo papa.
   c) A incapacidade da Igreja católica para adaptar seus rituais às necessidades dos fiéis.
   d) O interesse de reis e nobres pela diminuição da interferência da Igreja católica em seus domínios.
   e) A necessidade dos reis de reforçar a religiosidade de seus súditos diante da expansão otomana.

7. As frases a seguir se referem às doutrinas cristãs que surgiram na Europa durante a Reforma protestante, como o luteranismo, o calvinismo e o anglicanismo. Associe cada frase a uma dessas tendências.
   a) Doutrina protestante inspirada nas ideias de Martinho Lutero, porém com um viés mais radical do que aquele que caracteriza o luteranismo.
   b) Doutrina protestante que surgiu na Inglaterra e teve importantes impactos políticos nesse lugar.
   c) Corrente protestante que se difundiu de modo mais acentuado na França.
   d) Doutrina protestante que possibilitou que o monarca se tornasse o principal chefe da Igreja na Inglaterra.
   e) Corrente do protestantismo que é considerada um marco da Reforma. Teve sua origem com a ação de um monge que publicou teses com críticas à Igreja católica.

Aplicar

8. Leia algumas das teses de Lutero. Depois, responda às questões.

> [...]
> 27. Pregam doutrina humana os que dizem que, tão logo tilintar a moeda lançada na caixa, a alma sairá voando [do purgatório para o céu].
> 28. Certo é que, ao tilintar a moeda na caixa, podem aumentar o lucro e a cobiça; a intercessão da Igreja, porém, depende apenas da vontade de Deus.
> 29. E quem é que sabe se todas as almas no purgatório querem ser resgatadas? Dizem que este não foi o caso com S. Severino e S. Pascoal.
> 30. Ninguém tem certeza da veracidade de sua contrição, muito menos de haver conseguido plena remissão.
> [...]
> 33. Deve-se ter muita cautela com aqueles que dizem serem as indulgências do papa aquela inestimável dádiva de Deus através da qual a pessoa é reconciliada com Deus.
> [...]
> 36. Qualquer cristão verdadeiramente arrependido tem direito à remissão de pena e culpa, mesmo sem carta de indulgência.
> [...]
> 43. Deve-se ensinar aos cristãos que, dando ao pobre ou emprestando ao necessitado, procedem melhor do que se comprassem indulgências.
> 44. Ocorre que através da obra de amor cresce o amor e a pessoa se torna melhor, ao passo que com as indulgências ela não se torna melhor, mas apenas mais livre da pena.
> [...]
>
> Martinho Lutero. 95 teses. Debate para o esclarecimento do valor das indulgências, pelo dr. Martin Luther, 1517. Disponível em: http://www.luteranos.com.br/lutero/95_teses.html. Acesso em: 5 abr. 2023.

a) Escolha uma dessas teses e explique o que Martinho Lutero quis dizer com ela. Para isso, busque identificar qual aspecto da doutrina católica ele está criticando na tese escolhida.

b) Com base nas teses, responda: Qual é a posição de Lutero a respeito das indulgências? Explique citando trechos do texto.

c) Qual crença de Lutero possibilitava que ele questionasse as indulgências?

d) Qual é o significado atribuído por Lutero ao auxílio aos pobres e necessitados?

9. Observe a imagem a seguir, leia a legenda e depois responda às questões.

a) Que grupos sociais foram representados na imagem? Explique sua resposta com base em elementos da gravura.

b) O que a maioria das personagens ilustradas está fazendo? Como isso se relaciona com o contexto histórico da imagem?

c) **SABER SER** Atualmente, esse tipo de atitude é considerado correto? O que você pensa sobre esse assunto?

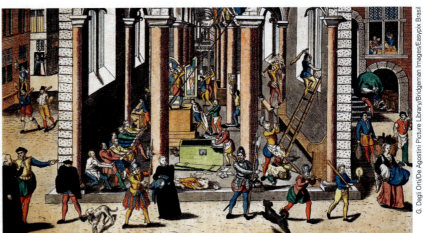

▲ Detalhe de gravura de Franz Hogenberg, feita entre 1535 e 1590. Ela retrata a destruição de relíquias e esculturas em igrejas na França.

ARQUIVO VIVO

A Reforma, seus ritos e as fontes históricas

Luteranismo, calvinismo e anglicanismo são algumas expressões do cristianismo que existem até hoje. Para compreender a origem delas, os aspectos que as diferenciam entre si e do catolicismo, os pesquisadores das Ciências Humanas e Sociais podem investigar diferentes fontes.

No caso dos historiadores, essas fontes costumam ser vestígios do passado. Dessa forma, pinturas, gravuras, relatos e textos produzidos no contexto da Reforma protestante tornam-se objetos de estudo dos pesquisadores que buscam compreender melhor as motivações e as ideias daqueles que buscaram romper com os dogmas católicos.

Um importante documento histórico do período foi uma imagem feita pelo artista alemão Georg Pencz, discípulo de Albrecht Dürer em Nuremberg. Em uma mesma imagem, Pencz representou um sermão luterano e um católico. Observe o contraste entre os aspectos de cada culto na imagem reproduzida a seguir. Ela está acompanhada de um texto, escrito por João Calvino. Lembre-se de que os textos escritos pelos pensadores da Reforma também são relevantes fontes históricas.

Texto A

[...] Então, na verdade, ainda mais solidamente nosso coração se solidifica, quando refletimos que somos arrebatados de admiração, mais pela dignidade do conteúdo que pela graça da linguagem. Ora, isso não se deu sem a [...] providência de Deus, ou seja, que os sublimes mistérios do reino celeste fossem [...] transmitidos em termos de linguagem singela e sem realce [...].

Ora, quando essa simplicidade não burilada e quase rústica provoca maior reverência de si que qualquer eloquência de oradores retóricos, como há de julgar-se, senão que a pujança da verdade da Sagrada Escritura se manifesta de forma tão sobranceira, que necessidade nenhuma há do artifício das palavras? [...] porque a verdade se dirime de toda dúvida quando, não se apoiando em suportes alheios, por si só ela própria é suficiente para suster-se.

João Calvino. *As Institutas ou Tratado da religião cristã*. São Paulo: Casa Editora Presbiteriana, 2006. p. 88-89.

Georg Pencz. Disputa de dois sermões, 1529. Gravura. À esquerda, foi representado um sermão luterano; à direita, um sermão católico.

Os ritos religiosos também são fontes de pesquisa da história das religiões. O texto e a imagem a seguir abordam os sacramentos das Igrejas protestantes.

> **Texto B**
>
> De acordo com a teologia das igrejas protestantes históricas, a prática do rito da Santa Ceia deve ser repetida até o retorno de Jesus Cristo [...].
>
> [...]
>
> O rito da Santa Ceia, também chamada pelos protestantes históricos de "Ceia do Senhor", é um dos dois sacramentos ordenados por Jesus Cristo na Bíblia Sagrada, sendo o rito do Batismo o outro sacramento. [...]
>
> [...]
>
> O fato de estar convencionado [...] que os sacramentos devem ser ministrados pelos ministros ordenados das suas comunidades, o entendimento do calvinismo ressalta a humanidade do oficiante e o fato de que ele é apenas o administrador de uma graça externa proveniente de uma fé interna.
>
> Tendo em vista que o presbiterianismo não reconhece que todo poder eclesiástico esteja no clero, [...] o ofício do presbiterato [é] uma honra para o serviço.

Alexandre Mendonça da Silva. *A Santa Ceia e o imaginário cristão protestante*: rito, símbolo e produção de sentidos. 2015. 207 f. Dissertação (Mestrado em Ciências das Religiões) - Universidade Federal da Paraíba, João Pessoa, 2015. Disponível em: https://repositorio.ufpb.br/jspui/handle/tede/7871. Acesso em: 5 mar. 2023.

◀ Detalhe de altar pintado por Lucas Cranach, o jovem, em 1547. Óleo sobre painel. O altar fica na Igreja Cívica da cidade de Wittenberg, na Alemanha. Foto de 2018.

Organizar ideias

1. Observe o ambiente dos sermões, os gestos e as vestes das pessoas em cada lado da imagem **A**. Quais são as diferenças entre as duas representações?

2. Pencz apoiou questionadores do poder da Igreja católica e foi um entusiasta da Reforma luterana. Em sua opinião, como o ponto de vista dele poderia ter influenciado a representação dos sermões?

3. De que maneira as ideias de Calvino, do texto **A**, relacionam-se com as cenas retratadas na gravura de Pencz?

4. Quais sacramentos citados no texto **B** podem ser observados na imagem **B**?

5. Em seu município, há igrejas protestantes? Ela realizam esses sacramentos? Compartilhe suas experiências com a turma.

CAPÍTULO 3
A CONTRARREFORMA

PARA COMEÇAR
A propagação das ideias reformadoras levou a Igreja católica a rever algumas práticas e formas de organização. Você conhece uma prática da Igreja católica que tenha sido abolida nesse contexto? Por que essa mudança ocorreu?

O CONCÍLIO DE TRENTO

Em diversos momentos no período entre 1545 e 1563, reuniram-se na cidade de Trento (na atual Itália) os representantes máximos da Igreja católica. Diante do avanço do reformismo protestante pela Europa, o papa Paulo III e os que o sucederam nesse período conduziram uma discussão a respeito da disciplina religiosa e dos dogmas do catolicismo.

O **Concílio de Trento**, como ficou conhecido esse conjunto de reuniões, aboliu a venda de indulgências. No entanto, manteve todos os pontos da doutrina católica e rejeitou as propostas reformadoras. Reafirmou-se a ideia de que os seres humanos eram livres para decidir suas ações e que estas, por sua vez, determinariam se seriam salvos no Juízo Final. A autoridade do papa, os sete sacramentos (batismo, crisma, penitência, eucaristia, extrema-unção, ordenação sacerdotal e casamento), o culto à Virgem Maria e aos santos e o celibato do clero também foram preservados.

Pensando na disseminação da doutrina católica, o Concílio determinou que se publicasse um resumo didático dessa doutrina, o catecismo. Além disso, buscou melhorar a formação intelectual e religiosa do clero com a criação de seminários e de escolas para os sacerdotes. Começava, assim, a Reforma católica, também conhecida como **Contrarreforma**.

▼ Detalhe do afresco *Concílio de Trento*, feito pelos irmãos Taddeo e Federico Zuccari, no século XVI, sob encomenda da Igreja católica. Note a ausência de mulheres, a predominância de homens mais velhos e a hierarquia identificada pelas vestes: papa e cardeais usam mantos e chapéus pontiagudos, enquanto os padres aparecem de batina. Os monges trajam vestes mais simples.

A INQUISIÇÃO E SEUS ALVOS

O papado contou com o apoio das monarquias europeias que continuavam professando o catolicismo. Assim, o **Tribunal do Santo Ofício da Inquisição** – órgão da Igreja católica oficializado em 1231 pelo papa Gregório IX para investigar e interrogar suspeitos de heresias – adquiriu poderes de vigilância e punição quase irrestritos, incluindo o poder de torturar para obter confissões, bem como o de punir hereges com a morte.

No século XV, quando a Inquisição passou a atuar em toda a península Ibérica, Espanha, Portugal e algumas cidades da península Itálica criaram tribunais próprios.

Essa aliança entre Igreja, reis e nobres católicos, principalmente os reis de Portugal e da Espanha, durou mais de três séculos. A Inquisição conseguiu barrar a circulação de ideias consideradas perigosas à fé católica e também perseguiu os judeus, que eram obrigados a se converter ao cristianismo ou a emigrar para lugares mais tolerantes no âmbito religioso, como os Países Baixos e o Império Otomano. A partir do fim do século XV, os judeus convertidos passaram a ser chamados **cristãos-novos**.

A atuação da Inquisição na Espanha e em Portugal não se limitou ao território europeu: inquisidores foram enviados às colônias desses reinos na América, na África e na Ásia. Mesmo em reinos da Europa onde o Tribunal do Santo Ofício não estava presente, cresceram a intolerância e a perseguição aos chamados desviantes da fé ou infiéis, incluindo os judeus, os muçulmanos, as mulheres consideradas feiticeiras e os hereges.

A aliança entre a Igreja católica e os monarcas era vantajosa tanto para os católicos quanto para esses monarcas, pois eles tinham garantida, assim, a justificativa religiosa para a conquista de territórios pertencentes a muçulmanos, povos africanos e indígenas do continente americano.

▲ Gravura de brasão do Tribunal do Santo Ofício, 1692. Ladeando a cruz, aparecem uma espada e um ramo de oliveira, que simbolizavam, respectivamente, a justiça (o castigo aos hereges) e a piedade com os arrependidos. Ao redor, uma inscrição em latim, que, em tradução livre, significa: "Levanta-te, Senhor, e defende a tua causa".

A CENSURA A IDEIAS E LIVROS

Por meio da censura inquisitorial, a Igreja controlava a circulação de livros com ideias protestantes, contestadoras do credo católico, ou consideradas impróprias à moral católica. Muitos filósofos, físicos e artistas que defendiam ideias contrárias aos dogmas do catolicismo foram censurados e perseguidos, e suas obras foram incluídas no *Index Librorum Prohibitorum*, uma espécie de catálogo criado no Concílio de Trento que listava as obras proibidas pela Igreja.

Após lerem previamente tudo o que estivesse prestes a ser publicado, os censores do Tribunal cortavam partes dos textos ou os proibiam completamente. Quem lesse os livros vetados poderia ser preso, interrogado e sentenciado. Algumas obras humanistas foram proibidas durante séculos nas escolas e nas universidades católicas, como as de Erasmo de Roterdã, Nicolau Maquiavel e Giordano Bruno.

Muitos dos cientistas e filósofos que viviam nas regiões submetidas à Inquisição não apenas tiveram suas obras tiradas de circulação como também foram julgados por suas ideias nos tribunais eclesiásticos. Esses tribunais conduziam o julgamento em uma cerimônia chamada **auto de fé**, que também se caracterizava como um evento: os juízes faziam um sermão; os réus, embora não tivessem direito à defesa, tinham de pedir perdão; a sentença era pronunciada, e os condenados eram punidos diante da comunidade. Galileu Galilei, por exemplo, renunciou a suas teorias para manter-se vivo; Giordano Bruno, porém, foi condenado a morrer queimado na fogueira.

> **PARA EXPLORAR**
>
> **Museu da História da Inquisição**
> O *site* desse museu localizado em Ouro Preto (MG) oferece uma visita virtual. Nele, encontram-se reproduções de autos de fé e também informações sobre a atuação da Inquisição no Brasil Colônia. Disponível em: http://www.museudainquisicao.org.br/. Acesso em: 11 jan. 2023.

Veja outras imagens sobre o **Tribunal do Santo Ofício da Inquisição** e identifique as principais semelhanças entre elas.

▼ Philipp van Limborch. *O auto de fé*, 1692. Gravura colorizada. Os julgamentos eram acompanhados por nobres e membros da alta burguesia, representados com roupas coloridas. As figuras que usam vestes escuras, nas bancadas centrais, são os inquisidores.

OS JESUÍTAS E A EXPANSÃO CATÓLICA

Reforçando a empreitada de expandir a fé católica pelo mundo, a ordem religiosa **Companhia de Jesus** surgiu em 1534, idealizada pelo militar espanhol Inácio de Loyola (1491-1566), pertencente à nobreza. Os jesuítas (integrantes dessa ordem) ficaram conhecidos como "soldados de Cristo" em razão de seu trabalho missionário e das rígidas disciplinas e hierarquia que caracterizavam o grupo. Diferentemente das ordens monásticas, cujos membros se enclausuravam em mosteiros e conventos, os membros da Companhia de Jesus deveriam renunciar aos bens materiais, fazer voto de pobreza e disseminar o catolicismo. Apesar de não ter sido criada pelo então papa Paulo III, este aprovou a criação da ordem diante da necessidade de conter a propagação do protestantismo.

Os jesuítas tinham elevado grau de instrução e se dedicavam principalmente à educação. Por meio da **pregação** e da **catequese**, converteram ao catolicismo milhares de pessoas e convenceram fiéis a manter-se vinculados à Igreja.

Os jesuítas estiveram entre os primeiros colonizadores europeus a pisar em solo americano. Depois de buscarem se aproximar da cultura e da língua nativas do local onde aportavam, desenvolviam estratégias para converter os indígenas à fé católica. Em suas peregrinações territoriais, fundavam as **missões jesuíticas** (ou **reduções**), nas quais reuniam indígenas em aldeias com o objetivo de catequizá-los.

Vestígios da missão de São Miguel Arcanjo, no atual município de São Miguel das Missões (RS), em vista aérea de 2021. Fundada por jesuítas espanhóis no século XVIII, chegou a reunir milhares de indígenas guaranis que a Companhia de Jesus desejava catequizar.

CIDADANIA GLOBAL

OS JESUÍTAS E A EDUCAÇÃO

Para diversos pesquisadores, a Companhia de Jesus é considerada a precursora da educação em nosso país. Foram os monges jesuítas professores que elaboraram as primeiras cartilhas de alfabetização em língua portuguesa e desenvolveram métodos para ensinar indígenas e colonos a ler e escrever nesse idioma. Leia este breve texto sobre o assunto.

Os jesuítas deixaram um legado de colégios organizados em rede, um método pedagógico e um currículo comum. Embora o processo de colonização tenha atuado como uma ferramenta de imposição cultural aos índios, como forma de exercer o domínio sobre eles, é por meio da Companhia de Jesus que a educação brasileira desenvolveu-se, atendendo às necessidades da sociedade, [...] sendo também responsável pela integração das culturas europeia e indígena, disseminando-as pelos colégios e igrejas.

currículo: o currículo escolar é o conjunto de conhecimentos e habilidades trabalhado por professores e estudantes em uma instituição escolar.

Wilson Ricardo Antonassi de Almeida. A Educação jesuítica no Brasil e o seu legado para a Educação da atualidade. *Revista Grifos*, n. 36/37, p. 117-126, 2014. Disponível em: https://bell.unochapeco.edu.br/revistas/index.php/grifos/article/view/2540/1764. Acesso em: 5 abr. 2023.

1. Quais aspectos da educação jesuíta são observados ainda hoje no Brasil, de acordo com o texto?
2. Durante séculos, a educação de qualidade ficou restrita às elites. Hoje, por outro lado, ela é um direito assegurado a todos pela Constituição. Em sua opinião, por que essa garantia é importante? Escreva um parágrafo sobre o tema e, depois, leia-o para a turma.

A ARTE BARROCA E A RELIGIÃO

O sentimento gerado pela Contrarreforma também se expressou no campo das artes. Tratava-se de um estilo com forte inspiração no repertório cultural do catolicismo. Esse estilo, que se opunha aos ideais de leveza e inspiração próprios da Antiguidade clássica – e característicos das obras renascentistas –, foi chamado, nos séculos seguintes ao seu surgimento, de **Barroco**. Originou-se na península Itálica na segunda metade do século XVI e se espalhou pela Europa católica na transição para o século seguinte. Os artistas adeptos desse estilo buscavam conferir dramaticidade e emoção às obras por meio de jogos de sombra e luz e de representações expressivas de gestos e posturas corporais. O recurso da luz é utilizado intencionalmente a fim de direcionar o olhar do observador para o acontecimento que se quer destacar na obra.

Percebendo o potencial da arte como meio de comunicação com os fiéis e de valorização da história e da doutrina católicas, a Igreja encomendou e financiou a criação de inúmeras obras com temática religiosa. Essas obras expressavam conceitos característicos da espiritualidade católica, como o pecado, a morte e a salvação da alma.

Embora tenha sido influenciada pelo Barroco na técnica e no estilo, a arte nos Países Baixos calvinistas e nos reinos alemães luteranos contrastava com a dos países católicos por privilegiar outras temáticas. A própria rejeição dos protestantes aos santos limitava os temas de suas produções artísticas aos episódios narrados na Bíblia. Havia, portanto, pinturas com temas religiosos, mas a representação de cenas do cotidiano, paisagens, naturezas-mortas, pesquisas científicas e retratos de nobres e burgueses enriquecidos era muito mais comum nesses lugares do que nas regiões católicas.

▲ Caravaggio. *Crucificação de São Pedro*, 1600. Óleo sobre tela. A composição de luz e sombras privilegia a figura de São Pedro, para a qual chama a atenção. Protagonista da cena, o religioso é retratado no centro da imagem, como é de costume na arte barroca.

natureza-morta: pintura que representa uma composição de itens sem vida, como objetos e frutos.

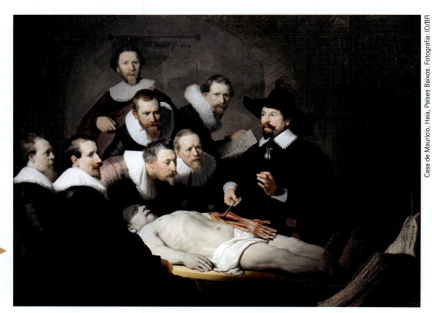

Rembrandt. *A lição de anatomia de dr. Tulp*, 1632. Óleo sobre tela. A experimentação científica é um dos temas mais retratados na arte neerlandesa do século XVII.

ATIVIDADES

Acompanhamento da aprendizagem

Retomar e compreender

1. O que foi a Contrarreforma? A qual processo histórico do século XVI ela se contrapunha?

2. Forme dupla com um colega. Anotem pelo menos três decisões ou medidas tomadas pelo Concílio de Trento. Depois, identifiquem, entre essas que vocês anotaram, quais delas contemplaram as críticas dos protestantes.

Aplicar

3. Ainda organizados em duplas, busquem, em publicações impressas ou digitais, por uma foto atual que retrate um julgamento no Brasil. Lembrem-se de registrar a fonte da foto, além do local e a data dela. Depois, respondam no caderno:

   a) Na foto, quem está sendo julgado? Há júri e juízes? Expliquem.
   b) Qual é o órgão responsável pelo julgamento? Ele pertence à Igreja ou ao Estado?
   c) Comparem a foto com a gravura *O auto de fé*, de Philipp van Limborch. Quais semelhanças e diferenças vocês identificam entre elas?

4. Liste as características do estilo barroco na pintura de Caravaggio (1571-1610). Depois compartilhe-as com os colegas.

▲ Caravaggio. *A flagelação de Cristo*, 1607. Óleo sobre tela.

5. O texto escrito pelo historiador contemporâneo Carlo Ginzburg é um trecho do longo processo de julgamento, pelo Tribunal do Santo Ofício, de um trabalhador italiano.

   [...] "Na sessão anterior", falou o inquisidor, "lhe dissemos que seu espírito aparecia no processo cheio de certos humores e de má doutrina, mas o Santo Tribunal deseja que o senhor termine de revelar seu pensamento." Menocchio respondeu: "Meu espírito era elevado e desejava que existisse um mundo novo e um novo modo de viver, pois a Igreja não vai bem e não deveria ter tanta pompa".
   [...]
   [...] Aos seus olhos, a encarnação da opressão estava na hierarquia eclesiástica. Por quê?
   O próprio Menocchio parece nos dar uma primeira indicação: "Tudo pertence à Igreja e aos padres. Eles arruínam os pobres. Se têm dois <u>campos arrendados</u>, esses são da Igreja, de tal bispo ou de tal cardeal". [...] Um censo feito em 1596 – portanto, quinze anos após essas afirmações – [...] menciona vários lotes de terra pertencentes às igrejas locais [...].

   Carlo Ginzburg. *O queijo e os vermes*. São Paulo: Companhia de Bolso, 2006. p. 45, 46 e 51.

   <u>campo arrendado</u>: terra cedida por seu proprietário a camponeses para seu uso em troca de pagamentos regulares.

   - Identifique os trechos indicativos de que:
   a) Menocchio participava de um julgamento;
   b) Menocchio criticava os privilégios da Igreja.

6. Leia o texto e, em seguida, responda à questão.

   A primeira fase da educação jesuítica foi marcada pelo plano de instrução elaborado por Nóbrega. O plano iniciava-se com o aprendizado do português (para os indígenas); prosseguia com a doutrina cristã, a escola de ler e escrever e, opcionalmente, <u>canto orfeônico</u> e música instrumental [...].

   Demerval Saviani. *História das ideias pedagógicas no Brasil*. Campinas: Autores Associados, 2013. p. 43.

   <u>canto orfeônico</u>: tipo de canto amador e coletivo.

   - Com base nas informações contidas no texto, responda: Qual foi a relação entre a educação jesuítica e a expansão do cristianismo?

67

CONTEXTO

PRODUÇÃO ESCRITA

Carta/epístola

Proposta

Ao longo da unidade, estudamos diversas mudanças culturais ocorridas no continente europeu entre os séculos XIV e XVI. Nesse período, um dos principais registros escritos eram as **cartas**, também chamadas de **epístolas**. Esse gênero textual estabelece comunicação entre duas partes: o **remetente** (que escreve a carta) e o **destinatário** (a quem ela é dirigida).

A estrutura básica da carta conta com: data e local, vocativo, corpo do texto, saudação de despedida e assinatura.

A proposta é que, em grupo, vocês redijam uma **carta argumentativa aberta**. Trata-se de uma carta pública endereçada a gestores ou governantes, com um texto que reivindica algo.

Nessa proposta, as cartas de vocês devem defender modificações necessárias em alguma área da escola ou de seu entorno.

◀ Reprodução de carta escrita por Galileu Galilei em 21 de dezembro de 1613, endereçada ao amigo Benedetto Castelli, matemático da Universidade de Pisa.

Público-alvo	Responsável pela gestão da escola e/ou de algum setor da comunidade escolar.
Objetivo	Comunicar a pessoa responsável pela gestão da escola, ou da área em seu entorno, sobre a necessidade de modificações no espaço compartilhado pela comunidade escolar.
Circulação	Espaços comuns da comunidade escolar.

Planejamento e elaboração

1 Junte-se a três colegas. Leiam um trecho da carta de Galileu Galilei a Benedetto Castelli, o mesmo documento retratado na fotografia desta seção.

Reverendíssimo Pai e meu Senhor muito Observador

Ontem fui procurar o senhor Niccolò Arrighette [...]; eu me deleitei infinitamente em ouvir aquele ponto que eu não duvidava [...].

[...]

Quanto à primeira pergunta genérica de Madame Sereníssima, me parece que muito prudentemente foi proposto, concebido e estabelecido [...] não poder nunca a Escritura Sagrada mentir ou errar, mas ser os seus decretos de absoluta e inviolável verdade. Só teria acrescentado que, se bem a Escritura não pode errar, poderiam, nada menos que algumas vezes, errarem alguns de seus intérpretes e expositores, de várias maneiras: entre os quais um seria muito grave e muito frequente quando quisessem sempre deterem-se no significado puro das palavras, porque assim vos apareceriam não somente diversas contradições, mas graves heresias e ainda blasfêmias, pois assim seria necessário dar a Deus os pés, as mãos e os olhos, e não menos afetos corporais e humanos, como de ira, arrependimento, ódio, e ainda algumas vezes o esquecimento das coisas passadas e a ignorância das futuras. [...]

[...]

Florença, 21 de dezembro de 1613
De Vossa Paternidade muito reverenda
Servo muito afeiçoado
Galileu Galilei

Alex Lino. As modificações na carta de Galileu destinada a Benedetto Castelli de dezembro 1613: uma tentativa de amenizar as acusações realizadas pela Igreja. *Caderno Brasileiro de Ensino de Física*, v. 37, n. 1, p. 219-241, abr. 2020. Disponível em: https://periodicos.ufsc.br/index.php/fisica/article/view/2175-7941.2020v37n1p219/42900. Acesso em: 5 abr. 2023.

2 Após a leitura do trecho da carta, você e os colegas de grupo vão dialogar sobre o que entenderam do texto e identificar: o destinatário, a data e o local em que foi escrita, o tipo de carta e a argumentação principal defendida pelo autor.

3 Conversem sobre os espaços da escola e seus arredores, refletindo sobre possíveis mudanças que poderiam melhorar a convivência da comunidade escolar.

4 Elaborem argumentos em defesa das modificações que julgaram necessárias e rascunhem a estrutura de uma carta argumentativa aberta, em que haja introdução, desenvolvimento e conclusão. Lembrem-se de que a carta será destinada a alguém que precisa ser convencido de algo.

5 Por fim, escrevam uma primeira versão da carta utilizando a estrutura formal básica descrita anteriormente. Atentem para a escolha do vocativo e para o uso de linguagem apropriada, considerando quem será o destinatário da carta.

Revisão e reescrita

1 Elejam um colega do grupo para ler a carta em voz alta enquanto os outros integrantes, ouvindo atentamente, observam os seguintes pontos a serem considerados e revisados:
- A carta está corretamente formatada com a estrutura básica prevista?
- Há uma apresentação detalhada da questão central defendida na carta?
- Os argumentos apresentados estão bem embasados? A solicitação feita na carta é pertinente e condizente com a realidade da escola e da comunidade escolar?
- A linguagem da carta está adequada à comunicação com o destinatário? O texto está coeso, coerente e sem desvios ortográficos ou gramaticais?

2 A etapa seguinte deve ser a reescrita da carta com os ajustes apontados pelo grupo.

Circulação

1 Procurem descobrir como a carta pode ser entregue ao destinatário: se em mãos, pelos correios ou por vias digitais, como um *e-mail*.

2 Como a proposta é que a redação seja de uma carta aberta, cuidem para que ela seja compartilhada com a comunidade, seja por meio da distribuição de cópias do texto, seja pela divulgação dele nas redes sociais digitais da escola.

ATIVIDADES INTEGRADAS

Retomar e compreender

1. A partir do século XVI, muitos religiosos posicionaram-se publicamente contra práticas e costumes do clero católico. Essas ações desencadearam a Reforma protestante, um processo histórico de ruptura com a Igreja católica durante o qual se estabeleceram outras vertentes cristãs. Levando em consideração seus conhecimentos sobre esse processo histórico, responda:

    a) Quais movimentos culturais influenciaram a Reforma protestante? Por quê?
    b) Quais práticas e costumes da Igreja católica eram criticados pelos reformadores?
    c) Escolha um dos reformadores mencionados nesta unidade e comente suas principais ideias.
    d) Como a Igreja católica respondeu à Reforma protestante?

Aplicar

2. Observe a imagem, leia a legenda e faça o que se pede.

▲ Sandro Botticelli. *O nascimento de Vênus*, cerca de 1485. Têmpera sobre tela.

    a) Descreva a maneira como as personagens foram retratadas. Mencione a expressão dos rostos e a posição dos corpos, as formas de se vestir e de se mover, sempre considerando o tipo de cena representado.
    b) Cite dois aspectos do estilo renascentista presentes nessa imagem.
    c) Em sua opinião, quem pode ter financiado esse tipo de trabalho artístico? Qual seria o interesse desse financiador em patrocinar obras de arte?

Analisar e verificar

3. Leia o texto desta atividade e responda às questões.

> Na Idade Média, só a estrita necessidade justificava o acesso aos livros e à própria alfabetização. O humanismo significou uma reviravolta na economia política da leitura, criando não apenas uma oferta de novos tipos de livros (a saber, os antigos, agora redescobertos), como também de novas maneiras de lê-los. Os príncipes já não recebiam mais sua instrução exclusivamente dos clérigos, e a literatura da Antiguidade continha inúmeras instruções úteis aos governantes e comandantes de exércitos. [...]
>
> Colecionar livros raros e importantes e organizá-los em bibliotecas é uma constante na vida desses homens [da elite]. [...] De repente, tornou-se importante reunir muitos livros num só lugar, tornando-os acessíveis não apenas aos amigos, à família, a artistas e protegidos, mas também ao público [...].
>
> Matthew Battles. *A conturbada história das bibliotecas.* São Paulo: Planeta, 2003. p. 74-75.

a) A qual movimento cultural esse texto se refere? Quais características desse movimento são mencionadas no texto?

b) Qual invenção do século XV permitiu aumentar a circulação de livros na Europa?

c) `SABER SER` Na escola ou em seu município, como é o acesso aos livros? Há bibliotecas disponíveis? Você costuma frequentar espaços de leitura? E quais livros você costuma buscar? Por quê?

4. Muitos historiadores denominam Idade Moderna o período que vai do século XV ao século XVIII. O texto desta atividade discute o conceito de modernidade empregado nessa denominação. Leia-o e faça o que se pede.

> Mundo moderno. À primeira vista talvez haja muito poucas outras noções [...] que contenham uma dose tão considerável de fluidez e incerteza. Os compêndios referem-se ao "Início dos Tempos Modernos" e à "Idade Moderna" como se tratando de coisas absolutamente claras, evidentes mesmo. Mas, a rigor, o que vem a ser [definir] uma época como "moderna"? Contrastar o atual, o recente, ao que é velho e ultrapassado seria uma resposta possível a essa pergunta, comprovada através das ideologias que se pretendem inovadoras face ao existente, [...] origem assim de sucessivas "modernidades".
>
> Francisco José Calazans Falcon. Introdução à história moderna. *In*: Adhemar Marques; Flávio Berutti; Ricardo Faria (org.). *História moderna através de textos.* São Paulo: Contexto, 2008. p. 11.

a) Procure em um dicionário de Língua Portuguesa o significado da palavra **moderno** e registre-o no caderno. As definições que você encontrou estão de acordo com seu entendimento dessa palavra? Explique.

b) Segundo o autor, de que maneira se define um período como época moderna?

c) Com base no que você estudou nesta unidade, comente o que significava ser moderno na Europa do século XVI.

Criar

5. Reúna-se com dois colegas para criar o catálogo de uma exposição sobre o Renascimento. Escolham um artista que tenha se destacado em um destes campos artísticos: pintura, arquitetura ou escultura. Para elaborar o catálogo, primeiro será necessário buscar, em *sites* ou livros, a história do artista e as características mais importantes de seu trabalho. Em seguida, vocês deverão identificar as principais obras produzidas por esse artista, reproduzi-las no catálogo e apontar como ele expressava os valores renascentistas nessas obras. Lembrem-se de que catálogos de exposição apresentam sumário (indicando os temas tratados e as respectivas páginas), introdução (com a biografia do artista) e análise das obras expostas. Quando o catálogo estiver pronto, mostrem-no aos outros grupos.

CIDADANIA GLOBAL
UNIDADE 2

Retomando o tema

Ao longo desta unidade, você leu e refletiu sobre diversas características da sociedade ocidental que se desenvolveram durante a Idade Moderna. Um dos aspectos estudados foi a valorização das artes e da ciência, principalmente durante o Renascimento.

Nesse contexto, professores, escolas e universidades surgem em maior quantidade, já que aumenta também a busca por esses profissionais e espaços. Mas nem todos tinham acesso a eles.

1. Quem tinha acesso à educação durante o período estudado?
2. Atualmente, todos os brasileiros têm acesso à educação? Levante hipóteses.

Geração da mudança

- Você e a turma vão produzir um painel ou mosaico digital com informações sobre o acesso à educação no Brasil atual. Para isso, organizem-se em duplas ou trios e escolham aspectos da educação brasileira para pesquisar. Vocês podem buscar informações como: percentual de pessoas que sabem ler e escrever (dados do período do último ano); quantidade de crianças e jovens sem acesso à educação em cada região; escolaridade média no município onde vocês vivem; taxas de acesso à educação de acordo com a cor da população; etc. Assim, vocês podem compreender a situação do acesso à educação em nosso país e analisar o que falta para cumprirmos esse objetivo de desenvolvimento sustentável.

- Compartilhem as informações pesquisadas e selecionem um aplicativo de edição de apresentações digitais para montar o painel de vocês. Nele, disponibilizem as informações coletadas, acompanhadas de imagens.

- Combinem com o professor e a coordenação da escola uma data para compartilhar o painel nas redes sociais virtuais, de modo a conscientizar também a comunidade escolar sobre o problema.

Autoavaliação

UNIDADE 3
O ESTADO MODERNO

PRIMEIRAS IDEIAS

1. Em sua opinião, quem eram as figuras políticas de maior destaque durante o feudalismo?
2. Atualmente, quem é a figura política de maior destaque em seu país? Essa pessoa atua sozinha ou em conjunto com outros agentes políticos?
3. Você sabe o que é um **Estado**? Explique.
4. Em sua opinião, quais elementos caracterizam uma nação? Explique.

Conhecimentos prévios

Nesta unidade, eu vou...

CAPÍTULO 1 A formação dos Estados modernos

- conhecer o contexto histórico de formação dos Estados modernos, com base na leitura de textos sobre os pensadores da época.
- descrever os processos históricos da península Ibérica que resultaram na formação dos reinos de Portugal e Espanha, por meio da leitura de mapas.
- identificar as especificidades da monarquia na Inglaterra, pelo estudo da Carta Magna.
- descrever as disputas entre Inglaterra e França pelo trono francês e a luta da monarquia francesa para garantir a unidade territorial e o poder do Estado.
- dialogar sobre o conceito de **desigualdade** e identificar permanências históricas relacionadas a esse conceito no Brasil atual.

CAPÍTULO 2 A ascensão do Estado absolutista

- identificar as características do **absolutismo** e suas bases teóricas.
- analisar a construção da imagem do rei francês Luís XIV, conhecido como Rei Sol, símbolo do absolutismo europeu.
- compreender as ideias e as práticas que configuraram o mercantilismo e, em um segundo momento e de maneira introdutória, relacionar as práticas mercantilistas ao surgimento do capitalismo.
- caracterizar o papel da burguesia nos Estados Modernos europeus, ao analisar textos e imagens da época.
- contextualizar as políticas inglesas que tornaram a Inglaterra uma grande potência mundial a partir da Idade Moderna.
- analisar o conceito de **igualdade** no Brasil atual e como ele se concretiza em nossa sociedade.

CIDADANIA GLOBAL

- refletir sobre as origens das desigualdades socioeconômicas e raciais no Brasil atual.
- dialogar sobre ações que permitam a desconstrução dessas desigualdades, elaborando uma proposta de projeto parlamentar sobre o tema.

LEITURA DA IMAGEM

1. Na fotografia, qual pessoa representa a monarquia e todo o poder dela? Como você chegou a essa conclusão?
2. Atualmente, qual é a importância de um ritual como o retratado na fotografia?
3. No Brasil atual, há condecorações como essa? Se sim, qual é a figura que entrega as honrarias aos cidadãos escolhidos?

CIDADANIA GLOBAL — 10 REDUÇÃO DAS DESIGUALDADES

Por mais de uma década, Lewis Hamilton foi o único piloto negro a correr na Fórmula 1, a modalidade mais elitizada dos esportes automobilísticos. Também foi o primeiro piloto negro condecorado pela Coroa Britânica – que concedeu essa honraria a três pilotos antes dele, todos brancos.

1. Em sua comunidade, há pessoas negras em posições de liderança e destaque? Se sim, quem são elas e o que elas fazem?
2. Em sua opinião, por que é importante combater as desigualdades raciais?

Além da Inglaterra, há outros **países do mundo atual que adotam a monarquia** como forma de governo. Conheça alguns casos e busque identificar o que há em comum entre as monarquias desses países.

Em 2021, o piloto automobilístico Lewis Hamilton (à direita), da Inglaterra, foi nomeado cavaleiro pelo então príncipe Charles, atual rei Carlos III (à esquerda e à frente). Essa honraria é concedida pela monarquia britânica aos cidadãos que alcançam a excelência em suas atividades, como os esportes.

CAPÍTULO 1
A FORMAÇÃO DOS ESTADOS MODERNOS

PARA COMEÇAR

Na Europa feudal, os nobres tinham autonomia em seus territórios, mesmo estando subordinados aos reis. Diversos fatores, porém, fizeram os monarcas centralizarem ainda mais o poder político, originando os Estados modernos. Você conhece algum fator que tenha contribuído para esse processo de centralização?

vassalo: que é submisso ou subordinado.

O FORTALECIMENTO DO PODER DOS REIS

Diversas transformações econômicas e sociais que ocorriam na Europa Ocidental desde o século XI causaram o enfraquecimento do sistema feudal e o fortalecimento do poder dos monarcas.

No sistema feudal, os senhores, apesar de vassalos de um rei, tinham grande autonomia na gestão dos próprios feudos, ou seja, cada feudo tinha suas próprias leis, unidades de medida, moedas, exército, etc. Alguns monarcas da Europa aproveitaram-se do cenário de crise para concentrar o poder político e unificar feudos em reinos centralizados – que contavam com um aparelho administrativo a serviço do rei e um exército nacional próprio, independente das tropas dos vassalos.

Esse processo de concentração de poder político nas mãos de um rei resultou na formação dos chamados **Estados modernos**. Ainda que de maneiras distintas, Portugal, Espanha, Inglaterra e França foram os primeiros reinos a se firmar como Estados, nos quais a aplicação das leis e a arrecadação de impostos passaram a ser controladas pelo aparelho administrativo do rei.

No final do século XVI, o Estado moderno já estava consolidado nesses quatro países.

▼ Francisco Pradilla y Ortiz. Detalhe de *A rendição de Granada em 1492*, de 1882. Óleo sobre tela. A obra retrata o domínio dos reinos católicos sobre a península Ibérica e uma importante etapa da consolidação do Reino da Espanha.

OS NOVOS ALIADOS DOS MONARCAS

A concentração do poder nos reis foi apoiada por alguns setores da sociedade europeia. Com isso, membros da nobreza – muitos deles empobrecidos após as Cruzadas – viram nesse suporte uma forma de manter certos privilégios, como a isenção de impostos e o recebimento de pensões.

Porém, o alto clero e alguns senhores feudais, temendo a perda de prestígio, foram resistentes a essa mudança. Para evitar revoltas, os monarcas decidiram preservar muitos dos privilégios desses grupos da sociedade. Ao mesmo tempo, promoveram mudanças que favoreciam seus novos aliados: os burgueses.

O comércio foi a principal atividade econômica realizada pela burguesia desde seu surgimento. Portanto, os interesses desse segmento social geralmente estavam relacionados a medidas que favorecessem tal prática.

A descentralização administrativa, isto é, a ausência de uma instituição unificada responsável pela administração de todas as regiões que compunham um reino – característica do sistema feudal –, dificultava as transações comerciais praticadas pela burguesia. Assim, muitos de seus representantes passaram a apoiar os reis, visando conseguir vantagens econômicas e comerciais, como a unificação de pesos, medidas, moedas e tributos no país. Em contrapartida, para garantir meios de se fortalecer e de se manter no poder, os monarcas contavam com as doações e os empréstimos concedidos pelos burgueses.

Embora os burgueses não tivessem as vantagens asseguradas por hereditariedade, como a nobreza, pouco a pouco conquistaram influência política em razão de seu crescente poder econômico. Para obter prestígio, muitos compravam terras de nobres falidos e, em alguns lugares, até mesmo títulos menores de nobreza.

▲ Moeda de ouro datada de 1475, com a efígie dos reis Fernando de Aragão e Isabel de Castela, cujo casamento resultou na formação da Espanha. A centralização da cunhagem de moedas e da arrecadação de impostos é uma característica dos Estados modernos.

CIDADANIA GLOBAL

PRIVILÉGIOS E DESIGUALDADES

A ampliação da influência política dos burgueses não afetou os privilégios do clero e da nobreza na sociedade absolutista. Membros desses dois grupos sociais continuaram a receber pensões vitalícias, mantendo o *status* social, e permaneceram sem pagar impostos. A burguesia passou a emprestar dinheiro ao Estado e a financiar a política absolutista. Em troca, o Estado viabilizava as transações comerciais internacionais, algo que fortalecia a presença do país no contexto externo e também garantia o crescimento dos lucros da burguesia.

Nenhuma dessas transformações elevou o *status* social dos camponeses, cuja mão de obra continuou a ser explorada pelos demais grupos.

1. O que é privilégio? Busque informações em fontes diversas e, no caderno, escreva um parágrafo explicativo sobre esse termo.
2. Por que os privilégios reforçam as desigualdades sociais? Dialogue com a turma sobre isso e, ao final, anote suas conclusões no caderno.

 Você se recorda da **organização social da Idade Média europeia**? Saiba mais sobre esse tema e depois responda: Quais diferenças há entre a ordem social feudal e a organização que surge no período abordado nesta página?

CENTRALIZAÇÃO NA PENÍNSULA IBÉRICA

Por muito tempo, usou-se o termo **Reconquista** para denominar a tomada dos territórios ibéricos sob domínio muçulmano desde o século VIII. Atualmente, muitos historiadores contestam esse nome. Uma das alegações desses estudiosos é que os reinos cristãos que reivindicavam a península Ibérica se formaram depois da chegada dos árabes à região; logo, não podiam reconquistar algo que nunca lhes pertencera. Somente a partir do século XI, após as primeiras Cruzadas, esses reinos se aliaram com o intuito de expulsar os mouros.

OS REINOS IBÉRICOS

Os reinos de Portugal e da Espanha se originaram das relações – ora de conquista, ora de aliança – entre os reinos católicos da península Ibérica, durante o contexto de tomada dos territórios islâmicos na região.

Em 1096, após importantes vitórias militares contra os muçulmanos, Henrique de Borgonha ganhou de seu sogro, Afonso VI, rei de Leão e Castela, um território chamado Condado Portucalense. No entanto, seu herdeiro, Afonso Henriques, rompeu com o Reino de Castela e, em 1139, declarou-se rei desse território, originando o **Reino de Portugal**.

Mais de três séculos depois, em 1468, o casamento dos reis Fernando de Aragão e Isabel de Castela deu início à formação do **Reino da Espanha**, que passou a competir com o de Portugal pela liderança da expansão marítima. Em 1492, o poderoso exército de Castela e Aragão tomou o último reduto islâmico na península Ibérica, o emirado de Granada. A conquista do reino cristão de Navarra, em 1512, definiu a atual configuração do território da Espanha na península.

▲ Ainda hoje, há vestígios islâmicos nos países ibéricos. Um exemplo é *La Giralda*, antigo minarete da mesquita de Sevilha, na atual Espanha, que foi transformado em torre de catedral após a conquista da cidade por Castela. Foto de 2021.

INTOLERÂNCIA E RECONQUISTA

Fernando de Aragão e Isabel de Castela ficaram conhecidos como os "reis católicos" e tiveram grande apoio da Igreja. Em contrapartida, no mesmo ano da tomada de Granada, em 1492, decretaram a conversão forçada dos judeus ao catolicismo e a expulsão daqueles que se negassem a isso. Dez anos depois, os muçulmanos que não se converteram ao cristianismo foram obrigados a deixar a Espanha.

Península Ibérica (século XII)

Fonte de pesquisa: Cláudio Vicentino. *Atlas histórico*: geral e Brasil. São Paulo: Scipione, 2011. p. 89.

Península Ibérica (século XV)

Fonte de pesquisa: Cláudio Vicentino. *Atlas histórico*: geral e Brasil. São Paulo: Scipione, 2011. p. 89.

A MONARQUIA INGLESA E O EQUILÍBRIO DE PODERES

O território da atual Inglaterra esteve dividido em diversos reinos anglo-saxões até o ano de 927, quando foi unificado por Athelstan, rei de Wessex. Nesse período, no entanto, o poder político estava mais concentrado nos senhores feudais do que no rei. Essa dinâmica começou a se alterar no século XI, quando Guilherme, o Conquistador, duque da Normandia (região no norte da atual França), assumiu o trono inglês. O novo rei recompensou seus apoiadores, redistribuindo terras e títulos ingleses a seus vassalos normandos, e obrigou toda a nobreza inglesa a lhe jurar fidelidade. Além disso, construiu fortificações e ordenou uma análise minuciosa da posse de terras, a fim de controlar a arrecadação de impostos.

A centralização política e o fortalecimento do poder do rei, porém, não perdurou. Em seu reinado, Ricardo I (1157-1199), conhecido como Ricardo Coração de Leão, dedicou-se mais às campanhas militares pelas Cruzadas – nas quais investiu grande parte do tesouro da Inglaterra – do que a permanecer em seu reino. Os custos do esforço militar, repassados ao povo em forma de tributos, e a constante ausência do rei geraram insatisfação popular.

Essa situação piorou sob o reinado de seu irmão e sucessor, João Sem-Terra, que perdeu diversas batalhas e territórios para a França. Sua tentativa de aumentar impostos e confiscar terras para financiar a guerra levaram a uma revolta da nobreza. Assim, em 1215, João Sem-Terra foi obrigado a assinar a **Carta Magna**, que restringia seus poderes e estabelecia que várias de suas decisões fossem submetidas à aprovação da nobreza e do clero. O documento também favorecia a burguesia, pois instituía a teoria do **livre-comércio**. A Carta Magna é considerada documento precursor das constituições nacionais. Em 1265, pela primeira vez, representantes burgueses foram convidados a participar das reuniões do Parlamento, nas quais, até então, somente nobres e clérigos aconselhavam o rei.

PARA EXPLORAR

Robin Hood, de Joel Rufino dos Santos. São Paulo: Scipione, 2002.

Nessa adaptação de um dos mais famosos clássicos da tradição oral inglesa, Joel Rufino dos Santos conta a história de Robert Fitzooth, que tem suas terras confiscadas pelo rei João Sem-Terra e, em busca de justiça, passa a roubar dos ricos para dar aos pobres.

▼ Encontro entre as tropas de Filipe Augusto, da França, e de João Sem-Terra, da Inglaterra, em detalhe de ilustração feita por Mahiet, mestre do missal de Cambrai, por volta de 1340, para o livro *Grandes crônicas da França*. As diversas derrotas para os franceses contribuíram para enfraquecer ainda mais a influência de João Sem-Terra sobre seus súditos.

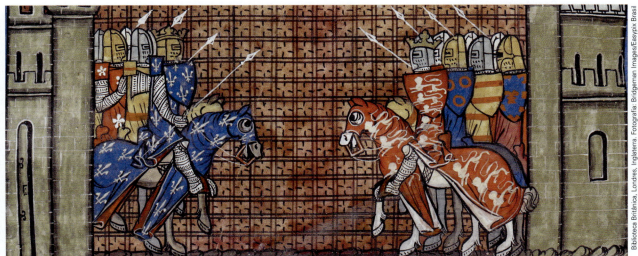

O PODER NA FRANÇA E A GUERRA DOS CEM ANOS

Embora a França fosse considerada um reino desde a coroação de Hugo Capeto, em 987, por muitos séculos o poder do rei limitou-se a uma pequena parte do território atualmente ocupado por esse país. Pouco a pouco, as terras de nobres rebeldes derrotados foram incorporadas ao controle régio e outras foram compradas, o que aumentou o poder e a riqueza do monarca.

Com a tomada da Inglaterra por Guilherme, o Conquistador, a dinastia Plantageneta (instaurada após dois governos sucessivos dos filhos de Guilherme) tornou-se rival e vassala dos reis da França, pois estes eram suseranos do ducado da Normandia. Em alianças derivadas de casamentos, nobres ligados à realeza inglesa passaram a controlar diversas regiões da França, acontecimento que gerou tensão entre os reinos.

Com a morte de Carlos IV, em 1328, iniciou-se uma disputa pelo trono francês, pois esse rei não havia deixado herdeiros diretos. Impedido pela lei sálica, o rei inglês Eduardo III, pretendente ao trono da França, teve de aceitar que Filipe de Valois, primo de Carlos IV, assumisse o reino. No entanto, uma série de alianças e de conflitos por terras levou Eduardo III a autodeclarar-se rei da França. Tal fato fez eclodir, em 1337, a chamada Guerra dos Cem Anos.

Inicialmente, os reis de Valois perderam muitas batalhas, e milhares de franceses morreram. Porém, a situação se reverteu, e vários territórios sob domínio inglês foram reconquistados pelos franceses. Contou a favor dos franceses o fato de organizarem um exército estável e profissional em vez de contratar mercenários.

Ao fim do conflito, em 1453, o rei francês Carlos VII, bisneto de Filipe de Valois, detinha o controle direto de mais territórios do que no início da guerra. Além disso, a nobreza encontrava-se enfraquecida pelos custos e pelas perdas na guerra. A burguesia, por sua vez, apoiou a centralização do poder visando aos benefícios políticos e econômicos dela decorrentes.

CENTRALIZAÇÃO E IGREJA

Entre os séculos XIII e XIV, os reis franceses haviam tomado medidas voltadas à centralização da administração, à cobrança de tributos e à aplicação da justiça. Além disso, passaram a taxar as propriedades da Igreja católica, originando um confronto bélico com o papa; nesse embate, a vitória coube à França. Entre 1309 e 1377, todos os papas eleitos eram franceses, e a cidade de Avignon, no interior do reino, tornou-se sede do papado.

---

lei sálica: conjunto de regras tradicionais da época dos francos que, entre outras coisas, determinava que o trono poderia ser ocupado apenas por herdeiros homens. Na França, isso também excluía homens que tinham laços de sangue com o rei por ascendência feminina, como era o caso de Eduardo III.

régio: relativo ao monarca ou à realeza.

suserano: no feudalismo, aquele que possuía um feudo do qual outros feudos e pessoas dependiam.

▼ Iluminura de autor desconhecido, publicada no livro *As grandes crônicas da França*, século XIV. Eduardo III (ajoelhado) homenageia Filipe de Valois (em pé). A disputa entre eles pelo trono francês desencadeou a Guerra dos Cem Anos.

ATIVIDADES

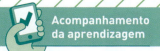
Acompanhamento da aprendizagem

Retomar e compreender

1. Explique a relação entre o enriquecimento da burguesia e o fortalecimento do poder dos reis na Europa Ocidental.

2. Que eventos possibilitaram a formação da Espanha?

3. Destaque uma característica da formação do Estado moderno inglês que a diferencia da composição dos demais Estados estudados neste capítulo.

4. Com base no que você estudou neste capítulo, escreva dois parágrafos: um sobre as características de um Estado moderno e o outro sobre as semelhanças e diferenças entre um Estado moderno e o Estado brasileiro atual.

Aplicar

5. Leia o refrão de uma canção tradicional portuguesa feita para homenagear Nossa Senhora do Almurtão, uma imagem encontrada no século XII em Portugal. Em seguida, responda: A que episódio da história portuguesa esses versos se referem? Justifique sua resposta.

> **Senhora do Almurtão**
>
> Senhora do Almurtão
> minha tão linda arraiana!
> Virai costas a Castela,
> não queirais ser castelhana.
>
> Tuna Acadêmica Universidade de Évora. Disponível em: http://www.taue.uevora.pt/files/TAUE_Cabulae_Tunae.pdf. Acesso em: 18 maio 2023.

arraiana: que habita a fronteira ou vive perto dela.

6. Observe a imagem de um objeto do século XI e responda às questões.

   a) Que processo histórico acontecia no Reino da Inglaterra quando essa moeda foi cunhada?

   b) Qual é a relação entre essa moeda e esse processo histórico?

   c) As moedas são objetos utilizados ainda hoje. A moeda que você analisou é feita de que metal?

   d) As moedas usadas no Brasil atual também são feitas desse material? E como é o processo de cunhagem das moedas? Em interdisciplinaridade com Ciências, busque essas informações e depois compartilhe-as com a turma.

▲ Moeda de prata cunhada durante o reinado de Guilherme, o Conquistador, século XI. Em uma das faces da moeda, vê-se o rosto do próprio rei.

7. Construa uma linha do tempo sobre o processo de formação dos quatro Estados modernos abordados neste capítulo.

CAPÍTULO 2
A ASCENSÃO DO ESTADO ABSOLUTISTA

PARA COMEÇAR

Entre os séculos XVI e XVIII, nos agora países onde houve fortalecimento do poder dos reis, a centralização política se intensificou. Isso permitiu o surgimento das chamadas monarquias absolutistas. Você imagina por que essas monarquias receberam esse nome?

monarquia nacional: reino unificado sob a liderança de um monarca e organizado como Estado-nação.

▼ Vista frontal do Palácio de Versalhes, na França. Essa construção é um dos maiores símbolos do absolutismo francês. Ela foi projetada para abrigar a corte de Luís XIV. Foto de 2021.

AS MONARQUIAS NACIONAIS NO SÉCULO XVI

Quatro fortes monarquias nacionais estavam estabelecidas na Europa Ocidental no século XVI: Portugal, Espanha, França e Inglaterra. Nos séculos anteriores, sucessivos reis conquistaram territórios para essas nações por intermédio de guerras ou de casamentos. Nesse processo, formaram exércitos permanentes sob seu comando e conseguiram diminuir o poder dos nobres sobre as terras que estes possuíam.

A unificação de territórios, tributos, leis, moedas e sistemas de medida no interior de cada Estado favoreceu ainda mais a produção de bens e o comércio nas cidades. Cada vez mais rica, a burguesia manteve seu apoio à expansão territorial conduzida pelos monarcas. Embora tivessem cada vez menos controle sobre a ação de tropas e a aplicação de leis em suas terras, os nobres mantiveram os privilégios garantidos por nascimento.

Diferentemente do que haviam feito as cidades da península Itálica, que enriqueceram por meio do comércio com o Oriente, essas monarquias nacionais voltaram-se para o oceano Atlântico em busca de novas rotas comerciais, metais preciosos e territórios onde pudessem estabelecer colônias.

DISPUTAS RELIGIOSAS E SOBERANIA NACIONAL

Ao longo do século XVI, a dinâmica entre o poder da Igreja católica e o dos reis foi transformada. A consolidação dos Estados modernos, aliada às reformas protestantes, limitou o poder do papa em muitas regiões da Europa Ocidental. Em países como a Inglaterra, por exemplo, houve um rompimento não só com o papa, mas com toda a instituição católica.

Como vimos anteriormente, Espanha e Portugal mantiveram-se católicos. O Estado, no entanto, assumiu o controle das instituições religiosas e manteve os órgãos de repressão e de perseguição. Assim, embora a Igreja continuasse influente nesses países, o poder era exercido pelos monarcas.

Na França, os protestantes foram, de início, duramente perseguidos por grupos católicos. Com a morte de Henrique III, em 1589, seu sucessor legítimo seria Henrique de Bourbon, um huguenote. Para assumir o trono e acabar com os conflitos, em 1594, Henrique de Bourbon converteu-se ao catolicismo e foi coroado rei da França. Com o nome de Henrique IV, retomou o controle político do país e publicou, em 1598, o **Édito de Nantes**, que garantiu tolerância religiosa aos protestantes.

Entre 1568 e 1648, sete províncias protestantes dos Países Baixos lutaram contra a Espanha católica pela independência. Também em 1648 se encerrou a **Guerra dos Trinta Anos**, conflito iniciado entre príncipes católicos e protestantes no interior do Sacro Império Romano-Germânico. O **Tratado de Vestfália**, assinado no final dessa guerra, não apenas permitiu a liberdade de culto nos países envolvidos, como estabeleceu o conceito de soberania nacional, garantindo aos Estados autoridade exclusiva sobre seus territórios. Isso limitou a interferência da Igreja católica e de outras instituições religiosas nos assuntos de governo.

> **A NOITE DE SÃO BARTOLOMEU**
>
> Em 1572, milhares de huguenotes foram assassinados em Paris no chamado **Massacre da Noite de São Bartolomeu**. Quatro anos depois, um grupo de nobres franceses formou a Liga Católica para perseguir os protestantes. Com apoio da Espanha, a Liga entrou em choque com o próprio rei e conspirou contra ele. Após a assinatura do Tratado de Vestfália, essa aliança católica foi perdendo importância.

huguenote: protestante francês, seguidor do calvinismo.

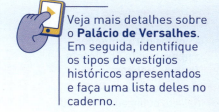

Veja mais detalhes sobre o **Palácio de Versalhes**. Em seguida, identifique os tipos de vestígios históricos apresentados e faça uma lista deles no caderno.

Hayk_Shalunts/Shutterstock/ID/BR

83

CIDADANIA GLOBAL

O DIREITO À IGUALDADE

Mesmo com a ascensão da burguesia, as sociedades europeias dos séculos XVI e XVII ainda eram organizadas de forma rígida, em que apenas algumas camadas tinham direitos e privilégios, os quais eram vedados aos demais membros da população.

Por outro lado, no Brasil atual, a **igualdade** entre os cidadãos é assegurada por lei. De acordo com a Constituição de 1988, todos os cidadãos devem ser considerados iguais e ter acesso aos mesmos direitos.

1. O que é igualdade?
2. O regime democrático estabelecido na atual Constituição Federal brasileira afirma que todos os indivíduos são iguais perante a lei. Em sua opinião, isso acontece na prática? Por quê?

PARA EXPLORAR

4 pontos para entender o pensamento do filósofo Thomas Hobbes
Nesta matéria da Revista *Galileu*, publicada em 2020, você pode aprofundar seus conhecimentos sobre as ideias de Hobbes. Disponível em: https://revistagalileu.globo.com/Sociedade/Politica/noticia/2020/12/4-pontos-para-entender-o-pensamento-do-filosofo-thomas-hobbes.html. Acesso em: 18 maio 2023.

TEORIAS EM DEFESA DO ABSOLUTISMO

Em sintonia com a mentalidade da época, alguns pensadores europeus dos séculos XVI e XVII elaboraram teorias que buscavam legitimar a concentração do poder no rei. Essa forma de governo forte e centralizada na figura do monarca ficou conhecida como absolutismo e manifestou características específicas em cada lugar onde ocorreu.

A base teórica do absolutismo é, muitas vezes, creditada ao filósofo inglês Thomas Hobbes (1588-1679). Suas ideias foram divulgadas, principalmente, em seu livro *Leviatã*, publicado em 1651. Segundo ele, o egoísmo natural dos seres humanos os faria lutar uns contra os outros. Para evitar isso, deveria ser firmado um **contrato social** no qual os indivíduos abririam mão da própria liberdade em troca da segurança garantida pelo Estado, personificado na figura do rei. Portanto, de acordo com Hobbes, a submissão dos indivíduos a um poder centralizado era necessária para garantir a paz e o bem-estar de todos.

Já o bispo católico Jacques-Bénigne Bossuet (1624-1704), membro da corte real francesa, defendia a doutrina do **direito divino dos reis**. Segundo essa doutrina, os reis e sua linhagem haviam sido escolhidos conforme a vontade de Deus e, portanto, detinham o direito de reinar sobre seus súditos de forma absoluta e incontestável. Assim, contestar a vontade do rei seria o mesmo que contestar a vontade de Deus. Bossuet ainda argumentava que a Igreja devia submeter-se ao rei e que o poder régio era justo, pois o monarca, agindo sob a proteção divina, estaria livre de cometer erros. Com base nessa doutrina, o monarca Luís XIV conduziu o período no qual o governo da França se mostrou mais centralizado.

Detalhe do frontispício (página inicial) da primeira edição de *Leviatã*, de Thomas Hobbes, publicada em 1651. Nessa imagem, o monarca é retratado como a personificação do Estado, tendo em suas mãos a espada, símbolo do poderio militar, e o cetro, símbolo da soberania. A cabeça coroada coordena e lidera o corpo, formado por seus súditos.

ECONOMIA E SOCIEDADE NO ABSOLUTISMO FRANCÊS

Em seu reinado, que durou 72 anos (1643-1715), Luís XIV buscou apresentar-se como alguém superior aos outros seres humanos, mesmo aos nobres. Cercou-se de luxo e financiou uma arte que glorificava a realeza e, principalmente, a própria imagem. Era, por isso, chamado de **Rei Sol**, o astro que ilumina o Sistema Solar e ao redor do qual orbitam os outros corpos celestes desse sistema.

A construção dessa imagem foi essencial para a consolidação do absolutismo na França, pois validava a figura do monarca como um ser elevado, mais próximo de Deus, como expresso na doutrina do direito divino dos reis.

Para manter o apoio da nobreza, Luís XIV promovia desde a distribuição de pensões e de presentes até a oferta de convites para residir com ele na corte. Ele mandou construir o palácio de Versalhes, nas proximidades de Paris, no qual se vivia um dia a dia de luxo, festas e cerimônias em que todos se dedicavam a atender o próprio rei. Com isso, os nobres começaram a disputar a proximidade e a atenção do monarca.

Como a nobreza era poupada de pagar impostos, essa rotina de privilégios e de ostentação foi sustentada pelos plebeus: burgueses, artesãos e camponeses. Quanto mais o monarca gastava em sua corte e nas guerras que empreendia, mais era necessário aumentar os impostos, o que agravava a precariedade das condições de vida dos mais pobres. Nesse período, a burguesia, representada pelos grandes comerciantes e proprietários de manufaturas, continuava apoiando o rei, pois este havia escolhido alguns dos burgueses para ocupar altos cargos do governo.

O Estado investiu fortemente em estradas, navios e portos para favorecer a comercialização dos produtos franceses. A gestão da economia ficou sob o comando do burguês Jean-Baptiste Colbert, que adotou diversas medidas para estimular a criação de manufaturas, a produção de armas e de bens de luxo e a exportação desses itens.

> ## PODER QUASE ABSOLUTO
> Ao contrário do que se pode supor pelo uso da expressão "absolutista", o poder dos monarcas dos séculos XVI e XVII não era absoluto, isto é, não era ilimitado.
>
> Mesmo no caso da França, onde houve maior centralização de poder nos reis, o poder régio era, muitas vezes, limitado pela ação de ministros e parlamentares, quando não pelos costumes vigentes na época ou até mesmo por tradições religiosas, embora não estivesse subordinado à Igreja como instituição religiosa.

manufatura: oficina em que bens eram produzidos em série mediante trabalho humano e uso de máquinas simples.

Jean Nocret. *Retrato mitológico da família de Luís XIV*, 1670. Óleo sobre tela. Nesta pintura, o monarca francês (à direita, trajando vestes douradas) é representado como o deus Apolo, da mitologia grega. Os demais membros de sua família também são representados como deusas e deuses dessa mitologia. Não raramente, o monarca encomendava pinturas que o retratassem de forma poderosa e divinizada.

AS BASES DO MERCANTILISMO

Para garantir a manutenção e a ampliação das riquezas do Estado, as recém-consolidadas monarquias nacionais adotaram ideias e práticas econômicas que, posteriormente, foram chamadas de mercantilismo pelos economistas do século XVIII. Essas ideias e práticas que vigoraram na Europa Ocidental entre os séculos XV e XVIII diferiam de monarquia para monarquia, mas apresentavam algumas características semelhantes, como o metalismo, a balança comercial favorável, o protecionismo e o colonialismo.

Chama-se **metalismo** ao sistema que visa ao acúmulo de metais preciosos, como ouro e prata. Devido à possibilidade de extração de tais metais em suas colônias ultramarinas, a Espanha teve no metalismo uma de suas características econômicas mais fortes nesse período. O principal destino desses materiais era o custeio de exércitos, navios de guerra, navios mercantes, bem como alimentos e outros produtos do Oriente e das Américas, além de serem usados para a manutenção das cortes.

O acúmulo de riquezas também pressupõe um saldo de exportações maior que o de importações, ou seja, uma **balança comercial favorável**. Como o ouro e a prata eram aceitos em todo o continente europeu e serviam para pagar qualquer tipo de mercadoria ou serviço, uma balança comercial favorável representava maior acumulação de riquezas nacionais.

Para manter a balança comercial favorável, as monarquias estimulavam a produção manufatureira e o comércio nacional e dificultavam, geralmente com a taxação de impostos, a aquisição de produtos estrangeiros. Essa medida ficou conhecida como **protecionismo** e era muito praticada pelas monarquias francesa e inglesa.

O **colonialismo**, por sua vez, estabelecia uma relação de dependência e controle político e econômico entre colônias e metrópoles. Além de terem seus recursos e sua população explorados, as colônias eram obrigadas a comerciar exclusivamente com as respectivas metrópoles.

ultramarino: situado em regiões além-mar. No contexto histórico em estudo, refere-se às colônias estabelecidas na América.

▼ Escola Inglesa. *Chegada a Jamestown*, século XVII. Litogravura colorida. Jamestown foi o primeiro assentamento britânico estabelecido no continente americano, em 1607, na colônia de Virgínia.

A BURGUESIA ENRIQUECIDA

O mercantilismo foi marcado por uma forte intervenção do Estado (as monarquias nacionais, nesse caso) na economia. O acúmulo de riquezas propiciou o fortalecimento dos reinos e das burguesias europeias. Essas ideias e práticas transformaram significativamente a economia e, ao mesmo tempo, a sociedade europeia da época. Desse modo, a ampliação do comércio, o crescimento da população urbana e a consolidação da burguesia como importante sujeito do Estado permitiram que não somente as monarquias acumulassem riquezas, mas também as burguesias.

Desde o século XI, as burguesias vinham enriquecendo graças às atividades comerciais e às demais transações financeiras. Com o acúmulo de riquezas, os burgueses puderam adquirir os instrumentos e as instalações necessários para a produção de mercadorias, como terras, oficinas, matérias-primas e ferramentas. Até então, tanto os instrumentos e as instalações quanto o produto final pertenciam aos artesãos.

Ao tomar posse dessas estruturas, os burgueses passaram a controlar as manufaturas e também tornaram-se detentores do produto final. Gradativamente, os artesãos se transformaram em trabalhadores a serviço dos burgueses. O preço do que produziam era estabelecido pelos donos do negócio, e o lucro do trabalho dos artesãos também ficava com os burgueses. Com o tempo, essa prática mostrou-se bastante vantajosa para a burguesia, pois permitia pagar o mínimo possível aos artesãos e cobrar o máximo possível na venda dos produtos. Esse processo gerou o acúmulo cada vez maior de riquezas e, assim, proporcionou a transformação do mercantilismo, ao longo do tempo, no sistema econômico que conhecemos como **capitalismo**.

▼ Ludovico Buti. Manufatura de pólvora em detalhe de pintura feita na abóbada do Palácio Uffizi, em Florença, Itália, século XVI. Óleo sobre têmpera com toques de ouro. Na produção em manufaturas, o bem produzido pertence aos burgueses.

A INGLATERRA ABSOLUTISTA

Na Inglaterra, o absolutismo teve seu momento mais expressivo durante o reinado de Elizabeth I (1533-1603). Filha do segundo casamento de Henrique VIII, ela levou o país a uma grande expansão comercial e marítima. Elizabeth I consolidou a Igreja anglicana depois que sua antecessora no trono, sua meia-irmã Maria I, tentou restaurar o catolicismo no país.

Henrique VIII já havia intensificado a concentração do poder e da riqueza ao romper com a Igreja católica, confiscar suas terras e vendê-las a burgueses e nobres, a fim de fortalecer os cofres reais e neutralizar a influência eclesiástica. Para expandir ainda mais a riqueza do reino, Elizabeth I adotou diversas medidas mercantilistas.

Em primeiro lugar, investiu na expansão da frota de guerra e concedeu benefícios à indústria naval para que fossem produzidos mais navios mercantes. Além disso, elevou os impostos sobre itens importados e diminuiu os que incidiam sobre os produtos manufaturados ingleses, de modo que o país registrasse mais exportações que importações.

Por fim, a rainha voltou-se à exploração das riquezas da América de duas maneiras: financiando a ação de piratas e corsários contra navios de outras nações e concedendo permissão para o estabelecimento de colônias. Os piratas e corsários ingleses atacavam principalmente navios espanhóis que se encaminhavam à Europa carregados de ouro e prata. Alguns corsários foram tão bem-sucedidos na atividade que receberam títulos de reconhecimento. Já o esforço colonial inglês se iniciou na região hoje conhecida como Virgínia, nos Estados Unidos.

▲ Isaac Oliver. *Retrato de Elizabeth I*, cerca de 1600. Óleo sobre painel.

corsário: aquele que detinha uma carta de corso, isto é, a permissão do Estado para navegar livremente e atacar navios inimigos.

navio mercante: embarcação destinada principalmente ao transporte de mercadorias a ser comercializadas.

Fachada da Igreja do Colegiado de São Pedro em Westminster, também conhecida como abadia de Westminster, em Londres, Inglaterra. Construída inicialmente como Igreja católica, a abadia de Westminster foi convertida em Igreja anglicana no século XI, durante o governo de Elizabeth I, deixando de submeter-se à autoridade do papa e passando a responder à monarquia inglesa. A conversão da abadia é considerada um dos marcos da consolidação da Igreja anglicana na Inglaterra. Foto de 2021.

ATIVIDADES

Acompanhamento da aprendizagem

Retomar e compreender

1. O que é monarquia absolutista? Cite um exemplo desse tipo de monarquia.

2. O que defendiam os teóricos do absolutismo? Dê dois exemplos de autores dessa linha e apresente uma ideia de cada um.

Aplicar

3. Por que Luís XIV era chamado de Rei Sol? Como esse título se relaciona à doutrina do direito divino dos reis?

4. A imagem desta atividade representa o rei da França Henrique IV entre duas figuras femininas: uma simboliza a paz (à esquerda) e a outra representa a religião (à direita). A religião apoia sobre o colo o texto do Édito de Nantes. Analise a imagem e responda às questões.

▲ Autor desconhecido. *Henrique IV apoiando-se na religião para dar a paz à França*, século XVI. Óleo sobre madeira.

a) Como a paz se coloca em relação ao rei?
b) Como o rei se coloca em relação à religião?
c) De acordo com o que você estudou, que evento histórico pode ter inspirado o artista na criação dessa pintura?
d) Que mensagem é construída pela composição dessa pintura?

5. O texto desta atividade é um fragmento da obra *Leviatã*, de Thomas Hobbes, no qual esse autor define o que seria a essência do Estado moderno. Leia-o e faça o que se pede.

> [...] Uma pessoa instituída, pelos atos de uma grande multidão, mediante pactos recíprocos uns com os outros, como autora, de modo a poder usar a força e os meios de todos, da maneira que achar conveniente, para assegurar a paz e a defesa comum. O titular dessa pessoa chama-se soberano, e se diz que possui poder soberano. Todos os restantes são súditos.
>
> Thomas Hobbes. *Leviatã* – ou a matéria, forma e poder de um Estado eclesiástico e civil. São Paulo: Ícone, 2000. p. 126.

a) Identifique onde estaria a essência do Estado, segundo Thomas Hobbes. Anote suas conclusões no caderno.
b) Como Hobbes define soberano e súdito?

6. Leia com atenção o texto desta atividade e responda às questões.

> [...] Defende o acúmulo de divisas em metais preciosos pelo Estado por meio de um comércio exterior de caráter protecionista. Alguns princípios básicos [...] são: 1) o Estado deve incrementar o bem-estar nacional, ainda que em detrimento de seus vizinhos e colônias; 2) a riqueza da economia nacional depende do aumento da população e do incremento do volume de metais preciosos no país; 3) o comércio exterior deve ser estimulado, pois é por meio de uma balança comercial favorável que se aumenta o estoque de metais preciosos; 4) o comércio e a indústria são mais importantes para a economia nacional que a agricultura. [...]
>
> Paulo Sandroni. *Dicionário de economia do século XXI*. Rio de Janeiro: Record, 2007. p. 534.

a) Que nome se dá ao conjunto de práticas econômicas descrito no texto?
b) Resuma os quatro princípios básicos desse conjunto de práticas econômicas.
c) Em dupla, redijam um texto breve, de aproximadamente um parágrafo, sobre a relação entre o fortalecimento do Estado absolutista e a implantação dessas práticas econômicas. Ao final, apresentem suas conclusões aos colegas.

ARQUIVO VIVO

A teoria de Bossuet e as representações de Luís XIV

preceptor: espécie de professor ou de tutor que acompanhava a educação das crianças da realeza.

Jacques-Bénigne Bossuet foi um dos maiores teóricos e defensores do absolutismo na Europa durante a segunda metade do século XVII. Foi preceptor do filho mais velho de Luís XIV, Luís, duque de Borgonha, o Grande Delfim. Em sua concepção, o rei, como representante divino na Terra, deveria agir da mesma forma que Deus. Isso significava que, na busca pelo bem coletivo, o rei poderia usar sua autoridade para punir aqueles que tentassem desobedecer a ordem estabelecida. Para Bossuet, o monarca, como um bom cristão, deveria sempre dar o exemplo e cumprir as obrigações religiosas, para que seus súditos fizessem o mesmo.

Luís XIV foi um dos maiores beneficiários das teorias desenvolvidas por Bossuet e mostrou grande preocupação com a própria imagem e com o modo como ela era recebida pela população. A construção da imagem do rei era também uma forma de simbolizar seu poder, que, naquele momento histórico, era quase absoluto. Alguns historiadores dizem que o monarca foi um dos pioneiros a utilizar propaganda política para assegurar seu poder.

O texto do historiador Peter Burke comenta a preservação da imagem de Luís XIV como meio de garantir seu reinado.

Seria útil olhar Luís como alguém que representava a si mesmo, no sentido de que desempenhava conscientemente o papel de um rei. Sua consciência de si mesmo, e também a diferença entre as regiões de fachada e de fundo na corte, podem ser ilustradas a partir das memórias de um italiano que visitou a corte na década de 1670. "Na intimidade" [...] — em outras palavras, em sua alcova, cercado por um pequeno grupo de cortesãos –, Luís abandonava a gravidade; se a porta se abrisse, porém, "ele compunha imediatamente sua atitude e assumia outra expressão facial, como se fosse se exibir num palco" [...].

Luís tomava também o lugar de Deus, como foi assinalado pelo pregador da corte Jacques-Bénigne Bossuet e outros teóricos políticos. Os soberanos eram "imagens vivas" [...] de Deus, "os representantes da majestade divina" [...].

Poderíamos dizer também que Luís representava o Estado. Segundo um obscuro autor político da época, um rei era "aquele que representa toda a sociedade" [...]. Evidentemente, Luís é notório pelo epigrama que lhe foi atribuído: "O Estado sou eu" [...]. Se não disse isso, pelo menos permitiu a seus secretários escrever em seu nome: "Quando se tem em vista o Estado, trabalha-se por si mesmo" [...]. Amigos e inimigos do regime concordavam com essa identificação. Bossuet declarou que "todo o Estado está nele" [...], enquanto um panfleto protestante queixava: "O rei tomou o lugar do Estado" [...].

alcova: aposento particular, geralmente anexo a um quarto ou uma sala menos privada.

epigrama: dito engenhoso ou satírico.

No entanto, representar o Estado não é o mesmo que ser identificado com ele. Bossuet lembrou ao rei que ele morreria, ao passo que seu Estado deveria ser imortal, e, ao que se conta, Luís falou em seu leito de morte: "Vou partir, mas o Estado permanecerá depois de mim" [...]. Não se deve tomar o famoso epigrama demasiado literalmente.

Peter Burke. *A fabricação do rei*: a construção da imagem pública de Luís XIV. 2. ed. Rio de Janeiro: Zahar, 2009. p. 21.

A imagem construída de Luís XIV

O rei Luís XIV contratou diversos profissionais para disseminar e sacralizar sua imagem. Havia escritores, pintores, escultores, poetas, cientistas, alfaiates e até historiadores. Dessa forma, seu reinado foi um período em que as artes estiveram voltadas para retratar o monarca e sua corte.

Um dos mais famosos retratos de Luís XIV data de 1701 e o representa na sala do trono, com sua vestimenta oficial, no palácio de Versalhes, em Paris. O quadro é grandioso: mede 2,77 metros de altura por 1,94 metro de largura.

Alguns historiadores relatam que, quando o rei não podia comparecer a algum compromisso, era substituído por um retrato seu, ao qual todos deveriam reverenciar. Era obrigação dos súditos que passassem por uma imagem do rei tirar o chapéu e jamais lhe dar as costas.

Os trabalhos que visavam promover a imagem do monarca – especialmente as pinturas – demonstravam o luxo e a riqueza da corte e destacavam a grandeza e a bravura do rei. A expressão facial era quase sempre retratada de duas formas: indicando coragem, como um grande guerreiro, ou com um ar sereno e olhar superior.

François Hyacinthe Rigaud. *Retrato de Luís XIV, rei da França*, 1701. Óleo sobre tela. Atualmente, essa obra está exposta no Museu do Louvre, em Paris, França.

Organizar ideias

1. Como o monarca foi retratado nessa imagem?
2. Descreva a expressão facial do rei representada nesse retrato.
3. Esse retrato de Luís XIV mede quase 3 metros de altura. Qual teria sido o objetivo do rei ao encomendar um quadro tão grande?
4. Em sua opinião, esse quadro de Luís XIV cumpre a função de retratar um monarca como um ser superior aos demais?

ATIVIDADES INTEGRADAS

Retomar e compreender

1. Como os processos ocorridos na Europa durante o início do período conhecido como Idade Moderna contribuíram para a consolidação dos Estados modernos?

2. Explique a política do mercantilismo adotada pelas monarquias europeias durante o período moderno.

3. Por que as monarquias nacionais voltaram sua atenção para o oceano Atlântico?

4. Entre os séculos XVI e XVIII, as monarquias nacionais adotaram um conjunto de ideias e práticas econômicas visando garantir e ampliar as riquezas do Estado.

   a) Quais nomes foram atribuídos pelos economistas, a partir do século XVIII, às principais ideias e práticas desse conjunto?

   b) Como essas ideias e práticas transformaram a economia e a sociedade europeia?

Aplicar

5. O texto desta atividade trata das consequências de uma decisão tomada pelo papa em 1570. Leia-o e, em seguida, responda às questões.

> Durante séculos, [...] gerações de papas tinham confirmado a ilegalidade do comércio cristão com o Império do Oriente, banindo a venda de qualquer material que pudesse ser usado pelos "infiéis" para promover uma agressão anticristã. [...] sucessivas legislações ameaçavam de excomunhão quem exportasse munições ou gêneros alimentícios para os inimigos da Igreja. Desde que o papa resolvera declarar Elizabeth uma herege ilegítima, parecia não mais haver qualquer boa razão para reconhecer a autoridade de Roma nessa questão, e os comerciantes ingleses se viram liberados para aproveitar o vasto mercado otomano. A conquista [pelos otomanos] de Chipre e a derrota naval [deles] em Lepanto tinham criado uma necessidade de armamentos superior à capacidade do mercado otomano nativo,

e assim, num gesto de maravilhoso desafio, os comerciantes de Elizabeth se dispuseram a transformar a sucata deixada pela Reforma – o metal dos sinos, a estatuária quebrada e até o chumbo de edifícios eclesiásticos desmantelados – novamente em ouro.

> Lisa Hilton. *Elizabeth I*: uma biografia. Rio de Janeiro: Zahar, 2016. p. 174-175.

a) A qual forma de governo Elizabeth I estava alinhada? E por que essa governante havia sido declarada herege pelo papa?

b) O que o texto quer dizer com "a sucata deixada pela Reforma"?

c) Explique a relação entre os eventos relatados nesse texto e a política econômica adotada por Elizabeth I.

6. O texto a seguir comenta dois processos históricos que ocorreram na península Ibérica no século XIII. Leia-o com atenção.

> As representações do poder real seriam expressões de uma ideologia cuja finalidade era a de garantir a ação do governante sobre sua população. Para isso, ela produziria "deformações da realidade" a fim de tornar aquilo que era duvidoso – a autoridade do rei – em algo inquestionável. [...]
>
> Em nosso caso, a monarquia de Castela desenvolveu um complexo enunciado discursivo contendo uma ideologia própria. Este discurso [...] fomentava a ideia de que os soberanos daquele reino eram detentores de uma autoridade excepcional, poder este que – ao menos em teoria – se sobrepunha ao das demais cabeças coroadas da península Ibérica. Esta pretensa hegemonia, além de legitimar as próprias ambições da monarquia, também procurava minar a autoridade de seus rivais [...].

> Almir Marques de Souza Junior. Ideologia e hegemonia monárquica na península Ibérica do século XIII. Em: XIV Encontro Regional da ANPUH-Rio: Memória e Patrimônio, 2010, Rio de Janeiro. *Anais* [...]. Rio de Janeiro: Unirio, 2010. p. 4.

a) A quais processos históricos o texto se refere? Liste-os no caderno.
b) Comente com os colegas como esses dois processos se relacionam.

Analisar e verificar

7. Observe a imagem a seguir e, depois, responda às questões.

▲ Rainha Elizabeth II (1926-2022) durante cerimônia do Parlamento em Londres, Inglaterra. Foto de 2019.

a) O nome da monarca retratada na fotografia faz alusão a outra governante inglesa considerada essencial para a formação do Estado britânico. Identifique essa governante e escreva um parágrafo sobre as principais características do reinado dela.
b) Quais continuidades históricas podem ser identificadas na fotografia?

8. **SABER SER** Ao longo da unidade, você estudou que Luís XIV patrocinou artistas e pensadores. Atualmente, de que modo as ações de incentivo do governo brasileiro às artes, à cultura e às ciências impactam sua vida e seus sonhos profissionais?

Criar

9. Leia o texto que comenta um importante livro do historiador Peter Burke, *A fabricação do rei*.

> [...] Burke [mostra] como os monarcas foram os inventores do "*marketing* político" [...]. No centro de sua análise está a noção de estratégia, na qual a propaganda surge como meio de assegurar a submissão ou o assentimento a um poder. Com esse monarca a glória, a vitória, o prestígio e a grandeza transformam-se em imagens suficientemente fortes para garantir a estabilidade do reino e imaginar sua permanência futura. É por isso mesmo que Burke [...] procura o "mito" que envolve o rei e não tanto sua "realidade", privilegia a imagem em detrimento do homem. O resultado é um Luís XIV envolto por biógrafos, artistas, artesãos, alfaiates, escultores, cientistas, poetas, escritores e historiadores; todos unidos em torno de um só propósito: fazer do rei um exemplo, um símbolo público da glória; uma representação fiel de Deus na terra.
>
> Lilia K. Moritz Schwarcz; Peter Burke. A fabricação do rei: a construção da imagem pública de Luís XIV (resenha). *Revista de Antropologia*, Universidade de São Paulo, v. 43, n. 1, p. 258, 2000.

- Selecione uma pessoa atuante na política atualmente e pesquise textos e imagens relacionados a ela e que tenham sido produzidos pelo partido ao qual ela pertence.
- Em seguida, crie cartazes com essas imagens e textos dentificando o modo como essa pessoa é mostrada.
- Em grupo, façam uma análise das representações dessas pessoas. Para isso, notem os adjetivos atribuídos a elas e observem as ações nas quais são apresentadas.

CIDADANIA GLOBAL

UNIDADE 3

10 REDUÇÃO DAS DESIGUALDADES

Retomando o tema

Você aprendeu nesta unidade que as desigualdades sociais originadas no mundo feudal foram mantidas no Estado absolutista, que se desenvolveu no início da Idade Moderna.

Embora a sociedade brasileira não seja dividida em estamentos, como no mundo feudal, e o Brasil não seja uma monarquia absolutista, nosso país é um dos mais desiguais do mundo. Esse desequilíbrio pode ser observado nos privilégios que geram, por exemplo, a diferença de renda entre ricos e pobres, o contraste entre as condições sociais de pessoas brancas e não brancas e a discrepância do acesso às esferas de poder entre homens e mulheres.

1. Que distinção há entre **desigualdade social** e **diferença**?
2. Imagine que você seja um parlamentar e vai elaborar um projeto de lei para reduzir as desigualdades no Brasil. Que ações você incluiria em seu projeto?

discrepância: diferença, divergência.

Geração da mudança

- Você e os colegas vão formar uma comissão – tal qual uma comissão de deputados – para debater as medidas necessárias para a redução das desigualdades no Brasil. Para isso, escolham um tipo de desigualdade para discutir: socioeconômica (entre ricos e pobres); racial (entre pessoas brancas e não brancas); e de gênero (entre homens e mulheres).

- Busquem informações sobre o tipo de desigualdade escolhido, como dados atualizados sobre a temática na região onde moram. Depois discutam sobre as possibilidades de ação do governo para combater essa desigualdade.

- Elaborem um documento que apresente as propostas de vocês. Ele precisa conter uma parte preliminar (com título que identifique o tema e a data do documento, além de um breve texto sobre os motivos que levaram à sua elaboração); uma parte propositiva que apresente cada proposta de ação debatida; e a parte final, com os prazos para o início e a finalização da proposta. O documento deverá ser assinado por todos os participantes.

Autoavaliação

94

POVOS DO CONTINENTE AMERICANO

UNIDADE 4

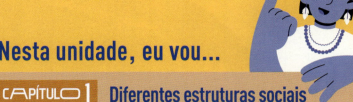

PRIMEIRAS IDEIAS

1. Quando começou a história da América e quem foram as primeiras personagens dessa história?
2. É possível dizer que todos os indígenas americanos eram iguais e partilhavam da mesma cultura?
3. De quais povos nativos da América você já ouviu falar? Compartilhe com os colegas as informações que você tem sobre eles.
4. Quais saberes e tecnologias os povos nativos da América desenvolveram ao longo de sua história?

Conhecimentos prévios

Nesta unidade, eu vou...

CAPÍTULO 1 — Diferentes estruturas sociais

- refletir sobre a existência de diferentes tipos de organização política e social.
- identificar as características e as formas de organização dos povos americanos antes da chegada dos europeus.
- observar a importância dos vestígios arqueológicos para o estudo das sociedades originárias da América.
- identificar a pluralidade de povos e de estruturas sociais distribuídos pela Mesoamérica, Andes e atual Brasil e participar do diálogo sobre essa diversidade.

CAPÍTULO 2 — Técnicas e tecnologias

- identificar as técnicas e as tecnologias desenvolvidas pelos povos originários da América.
- problematizar os conceitos de **modernidade** e de **tecnologia** com o intuito de desconstruir ideias que, de alguma forma, criem hierarquias entre os povos.
- compreender as lógicas que fundamentam diferentes conhecimentos produzidos pelos povos antigos da América.

CAPÍTULO 3 — Jeitos de pensar: as cosmogonias

- descrever alguns mitos indígenas.
- identificar a pluralidade religiosa.
- dialogar sobre a diversidade cultural dos povos nativos.

CIDADANIA GLOBAL

- reconhecer os impactos da agricultura nas transformações climáticas.
- identificar estratégias agrícolas sustentáveis, baseadas em técnicas e tecnologias indígenas.
- aprofundar meus conhecimentos sobre práticas agrícolas menos agressivas ao meio ambiente.

LEITURA DA IMAGEM

1. A imagem mostra qual etapa da produção de cerâmica macuxi?
2. Pela observação desta fotografia, é possível inferir que os Macuxi manipulam quais tipos de materiais?
3. Que outras tecnologias indígenas você conhece? Elas foram desenvolvidas por quais povos?

CIDADANIA GLOBAL

Quando os seres humanos produzem algo, geram-se resíduos, ou seja, substâncias que costumam ser descartadas. Uma das características das tecnologias indígenas é o cuidado para que os resíduos gerados durante a produção de algo possam ser adequadamente descartados e/ou reaproveitados. Sobre esse tema, levante hipóteses para responder às questões a seguir.

1. Quais são os resíduos gerados durante a produção retratada na imagem?
2. Por que é possível dizer que esses resíduos não são agressivos para o meio ambiente ou que o descarte deles é realizado de modo adequado?

 Uma das tecnologias desenvolvidas por diversos povos indígenas é o uso de **penas e plumas** para confeccionar elementos da vestimenta. Observe alguns objetos indígenas produzidos com base nesse tipo de material. Depois, comente com a turma qual ou quais deles mais chamaram sua atenção e os motivos para isso.

O povo Macuxi, que ocupa a Terra Indígena Raposa Serra do Sol, em Normandia (RR), desenvolveu, ao longo de séculos, técnicas específicas na produção de panelas de cerâmica. A imagem mostra uma etapa desse processo. Foto de 2021.

CAPÍTULO 1
DIFERENTES ESTRUTURAS SOCIAIS

PARA COMEÇAR

No mesmo período em que a Europa Ocidental começou a se organizar em Estados nacionais, os povos originários da América adotavam diferentes modelos de organização político-administrativa. Você conhece alguma forma de organização existente na América nesse período?

PENSANDO EM CATEGORIAS...

Grandes diferenças sociais, políticas e culturais marcam os povos nativos do continente americano. Diferentes também são as análises e as interpretações sobre a organização e os modos de vida desses povos. Muitas vezes, elas procedem de narrativas e estudos feitos por pesquisadores não indígenas, que, ao olhar para o outro, se pautavam em valores próprios, buscando pontos de identificação. Esse movimento costuma ser natural quando observamos uma sociedade diferente daquela em que vivemos.

Durante muito tempo, porém, parte das ciências humanas estabeleceu hierarquias entre as sociedades enquanto as observava, como se houvesse sociedades "mais evoluídas" ou "menos evoluídas". As sociedades nômades ou seminômades, por exemplo, tornaram-se ainda mais incompreensíveis para esses pesquisadores. Essas perspectivas começaram a mudar com as transformações historiográficas iniciadas em 1930, quando os estudos das ciências humanas favoreceram as percepções de que o valor cultural de uma sociedade é inestimável.

Analisar a diversidade de povos, percebendo que não há culturas superiores ou inferiores, e sim diferentes, além de favorecer a compreensão das origens históricas das comunidades nativas de nosso continente, evita a criação e a difusão de estereótipos e preconceitos.

▼ Detalhe de afresco do Templo dos Guerreiros, na cidade maia de Chichén Itzá, retratando vilarejo costeiro, feito por volta de 270 d.C. Nos detalhes do afresco, é possível identificar um complexo sistema social, contradizendo a ideia de que as comunidades nativas da América seriam mais simples que as europeias.

OS POVOS DA MESOAMÉRICA

A Mesoamérica é uma das **regiões culturais** do continente americano que abrigam muitos sítios arqueológicos, os quais revelam uma multiplicidade de povos e de cidades que floresceram muito tempo antes do primeiro contato com os colonizadores europeus.

Os fósseis humanos mais antigos encontrados nessa região, no território onde hoje se localiza o México, indicam que há cerca de 13 mil anos existiam ali grupos de caçadores e coletores. Ao longo de milênios, sociedades se inter-relacionaram e se sucederam na região mesoamericana, desenvolvendo a agricultura e organizando-se em aldeias e cidades.

Vestígios urbanos e templos religiosos apontam para os **olmecas** como os primeiros povos da Mesoamérica a se organizar em estruturas políticas e sociais estratificadas, a partir de 1300 a.C. Se a presença de praças públicas atesta a organização do espaço realizada pelos olmecas, a existência de diversos altares e pirâmides na área habitada por esses povos indica a importância da religiosidade e do sacerdócio para a cultura local.

Além disso, a grande quantidade de estatuetas, joias e máscaras rituais permite levantar hipóteses sobre a especialização do trabalho nas sociedades olmecas, que deveriam contar com agricultores, artesãos, comerciantes, sacerdotes e outros ofícios. Possivelmente por meio de contatos comerciais e religiosos, o modo de vida olmeca influenciou a organização de povos que marcaram o período clássico da cultura mesoamericana, aproximadamente entre os anos 200 e 900 d.C. Entre os locais em que esses povos viviam destacam-se as cidades teotihuacanas, as zapotecas e as maias.

▲ *Reunião de chefes: oferenda de La Venta.* Esse conjunto de estatuetas feitas de jade entre 1000 e 300 a.C. foi encontrado no sítio arqueológico de La Venta, em Tabasco, no atual México, e evidencia as tecnologias escultóricas em rochas das sociedades mesoamericanas antigas.

estratificado: organizado em camadas; dividido em grupos hierárquicos.

Mesoamérica: região geográfica e cultural ocupada por sociedades nativas de alguns países da América Central e do México.

 Conheça o **calendário maia** e levante hipóteses sobre os conhecimentos científicos desenvolvidos pelos maias para criar essa tecnologia.

OS MAIAS

Os **maias** foram contemporâneos dos olmecas e, com o tempo, tornaram-se uma sociedade populosa organizada em diversos núcleos urbanos (veja a imagem que abre o capítulo). Esses núcleos eram povoados por milhares de habitantes, com grandes obras arquitetônicas, as quais datam o auge da sociedade maia dentre os séculos III e IX d.C., período em que esse povo ocupou áreas dos atuais México, Guatemala, El Salvador, Belize e Honduras.

A sociedade era dividida em dois estratos: as **pessoas comuns**, que se dedicavam à agricultura e aos serviços gerais, e as **elites**, compostas de sacerdotes, governantes e guerreiros. Estudos arqueológicos apontam como sinais de declínio dos maias a interrupção das construções monumentais e o abandono de diversas cidades.

CIDADANIA GLOBAL

TRANSFORMAÇÕES CLIMÁTICAS

Para vários pesquisadores, o declínio da sociedade maia, ocorrido entre os séculos IX e X, foi causado por uma seca extrema que se acirrou em diferentes territórios maias ao longo desse período.

1. As transformações climáticas podem ocorrer de modo natural ou ter como causa a ação dos seres humanos. Sobre esse tema, busque informações para responder às questões.

    a) Quais fatores naturais causam mudanças climáticas?

    b) Quais são as principais ações humanas que têm gerado mudanças climáticas globais?

2. Por que as mudanças climáticas globais causadas pelos seres humanos são maléficas? Quais são seus impactos sobre você e sua comunidade?

OS ASTECAS

Os astecas – ou **mexicas**, como se reconheciam – se estabeleceram em Tenochtitlán em 1325, quando a cidade era comandada pelos **tecpanecas**. Depois de anos de subordinação, os mexicas entraram em guerra contra os tecpanecas e, por volta de 1430, assumiram o controle de Tenochtitlán.

Entre os séculos XV e XVI, os sucessivos governantes astecas conquistaram diversos povos, entre os quais nomeavam governadores, que cobravam tributos e estimulavam o comércio. Esses governantes contavam com soldados para garantir seu poder e fazer prisioneiros de guerra, os quais podiam ser oferecidos em sacrifício a **Huitzilopochtli**, deus do Sol e da guerra.

Os astecas se organizavam em uma sociedade estratificada. A classe dos *macehualtin* era o grupo social que trabalhava na agricultura, pagava tributos, servia no Exército e realizava serviços para o Estado. Eles deviam obediência aos *pipiltin*, elite que governava, ocupava cargos administrativos e possuía terras. Existiam ainda os *tlatlacotin*, indivíduos em situação de penúria extrema que vendiam a si mesmos ou a seus familiares para prestar serviços a senhores por um tempo determinado, até que fossem resgatados, embora corressem o risco de serem ofertados em sacrifício.

O poder do Estado Asteca começou a ruir em 1519, com a chegada dos espanhóis.

OS INCAS

Os povos nativos mais conhecidos da América do Sul foram os **incas**, reconhecidos por seu vasto império, que alcançou cerca de 4 300 quilômetros em regiões dos atuais Equador, Peru, Bolívia, Argentina e Chile.

Originários do vale de Cuzco, na região andina, os incas começaram a se destacar no século XIV, impondo seu poder militar e político e estabelecendo alianças com os povos vizinhos. Embora muito se fale dos incas, os cerca de 10 milhões de habitantes que, no século XVI, integravam esse vasto império pertenciam a diversos povos, entre eles os **aimarás**, **chichas**, **chupaychos** e **uros**, além de centenas de outros.

Organizados em uma estrutura social estratificada, os membros das **elites** dedicavam-se à administração das províncias conquistadas, e a **população comum**, à agricultura e aos serviços gerais de manutenção das cidades. O pagamento dos tributos se dava mediante trabalho dedicado ao abastecimento dos armazéns do império por um tempo determinado.

O declínio do Império Inca começou em 1532, com a invasão e a colonização dos espanhóis.

▲ A pedra asteca do Sol é um dos símbolos mais famosos desse povo. Ela registra o calendário e também a mitologia asteca. A pedra do Sol que pode ser observada nesta imagem foi feita por volta de 1300 d.C. e encontra-se no Museu Nacional de Antropologia do México.

asteca: aquele que vem de Aztlan Chicomoztoc, lugar mítico de onde os mexicas teriam fugido para escapar da opressão das elites locais e para seguir a profecia sacerdotal segundo a qual encontrariam uma terra privilegiada.

▼ Xilogravura feita na segunda metade do século XVI pelo cronista de origem yarovilca e inca Guamán Poma de Ayala. A imagem representa uma mulher usando o *quipu*, um sistema de escrita inca.

OS KAMBEBA

A diversidade de povos e suas estruturas sociais, no território que hoje constitui o Brasil, confundia a compreensão dos europeus. Assim, acabaram aplicando o conceito de cacicado, como estrutura política, a muitas das sociedades nativas das florestas tropicais e do litoral.

Uma dessas sociedades foi a dos **Kambeba**, que viviam às margens do rio Negro, no norte do atual território brasileiro. Também habitavam territórios do atual Peru, onde eram conhecidos como Omágua. A população vivia em aldeias distribuídas pela região, e cada aldeia era liderada por um **chefe** ou **cacique**. Havia também um líder geral das aldeias, identificado pelos estrangeiros como **rei** ou **cacique supremo**.

A admiração dos europeus pela organização kambeba, porém, não impediu que esse povo fosse catequizado, dizimado e marginalizado pelos invasores que vinham da Europa.

OS TUPINAMBÁ

Os **Tupinambá** estiveram entre os primeiros povos a estabelecer contato com os europeus quando estes desembarcaram no litoral que hoje pertence ao Brasil. Caracterizado por relações horizontais, esse povo não se organizava em grupos sociais distintos. As diferenças restringiam-se a algumas funções, como a do xamã, um indivíduo que se dedicava aos rituais religiosos e às práticas medicinais sem, contudo, concentrar poderes religiosos e políticos da comunidade, apesar de ter sua opinião respeitada nas decisões do grupo.

Havia a divisão de trabalho por gênero. A agricultura, por exemplo, era vista como um trabalho de responsabilidade das mulheres, e a caça, como uma tarefa dos homens. Entre os Tupinambá não existiam a produção de excedentes, as trocas comerciais sistemáticas ou a cobrança de tributos. Tudo o que era produzido nas aldeias era destinado ao consumo da própria comunidade.

Se algumas aldeias tinham um **cacique** como líder destacado, outras poderiam ter vários líderes, um para cada habitação comunitária. Entre as aldeias aliadas não existia um chefe que fosse mais importante que outro; também não havia nenhum centro político e religioso intercomunitário. Havia aldeias rivais que, por vezes, guerreavam.

▲ Autoria desconhecida. *Homem Kambeba*. Gravura de 1787. Os Kambeba detinham tecnologias de confecção de roupas de alta qualidade, as quais comerciavam. A localização espacial dos Kambeba facilitava o fluxo comercial entre os rios Amazonas e Orinoco, que banham, respectivamente, as atuais Venezuela e Colômbia.

▼ *Agricultura e costumes tupinambás*. Gravura de 1556, colorizada em 2004. Imagem feita com base nos relatos de Hans Staden, explorador alemão que foi prisioneiro dos Tupinambá no século XVI. A gravura destaca as habitações da aldeia e os elementos do cristianismo trazidos à América pelos europeus.

ATIVIDADES

Acompanhamento da aprendizagem

Retomar e compreender

1. O que indicam os fósseis humanos mais antigos encontrados na região da Mesoamérica?
2. Como se organizava a sociedade inca?
3. Sobre as informações acerca dos povos indígenas da América coletadas por pesquisadores europeus anteriores à década de 1930, responda:
   a) Por que muitos desses pesquisadores consideravam alguns povos indígenas "menos evoluídos"?
   b) Por que a visão de que certos povos seriam "menos evoluídos" que outros é considerada incorreta atualmente?

Aplicar

4. Observe a imagem e responda às questões.

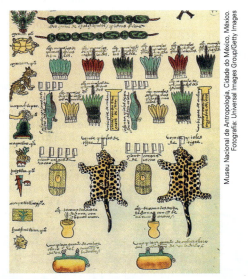

▲ Lista dos tributos pagos ao Estado Asteca no códice Mendoza, século XVI. Documento criado pelos conquistadores espanhóis para explicar a sociedade asteca ao rei da Espanha.

   a) Explique com suas palavras o significado de tributo.
   b) Descreva os tipos de tributo representados na imagem que ilustra o códice Mendoza.
   c) O que esses tributos revelam sobre o Estado Asteca?
   d) Diferencie esses tributos daqueles cobrados pelo Império Inca.

5. Os europeus se apoiaram em suas próprias estruturas sociais para interpretar a organização e os modos de vida dos povos nativos da América. Isso, porém, gerou análises incorretas. Pensando nas especificidades astecas, relacione, no caderno, cada grupo social a suas características.
   I. *Tlatlacotin*
   II. *Macehualtin*
   III. *Pipiltin*
   a) Trabalhadores e devedores de tributos.
   b) Governantes, proprietários e administradores das cidades.
   c) Pessoas que serviam a senhores por tempo determinado; às vezes, eram sacrificadas.

6. Leia o texto e responda às questões.

> Inexistiam mecanismos políticos de acomodação, como os descritos para o Alto Xingu e o Alto Rio Negro, capazes de articular povos de diferentes línguas e culturas em um mesmo sistema de interdependência regional. Tampouco havia formas verticais de integração política, apesar de a escala demográfica dos conjuntos multicomunitários ser provavelmente superior a 10 mil pessoas. O que sobressai e merece explicação no caso tupi-guarani é a enorme fragmentação em uma população tão homogênea. A guerra não conduzia à subjugação, à escravização ou à extração de tributos por uma elite cada vez mais poderosa, que erguia monumentos consagrando seu próprio poder; ao contrário, produzia um movimento centrífugo, voltado literalmente para o consumo de inimigos — não de sua força de trabalho, mas de suas capacidades subjetivas —, sendo que tudo que deles restava eram bens imateriais: nomes, cantos e memória.
>
> Carlos Fausto. *Os índios antes do Brasil*. Rio de Janeiro: Zahar, 2000. p. 79-80.

   a) Que diferenças entre os povos nativos do Brasil são abordadas no texto?
   b) Por que podemos dizer que o sistema político dos Tupinambá era horizontal?
   c) Diferencie o conceito de escravidão, tal como compreendido pelos europeus da Era Moderna, do conceito de cativos de guerra dos Tupinambá.

ARQUIVO VIVO

As "histórias de admirar" dos Kadiwéu

Os Kadiwéu são um povo indígena que hoje habita uma área do Mato Grosso do Sul. Toda a cultura e a estrutura social dos Kadiwéu são fortalecidas por meio das "histórias de admirar", que são narrativas orais transmitidas de geração em geração. Elas evidenciam o modo como os Kadiwéu compreendem o mundo, além de muitas características culturais, sendo excelentes fontes históricas.

Muitas das histórias de admirar valorizam o espírito guerreiro desse povo e a maestria na cavalaria, desenvolvida a partir do século XVI, quando conheceram o cavalo no contato com os europeus.

Conheça uma dessas histórias no trecho a seguir.

Homem Kadiwéu, 1948. As vestimentas atuais dos Kadiwéu remetem ao trabalho que executam, ligado à criação de cavalos.

[A antropóloga Pechincha] relata que a "dor do corpo" foi descoberta por um guerreiro bravo que passou por uma prova terrível ao ser atingido em uma perna e ficando com seus quartos quebrados. A história narra que, sem contar nada a ninguém, o guerreiro machucado continuou montado por 4 horas até chegar a determinado abrigo. Ao chegar, desceu do animal e a outra perna ficou para o outro lado, ele a puxou dizendo: "fique aqui que aqui é seu lugar". Somente nesse momento os demais viram que ele estava baleado. Mesmo assim, ele desarreou o cavalo, foi se arrastando, engatinhando até o fogo e, não aceitando ajuda, preparou seu espeto.

A narrativa enfatiza que [o] guerreiro dormiu a noite inteira e não gemeu. No outro dia, pediu que lhe trouxessem o cavalo do pasto e foi novamente rastejando arrear seu cavalo. Quando chegou à sua aldeia é que foi se tratar. Quando esse homem ficou bom, ele ficou muito ruim mesmo. Matava qualquer um, sem dó. Porque ele dizia: "agora eu já sei que o nosso corpo sente dor".

Marina Vinha. A sociedade Kadiwéu numa ótica elisiana. Em: VII Simpósio Internacional Processo Civilizador: História, Civilização e Educação, PPGE/UNIMEP, 2003, Piracicaba. Anais [...]. Disponível em: http://www.uel.br/grupo-estudo/processoscivilizadores/portugues/sitesanais/anais7/Trabalhos%20Apresentados.htm. Acesso em: 8 abr. 2023.

Organizar ideias

1. Qual é a importância das "histórias de admirar" para os Kadiwéu?
2. Na história do guerreiro bravo, quais valores são reafirmados como fundamentais para os Kadiwéu?
3. Como o cavalo é destacado nessa narrativa?
4. Como o perfil guerreiro sustentava a sociedade hierarquizada dos Kadiwéu?

CAPÍTULO 2
TÉCNICAS E TECNOLOGIAS

PARA COMEÇAR

Os povos originários da América desenvolveram muitas técnicas e tecnologias, como planejamento urbano, manejo agrícola, elaboração de medicamentos e estudos astronômicos. Como esses conhecimentos chegaram até nós, uma vez que alguns desses povos não deixaram vestígios escritos?

pantanoso: lamacento, facilmente alagado.

DIFERENTES ARQUITETURAS

Como as sociedades originárias da América moravam e como essas comunidades planejavam os espaços onde viviam? Tais perguntas têm respostas tão variadas quanto o número de povos que habitaram o continente, cada qual elaborando técnicas próprias, transformando, a seu modo, os recursos disponíveis e se adaptando de maneira particular às condições do meio em que vivia.

Tenochtitlán, capital do Estado Asteca, estava localizada em uma ilha do lago Texcoco, no território do atual México. A partir do século XIV, o local pantanoso foi estruturado para receber o centro cerimonial mexica, com pirâmides, templos e palácios construídos com blocos de concreto, transportados para a ilha por sistemas de rolamento movidos pela força humana. O solo lamacento foi aterrado e estabilizado e, no fundo do lago, foram instaladas colunas de pedra, madeira e cimento, as quais serviam de sustentação para as construções da cidade. Pontes móveis ligavam a ilha ao continente, e sua mobilidade permitia a passagem de embarcações, além de proteger a cidade em caso de ataques de inimigos. Como a água ao redor da ilha não poderia ser destinada ao consumo humano, por conter sal, foram construídos diques que separavam a água doce da água salgada e aquedutos que permitiam a condução de água potável ao centro urbano.

▼ Diego Rivera. *A grande cidade de Tenochtitlán*, 1945. Detalhe de mural que celebra a história do México e ilustra templos, palácios, canais, pontes e *chinampas* desenvolvidos pelos mexicas.

AS TÉCNICAS AGRÍCOLAS

A agricultura é uma das tecnologias mais antigas do mundo, desenvolvida com base na observação do meio ambiente, na compreensão dos ciclos da natureza e na aplicação de técnicas de plantio, de colheita e de preparação do solo para novos cultivos.

Enquanto desenvolviam sua estrutura urbana, os mexicas elaboraram sistemas de irrigação para as plantações e construíram as *chinampas* – ilhas artificiais feitas de junco e de terra fértil, sustentadas por colunas de madeira no fundo dos lagos.

Entre os povos andinos, foi comum o desenvolvimento da agricultura em terraços. Essa técnica, ainda hoje utilizada nas regiões montanhosas dos Andes, consiste em moldar pavimentos sucessivos no solo a ser cultivado, de modo a evitar sua erosão e aproveitar a água de degelo dos picos das montanhas. No solo irregular, os povos andinos produziam milho, batata, quinoa e folhas de coca.

No Brasil, os povos indígenas comumente empregavam técnicas como a agricultura rotativa, a fertilização do solo por meio de adubagem e a coivara – queimas controladas de áreas florestais que permitem a prática agrícola por determinado tempo, enquanto as áreas queimadas anteriormente se regeneram. Entre os povos do Alto Xingu, como os Kuhikugu, ancestrais dos atuais Kuikuru, era comum o plantio de mandioca, batata-doce, urucum, algodão, pimenta e tabaco. Com base em vestígios arqueológicos, os pesquisadores supõem que as aldeias dos antigos Kuhikugu eram circundadas por fossos largos e profundos, que as protegiam de ataques de inimigos, e por estruturas elevadas – como paliçadas, pontes e portais de entrada –, o que demonstra a mobilização tecnológica desse povo para construir um sistema defensivo planejado e funcional.

CIDADANIA GLOBAL

AGRICULTURA E MUDANÇAS CLIMÁTICAS

A agricultura desenvolvida por povos tradicionais adota práticas sustentáveis, isto é, está em equilíbrio com os ciclos naturais. Já as práticas agrícolas desenvolvidas na colonização europeia ao longo de séculos, até o mundo atual, são o oposto. Com base em seus conhecimentos, converse com a turma sobre as questões a seguir.

1. Quais práticas da agricultura atual contribuem para o desequilíbrio ambiental e as mudanças climáticas globais?
2. Em sua opinião, estudar e preservar as técnicas e tecnologias indígenas pode ajudar a reverter esse quadro? Explique.

paliçada: barreira defensiva construída com estacas pontudas.

MEDICINAS E FILOSOFIAS DOS POVOS ORIGINÁRIOS

A forma como os povos indígenas compreendem o mundo une dimensões físicas e espirituais, o que leva à interpretação de doenças e à busca de cura para além de questões biológicas. Segundo esses povos, as enfermidades podem ser causadas tanto por maus espíritos e sentimentos ruins quanto por possíveis agentes externos ou o mau funcionamento do corpo.

Essa **visão integrada** do ser humano e do mundo não impedia esses povos, no passado, de compreender a anatomia humana e seus aspectos biológicos e de dominar propriedades medicinais de plantas.

Entre os povos indígenas do Brasil, além dos rituais de proteção e cura, que envolviam rezas, cantos e defumações, era comum o uso de **plantas medicinais**. A **ipecacuanha**, por exemplo, era consumida pelos Tupinambá para induzir o vômito ou curar disenteria; o **guaco** era utilizado pelos povos da Amazônia como antídoto para veneno de cobra; e a **copaíba**, também amazônica, era usada como cicatrizante.

Entre os **povos andinos** é tradicional o uso terapêutico da **folha de coca** contra o mal-estar e os enjoos causados pela altitude elevada. A planta também beneficia a absorção de oxigênio e serve de anestésico.

Observe as imagens de algumas dessas plantas.

> **PARA EXPLORAR**
>
> **Folhas e raízes: resgatando a medicina tradicional tupi-guarani**
> Esse é o título traduzido do tupi-guarani da cartilha *Ywyrá rogwé ywyrá rapó: djaroypy djiwy nhanémoã nhanderekó tupi guarani*, desenvolvida por professores da aldeia Piaçaguera, de indígenas Guarani, com a ajuda dos *txeramoi* e *txedjaryi*, os mais velhos da comunidade e aqueles que detêm o conhecimento do uso de plantas medicinais. As ilustrações da cartilha foram feitas pelas crianças da aldeia. Disponível em: https://cpisp.org.br/wp-content/uploads/2016/09/CPISP_pdf_CartilhaFolhasRaizes.pdf. Acesso em: 9 abr. 2023.

altitude: medida da distância de um ponto na superfície terrestre em relação ao nível do mar.

▲ Ipecacuanha.

▲ Guaco.

▲ Copaíba.

Descubra **técnicas e tecnologias dos Enawenê-nawê**, no Brasil, e escolha uma delas para registrar no caderno.

MEDICINA TRADICIONAL DO POVO MATSÉ

A medicina tradicional dos Matsé é um exemplo dos conhecimentos médicos e farmacológicos elaborados pelos povos indígenas. Os Matsé habitam, atualmente, em áreas da fronteira Brasil-Peru. Mesmo vivendo isolados dos grandes centros urbanos, convivem com grupos não indígenas – os moradores das pequenas cidades no entorno das aldeias, pesquisadores e representantes de associações indígenas.

▼ Xamã Matsé (à esquerda) apresenta a floresta, no Peru, ao médico Christopher Herndon, presidente da ONG Acaté. Foto de 2015.

Nas últimas duas décadas, o modo de vida dos Matsé tem se transformado. Os jovens têm abandonado o aprendizado de antigas tradições, entre elas o saber referente às propriedades das plantas medicinais. Com o objetivo de preservar os saberes mantidos até hoje pela oralidade, xamãs matsés se uniram à Acaté – uma organização não governamental (ONG) estadunidense – para registrar em uma enciclopédia seus conhecimentos sobre plantas medicinais.

Registrar os saberes dos Matsé exclusivamente na língua deles contribui para a preservação desses conhecimentos às gerações futuras e fortalece a proteção contra a biopirataria.

ANATOMIA HUMANA

Um dos conhecimentos básicos para o desenvolvimento de saberes medicinais é a anatomia. E essa área também atraiu povos indígenas de diferentes regiões da América.

Por exemplo, a crença dos incas na vida após a morte e seus estudos de preservação do corpo humano para o estágio seguinte levaram esse povo a desenvolver o **processo de mumificação**, que consistia na extração de órgãos de cadáveres e no embalsamamento desses corpos com a aplicação de ervas antissépticas.

Estudos arqueológicos revelam também que, com o intuito de salvar vidas, povos como os Maia, os Inca e os Zapoteca realizavam técnicas cirúrgicas – conhecidas como trepanação. Praticada por povos do mundo todo, da Antiguidade ao século XIX, essa técnica consistia em fazer um furo no crânio do paciente para curar ferimentos ou amenizar problemas neurológicos, aliviando a pressão sanguínea.

> **PARA EXPLORAR**
>
> *Martírio*. Direção: Vincent Carelli, Ernesto de Carvalho e Tatiana Almeida (Tita). Brasil, 2016 (162 min).
>
> Com base na reflexão sobre as dificuldades dos Matsé e de suas relações com os não indígenas, o documentário volta o olhar para os conflitos vividos pelos Guarani Kaiowá, povo que habita o Mato Grosso do Sul. O filme, idealizado pelo pesquisador Vincent Carelli, expõe o histórico de tensões e de disputas por terras entre esse povo e os fazendeiros da região.

ATIVIDADES

Retomar e compreender

1. Diferencie o modo como os povos indígenas entendem a saúde humana de como os povos ocidentais a compreendem.

2. Leia o texto e faça o que se pede.

> [...] tecnologia é um conjunto de conhecimentos específicos, acumulados ao longo da história, sobre as diversas maneiras de se utilizar os ambientes físicos e seus recursos materiais em benefício da humanidade. Segundo essa definição, tecnologia abrange desde o conhecimento de como plantar e colher, passando pela fabricação de ferramentas, de pedra lascada ou aço inoxidável, até a construção de grandes represas e satélites. [...]
>
> Kalina Vanderlei Silva; Maciel Henrique Silva. *Dicionário de conceitos históricos*. São Paulo: Contexto, 2009. p. 386.

De acordo com o texto, anote no caderno a alternativa com informações corretas.
   a) Os povos originários da América desenvolveram conhecimentos rudimentares que não se caracterizam como tecnologias.
   b) Só os povos mesoamericanos e andinos desenvolveram tecnologias na América.
   c) Cada povo indígena desenvolveu tecnologias com base em suas necessidades específicas e nos recursos naturais disponíveis.
   d) A arquitetura e a agricultura desenvolvidas pelos povos antigos da América podem ser consideradas tecnologias, mas as medicinas locais não passavam de superstições.

Aplicar

3. **SABER SER** Os povos indígenas ensinaram aos europeus as propriedades de muitas plantas medicinais e estabeleceram entre várias comunidades brasileiras a tradição de utilizar essas plantas para aliviar sintomas e combater doenças. Sobre isso, responda às questões.
   a) Alguma das plantas abordadas no tema "Medicinas e filosofias dos povos originários" é ou já foi utilizada por sua família? Em caso afirmativo, qual? Como é preparada e para que serve?
   b) Você conhece outras ervas medicinais usadas por sua família? Compartilhe seus conhecimentos com os colegas.

4. Forme dupla com um colega. Juntos, observem as imagens desta atividade. Com base nessa observação, bem como nos estudos realizados ao longo deste capítulo, escrevam, no caderno, um parágrafo diferenciando as técnicas agrícolas representadas.

▲ Cultivo de mandioca por Yanomami. Gravura italiana de cerca de 1780.

▲ Construção de *chinampas* em Tenochtitlán, em ilustração de manuscrito do século XVI.

▲ Vestígios de terraço agrícola no sítio arqueológico de Pisac, Peru. Foto de 2022.

5. Leia o texto e, em seguida, responda às perguntas.

Durante o Império Inca foram desenvolvidos eficientes mecanismos de controle de vários aspectos da economia incaica. [...] os incas criaram um eficiente instrumento de controle populacional e de bens como: quantidade de ouro, de madeira cortada, de comida produzida etc.

O registro desse controle do patrimônio do Império Inca era feito através dos chamados *quipus*. Os *quipus* sempre representaram um dos enigmas mais emblemáticos da civilização andina [...].

[...] os *quipus* [são] artefatos têxteis compostos de lã de lhama ou alpaca, ou de algodão, com um cordão principal, a partir do qual muitos cordões pingentes são pendurados, sendo feitos nós que indicam valores numéricos segundo um sistema decimal. As cores do cordão, por sua vez, indicavam o item que se estava contando, existindo, para cada atividade (agricultura, exército, engenharia etc.), uma simbologia própria de cores.

Essa característica enigmática deixada por esses instrumentos codificados de cordas, cores e nós, trazia uma informação que poderia ser interpretada apenas por especialistas, o que fez que muitos pesquisadores focassem suas análises na tentativa de traduzir o verdadeiro significado dos *quipus* [...].

Paulo Schmidt; José Luiz dos Santos. O uso dos *quipus* como ferramenta de controle tributário e de *accountability* dos incas. *Revista Brasileira de Gestão de Negócios*, v. 19, n. 66, p. 614, out./dez. 2017. Disponível em: https://www.scielo.br/j/rbgn/a/VQGGsWxCHv5DpJXGLWcVnnv/?format=pdf&lang=pt. Acesso em: 9 abr. 2023.

a) O que são *quipus*?
b) Quais eram as funções da tecnologia dos *quipus* durante o Império Inca?
c) Você conhece algum mecanismo tecnológico utilizado na atualidade para auxiliar na administração do governo brasileiro? Se sim, qual?
d) Busque informações sobre esse sistema na internet. O funcionamento dele é semelhante ou diferente dos *quipus*? Explique.

6. Observe a imagem, leia o trecho do texto e, em seguida, faça o que se pede.

Detalhe de aquarela sobre pergaminho, feita no século XVI, que mostra vestimentas dos Tupinambá.

Quando viram pela primeira vez um manto tupinambá, por trás de uma vitrine da exposição que comemorava os 500 anos do Brasil, Dona Nivalda e Seu Aloísio choraram. "Toda história do nosso povo está aqui", disse a líder indígena na ocasião. O manto de penas vermelhas do século 17 exposto era um dos raros exemplares desse objeto histórico e ritual tão importante para comunidades da costa brasileira, todos conservados em museus da Europa.

[...]

Assim como os mantos, há milhares de artefatos indígenas brasileiros dentro dos acervos de museus pelo mundo, especialmente na Europa, sem que haja uma catalogação devida. Muitas dessas peças são artefatos únicos, que mesmo as comunidades que as produziram não têm mais.

Cristiane Capuchinho. A volta do manto tupinambá: como indígenas da Bahia retomaram peça sagrada que só era vista na Europa. *Uol*, 14 out. 2021. Disponível em: https://noticias.uol.com.br/ultimas-noticias/rfi/2021/10/14/a-volta-do-manto-tupinamba-como-indigenas-da-bahia-retomaram-peca-sagrada-que-so-era-vista-na-europa.htm. Acesso em: 9 abr. 2023.

a) Descreva a imagem.
b) Do que trata o texto?
c) Levante hipóteses sobre o motivo de esse objeto ter ido para a Europa.
d) Em sua opinião, por que o resgate do manto tupinambá e de outros artefatos é importante para os povos indígenas?

CAPÍTULO 3
JEITOS DE PENSAR: AS COSMOGONIAS

PARA COMEÇAR

Ao longo da história, diferentes povos desenvolveram múltiplas culturas, marcadas por religiosidade, ritos, conhecimentos e formas de organização. O conjunto desses traços culturais constitui a base da criação de hipóteses sobre a origem do mundo. Em sua opinião, como eram as cosmogonias dos povos originários da América?

cosmogonia: conjunto de ideias que explicam a origem do Universo; visão de mundo que orienta o modo de vida, os rituais e a organização social dos povos.

QUETZALCÓATL, A SERPENTE EMPLUMADA

Os povos da **Mesoamérica** compartilhavam muitos aspectos culturais desde o estabelecimento dos olmecas no golfo do México, por volta de 1300 a.C. Acredita-se que o calendário mesoamericano teve origem nessa época, assim como a escrita desses povos.

Entre os vestígios arqueológicos olmecas destacam-se monumentos com figuras de serpentes, jaguarés e pássaros, que também marcaram a religiosidade de sociedades que os sucederam, como as dos teotihuacanos, dos zapotecas, dos maias, dos toltecas e dos mexicas.

Em Teotihuacán, o **Templo de Quetzalcóatl** revela o culto à **Serpente Emplumada**, deus virtuoso que teria dado a vida aos seres humanos e ensinado a cultivar a terra, e proibia o sacrifício de pessoas. Depois de ensinar aos seres humanos tudo o que eles precisavam saber, Quetzalcóatl teria partido rumo ao leste, prometendo retornar um dia.

Ao longo do tempo, à medida que os diferentes povos enfrentavam períodos de paz e de guerra e agregavam novos valores, a figura de Quetzalcóatl foi se transformando. Para os maias, o deus-serpente ganhou o nome de **Kukulkán**, mas também era divindade criadora. Para os toltecas e os mexicas, a partida de Quetzalcóatl abriu espaço para a atuação de seus irmãos **Tezcatlipoca**, deus dos guerreiros e dos raios, e **Huitzilopochtli**, deus do Sol e da guerra, ambos relacionados aos conflitos bélicos e às conquistas mexicas.

▼ Atualmente, no lago Titicaca, entre os atuais Peru e Bolívia, é possível conhecer as ilhas flutuantes habitadas pelos Uro, que as constroem com palhas de *totora*, uma espécie de junco abundante no lago. A região é considerada sagrada por diversos povos que se desenvolveram na área. Foto de 2019.

VIRACOCHA, O CRIADOR

A cosmogonia **andina** se relacionava com a paisagem local montanhosa. Para os povos dessa região, **Viracocha** teria surgido de dentro do **lago Titicaca** (veja a imagem atual do lago) e criado o Sol, a Lua, as estrelas e todos os seres vivos.

A humanidade, moldada em pedra, teria sido recriada algumas vezes até agradar a Viracocha, que, depois de ensiná-la a sobreviver, desapareceu no oceano Pacífico. Para manter o cosmo, deixou seus filhos **Inti**, o deus Sol, **Mama Quilla**, a mãe Lua, e **Pachamama**, a mãe Terra, entre outras divindades.

Essa visão de mundo, que surgiu entre os povos pré-incaicos de **Tiwanaku**, por volta do ano 300, e foi compartilhada com outros povos andinos, tornou-se a religião oficial dos incas, para os quais os imperadores eram considerados descendentes dos deuses.

Pelo calendário inca, Viracocha retornaria à Terra durante o reinado do 12º imperador.

▲ Detalhe de imagem do códice *Borbonicus* representando Quetzalcóatl, à direita, como a Serpente Emplumada, e Tezcatlipoca, à esquerda, deus dos guerreiros e dos raios, em pergaminho do final do século XV.

NHANDERU, NOSSO PAI

Algumas teorias históricas defendem que os antigos **Guarani** povoaram a região sul da América por volta do ano 500, instalando-se entre as bacias dos rios Paraná, Paraguai e Uruguai e o litoral dos atuais estados brasileiros do Rio Grande do Sul, de Santa Catarina, do Paraná e de São Paulo.

Seu modo de vida, sustentado pela religiosidade, apoiava-se na crença de que todos os elementos da Terra eram sagrados e na busca por um local perfeito e livre de ameaças.

Segundo o mito de origem dos Guarani, **Nhanderu**, ser divino considerado o pai de todos, desabrochou em meio à escuridão e criou a Terra, os astros e os seres vivos, além de outros deuses, como **Tupã**, deus das águas e do trovão, **Jakaira**, deus da neblina e dos bons ventos, **Karai**, deus do fogo, e **Nhamandu**, deus do Sol e das palavras.

Veja mais informações sobre as construções feitas pelos **Uro, o povo das ilhas flutuantes** do lago Titicaca. Depois, produza um desenho ou uma maquete sobre esse tipo de construção.

A TERRA SEM MAL

Além de criar o mundo, Nhanderu teria orientado os Guarani a manter-se em harmonia. Contudo, eles tinham consciência da instabilidade deste mundo, sujeito constantemente a diversas ameaças, como seca, desgaste da terra, inundações, tempestades, fome, doenças e outros desequilíbrios.

A iminência dessas catástrofes estimulava a constante busca dos Guarani por um local mítico que conheciam como *Ivy Marãey*, a **Terra sem Mal**, onde viveriam os deuses e para onde iriam os grandes guerreiros após a morte.

Segundo os sacerdotes guaranis, esse local poderia ser alcançado durante a vida, por meio de rituais em que se realizavam danças, canto, rezas e peregrinações. Quanto à localização da Terra sem Mal, alguns relatos situam-na depois do mar grande, em meio ao oceano Atlântico, e além das montanhas da cordilheira dos Andes.

Após séculos de procura por esse lugar ideal, os Guarani que habitam hoje o sul do Brasil atualizaram sua cosmogonia e identificaram a colonização e a invasão de suas terras pelos não indígenas como um sinal de desequilíbrio, mantendo seus rituais para alcançar a Terra sem Mal.

Outro povo que vivia em busca de uma terra ideal eram os Tupinambá, que tinham valores culturais muito parecidos aos dos Guarani.

ASPECTOS COSMOGÔNICOS

Conheça algumas características da Terra sem Mal.

[...] A Terra sem Mal nos é descrita inicialmente como um lugar de abundância: o milho cresce sozinho, as flechas alcançam espontaneamente a caça... Opulência e lazeres infinitos. [...] Finalmente, a Terra sem Mal é o lugar da imortalidade, enquanto nessa terra os homens nascem e morrem [...].

Hélène Clastres. *Terra sem mal.* São Paulo: Brasiliense, 1978. p. 67.

Peabiru: em tupi-guarani, significa "caminho que leva ao céu".

■ **América do Sul: Possível caminho de Peabiru**

Fonte de pesquisa: Ana Paula Colavite. *Contribuição do geoprocessamento para a criação de roteiros turísticos nos caminhos de Peabiru – PR.* 2006. 162 p. Dissertação (Mestrado em Geografia, Meio Ambiente e Desenvolvimento) – Universidade Estadual de Londrina, Londrina, 2006. p. 21.

Caminho de Peabiru

Narrativas guaranis, estudos arqueológicos e antigas crônicas portuguesas e espanholas apontam para a existência de Peabiru, uma estrada que ligaria São Vicente, em São Paulo, à costa do oceano Pacífico, no Peru.

Uma das teorias referentes a Peabiru afirma que os Guarani, guiados por seus **estudos astronômicos** da Via Láctea, teriam aberto essa estrada durante suas buscas pela Terra sem Mal.

Esse caminho também teria possibilitado **trocas culturais** entre os Guarani e os incas, comprovadas pelo compartilhamento de alguns aspectos entre esses dois povos. É possível citar, por exemplo, a associação dos meses do ano à Lua, o uso de um tipo de flauta chamada pã e o sistema de comunicação e contagem estatística denominado *quipu*, nos Andes, e *ainhé*, pelos Guarani.

ATIVIDADES

Acompanhamento da aprendizagem

Retomar e compreender

1. Você conhece mitos semelhantes aos apresentados neste capítulo? Se sim, descreva-os no caderno. Se não, busque histórias de outras culturas ao redor do mundo que descrevam visões míticas sobre a criação do mundo ou da humanidade.

2. O que seria a Terra sem Mal para os povos Guarani?

3. Responda às questões sobre a religiosidade dos povos nativos da Mesoamérica.
   a) Por que podemos definir a religião mesoamericana como politeísta?
   b) Mencione alguns dos principais deuses mesoamericanos, diferenciando-os.
   c) Em sua opinião, por que os diferentes povos mesoamericanos compartilhavam noções e princípios religiosos?

Aplicar

4. Relacione a imagem a seguir ao mito de criação dos seres humanos por Viracocha.

▲ *O frade*, monólito assim batizado por missionários espanhóis, no sítio arqueológico de Tiahuanaco, Bolívia. Foto de 2019.

5. Forme dupla com um colega. Leiam o relato da indígena guarani Kunhã Tatá (Doralice Fernandes) e, depois, façam o que se pede.

> Takuá e Ka'a são filhas de Nhanderu. Ka'a é a erva-mate. Quando Nhanderu andava pela terra, pegou um galhinho de cedrinho e assoprou, fazendo uma criança que brincava e urinava por todo canto. Então nasceu um brotinho de erva-mate. Era uma menina, e ela já cantava com takuapu, por isso até hoje as mulheres cantam batendo o bastão de taquara no chão. Takuá e Ka'a foram embora com Nhanderu quando o mundo pegou fogo, veio a água, acabou. Mas a gente tem até hoje erva-mate para fazer chimarrão e taquara para o *takuapu*, e para trançar a palha para peneira, balainho, tipiti. Agora *nhe'e kuery*, os espíritos que moram com Nhanderu, estão falando para os pajés que a terra vai acabar outra vez. Antigamente já houve a escuridão. Não amanhecia mais, assim mesmo veio a água. Nessa terra onde nós estamos agora, mais tarde ou mais cedo isso também vai acontecer. Se isso não acontecer, a gente não vai aguentar mais o calor aumentando, e vai vir chuva, e vai vir *yapó ha'puá tatareve'gua*, barro com fogo do céu. Nhanderu acha que o mundo já está muito velho e quer limpar a terra. Depois vem a água e limpa tudo. Aí pode começar de novo.

Kunhã Tatá. Nhanderu acha que o mundo já está muito velho e quer limpar a terra. Povos Indígenas no Brasil. Instituto Socioambiental (ISA). Disponível em: https://pib.socioambiental.org/pt/%22Nhanderu_j%C3%A1_acha_que_o_mundo_est%C3%A1_muito_velho_e_quer_limpar_a_terra%22. Acesso em: 4 abr. 2023.

   a) Descrevam as características e as ações de Nhanderu durante a criação do universo com base no relato de Kunhã Tatá.
   b) Relacionem esse relato com a procura da Terra sem Mal.
   c) Identifiquem, no texto, todas as palavras e expressões desconhecidas e, com os colegas, busquem seus significados, organizando um dicionário ilustrado com esses termos da cultura guarani.
   d) Como vocês recontariam esses feitos de Nhanderu a alguém que nunca ouviu falar sobre o tema e não conhece aspectos da cultura dos povos Guarani? Qual suporte usariam e o que compartilhariam?

113

Relato de viagem

Proposta

Nesta unidade, foram estudados diferentes aspectos culturais dos povos originários do continente americano. Durante muito tempo, uma das principais fontes históricas sobre os contatos desses povos com os europeus foram os relatos de viagem, escritos geralmente pelos europeus.

A proposta, agora, é que você escreva um **relato de viagem** ficcional sobre o caminho de Peabiru. Esse tipo de texto é feito em 1ª pessoa, e o principal objetivo dele é compartilhar uma experiência de viagem vivida por quem escreve o relato. A estrutura textual mescla a descrição dos deslocamentos e dos espaços visitados com a narração detalhada dos acontecimentos ocorridos durante a jornada.

Público-alvo	Pessoas interessadas em conhecer a história dos povos originários do continente americano.
Objetivo	Narrar, de maneira ficcional, uma viagem pelo caminho de Peabiru.
Circulação	Coletânea dos relatos de viagem produzidos pela turma.

Planejamento e elaboração

serpentear: ziguezaguear; fazer um caminho sinuoso.

1. Leia, a seguir, um trecho do relato de viagem escrito pelo argentino Ernesto Guevara de la Serna (1928-1967), mais conhecido como Che Guevara. Com seu amigo Alberto Granado, Che Guevara percorreu, de motocicleta, um longo trajeto pela América do Sul, na década de 1950.

San Martín de los Andes

A estrada serpenteia ao pé da grande cordilheira dos Andes e depois desce bruscamente até chegar a uma pequena cidade feia e triste, mas rodeada por montanhas maravilhosamente cobertas de árvores. San Martín fica nos declives verde-amarelados que terminam nas profundezas azuis do lago Lacar, uma poça de água com quinhentos metros de largura e 35 quilômetros de comprimento. Os problemas de clima e de transporte da cidade foram resolvidos no dia em que ela foi "descoberta" como um paraíso turístico [...].

[...] Aquela primeira noite foi ótima; dormimos em um monte de palha no galpão, macio e quentinho. [...]

Compramos um pedaço de carne e saímos para andar na beira do lago. Ali, à sombra de umas árvores gigantescas, [...] fizemos planos de montar um laboratório quando voltássemos de nossa viagem [...].

▲ Vista da Cordilheira dos Andes e de parte do lago Lacar, em San Martín de los Andes, Argentina. Foto de 2022.

Muitas vezes durante a viagem, desejamos ficar em alguns dos lugares maravilhosos que vimos, mas só a floresta amazônica teve o mesmo poder sobre nossa faceta sedentária como esse lugar teve. [...]

Ernesto Che Guevara. *De moto pela América do Sul*: diário de viagem. Tradução: Diego Ambrosini. São Paulo: Sá, 2015. *E-book*.

2 Após a leitura, identifique se o relato: deixa claro o local visitado pelo viajante; é escrito em 1ª pessoa; é simultaneamente descritivo e narrativo; possui teor histórico, informativo, turístico ou literário; e apresenta as impressões pessoais de quem o escreveu.

3 Na sequência, compartilhe com a turma suas impressões sobre o texto.

4 Retome o que foi estudado sobre o caminho de Peabiru e sua importância para os povos Guarani e incas. Complemente seus conhecimentos sobre esse relevante trajeto indígena, buscando informações sobre ele na internet.

5 Redija, então, um relato dessa viagem ficcional com base em suas descobertas e imaginação. As perguntas a seguir podem inspirar a escrita:

- Que paisagens você encontraria?
- Com quais povos teria contato?
- Onde dormiria? Que meio de transporte usaria?

Revisão e reescrita

1 Forme dupla com um colega. Troquem os respectivos relatos para a leitura recíproca. Atentem às seguintes questões sobre o texto do colega:

- Há informações consistentes sobre a história do caminho de Peabiru?
- O relato descreve o objetivo da viagem e as características do trajeto, e narra a experiência do(a) viajante?
- A linguagem utilizada é acessível e adequada ao gênero textual?
- O texto está coeso, coerente e sem desvios ortográficos ou gramaticais?

2 Após a leitura cruzada, ouça as observações feitas pelo(a) colega sobre seu texto. Reescreva o relato com as modificações que considerar pertinentes.

Circulação

1 Após a escrita, revisão e reescrita do relato, a turma vai elaborar uma coletânea de relatos, de modo que todos os textos possam ser publicados em um volume.

2 Decidam a ordem dos textos, o título da coletânea e a maneira como a obra será apresentada (se será impressa ou somente digital). Lembrem-se de que a obra precisa ter uma capa e um texto de apresentação, que pode ser escrito por uma pessoa convidada, como o professor.

3 Por fim, disponibilizem a obra de vocês para que a comunidade escolar possa apreciá-la.

ATIVIDADES INTEGRADAS

Retomar e compreender

1. Copie a tabela no caderno e complete-a com os nomes dos povos listados, organizando-os de acordo com a região de origem.

POVOS ORIGINÁRIOS DO CONTINENTE AMERICANO		
Povos mesoamericanos	Povos andinos	Povos nativos no Brasil atual

Aimará
Chicha
Chupaycho
Guarani
Inca
Kambeba
Maia
Mexica

Olmeca
Tecpaneca
Tolteca
Tupinambá
Uro
Yanomami
Zapoteca

2. Reúna-se com um colega. Observem o mapa e façam o que se pede.

América do Sul: Hidrografia

Fonte de pesquisa: *Atlas geográfico escolar*. 7. ed. Rio de Janeiro: IBGE, 2016. p. 40.

a) Identifiquem os rios Negro, Amazonas, Paraná e Paraguai. Depois, anotem no caderno os nomes dos países atuais por onde eles passam.

b) Identifiquem no mapa a localização aproximada dos Kambeba, dos Yanomami e dos Guarani, anotando, no caderno, os rios mais próximos a eles.

3. Ao chegarem à América, os europeus se surpreenderam com as culturas dos povos nativos do continente e procuraram entender essas sociedades com base em seus próprios valores culturais. Em sua opinião, as culturas dos povos indígenas do Brasil são mais bem compreendidas no tempo presente do que no passado? Justifique sua resposta.

Aplicar

4. Observe a foto e faça o que se pede.

▲ Vestígios humanos em exposição na Universidade Maior de San Marcos, em Lima, Peru. Foto de 2021.

a) Descreva a imagem.
b) Quais técnicas da medicina foram aplicadas pelos incas para a preservação do corpo humano?
c) Com que objetivo os incas se dedicaram ao estudo da anatomia e à busca da preservação de cadáveres?

Acompanhamento da aprendizagem

5. Leia o texto e responda às questões.

Os tupis-guaranis, em virtude da longa prática de observação da Lua, conhecem e utilizam suas fases na caça, no plantio e no corte da madeira. [...] Certa noite de lua crescente estava observando as constelações com os guaranis na ilha da Cotinga, Paraná.

De repente, um deles me disse que seria melhor observarmos quando não houvesse Lua. Rapidamente, com meu conhecimento ocidental, respondi que estava de acordo, pois o brilho da Lua ofuscava o brilho das estrelas, embora conseguíssemos enxergar bem a Via Láctea. Ao que ele retrucou dizendo que, na realidade, o que o incomodava era a quantidade de mosquitos, muito menor quando não há Lua. Nunca havia percebido essa relação, que de fato existe, entre as fases da lua e a incidência de mosquitos.

Germano Bruno Afonso. Mitos e estações no céu Tupi--Guarani. *Scientific American Brasil*. Disponível em: https://revistacienciaecultura.org.br/?artigos=mitos-e-estacoes-no-ceu-tupi-guarani. Acesso em: 10 abr. 2023.

a) O texto trata de quais conhecimentos dos Tupi-Guarani?

b) Diferencie os conhecimentos desse povo dos conhecimentos não indígenas relatados no texto.

c) Com qual tipo de saber você mais se identifica? Por quê? Levante hipóteses.

Analisar e verificar

6. Para responder às questões desta atividade, leia um trecho do *Popol Vuh*, obra que registra a cosmogonia maia, destacando o papel dos deuses **Alom** (portador), **Qaholom** (gerador), **Tzakol** (construtor) e **Bitol** (modelador) na criação humana.

E então o milho amarelo estava moído,

E o milho branco,

[...]

A comida se juntou

Com água para criar força,

E se tornou a banha do homem

E se transformou na sua gordura

Quando preparada por Alom

E Qaholom,

[...]

E assim então eles puseram em palavras a criação,

A modelagem

De nossa primeira mãe

E nosso pai.

[...]

E então eles foram indagados por Tzakol

E Bitol:

"É agradável sua existência?

[...]

Não estão bons sua linguagem

E seu andar?

[...]"

E assim então agradeceram

A Tzakol,

E Bitol:

"Então agradecemos verdadeiramente duas
[vezes,

Três vezes agradecemos por termos sido criados,

[...]

E essa foi a nossa origem [...].

Gordon Brotherston; Sérgio Medeiros (org.). *Popol Vuh*. São Paulo: Iluminuras, 2007. p. 267-279.

a) Que alimento é destacado no texto?

b) Quem está agradecendo duas e depois três vezes? A quem e por quê?

c) Com base nesse mito de criação, explique o papel dos sacerdotes na sociedade maia.

7. **SABER SER** No início desta unidade, você e os colegas dialogaram sobre o preconceito em relação aos conhecimentos indígenas. Retomem essa conversa e reflitam sobre as seguintes questões: Por que há culturas que ainda são mais valorizadas do que outras? Que medidas poderiam ser tomadas para evitar esse tipo de comportamento?

Criar

8. Forme grupo com três colegas. Relembrem todos os povos nativos da América estudados nesta unidade e, com base nas informações sobre as regiões onde viviam, elaborem um mapa da América Latina com a localização geográfica desses povos. Ao final, exponham o mapa em um mural da sala de aula.

CIDADANIA GLOBAL
UNIDADE 4

Retomando o tema

Nesta unidade, você aprendeu que as sociedades existentes na América desenvolveram variados modos de produção de alimentos. Essas técnicas foram criadas e aperfeiçoadas levando em consideração as condições climáticas, os terrenos e a maneira de compreender a produção e o consumo de alimentos.

A agricultura dos povos mexicas, como os astecas, gerava grande alteração do espaço de produção. Já o modo de produzir alimentos dos povos indígenas na região do Brasil utilizava técnicas que alteravam em escala menor o lugar destinado à sua plantação. Entre os elementos que justificam isso está o contingente populacional dessas sociedades: quanto maior a população, maior a dependência da agricultura.

1. Ao retomar as técnicas agrícolas estudadas nessa unidade, quais práticas ainda podem ser observadas atualmente?
2. Em sua opinião, é possível equilibrar a produção de alimentos e a preservação do meio ambiente?

Geração da mudança

- Você e os colegas de turma vão levantar informações sobre técnicas de produção de alimentos consideradas menos agressivas ao meio ambiente.
- Organizem-se em grupos e pesquisem práticas sugeridas para diminuir os impactos no ambiente, como o uso eficiente da água e a rotação de culturas agrícolas. Anotem as informações que considerarem importantes.
- Em data combinada, compartilhem as informações obtidas em uma roda de conversa, na qual cada grupo poderá expô-las e partilhar as reflexões elaboradas sobre elas.
- Combinem com o professor uma forma de divulgar as informações na comunidade escolar, para que o tema sensibilize um maior número de pessoas.

A EXPANSÃO MARÍTIMA EUROPEIA

UNIDADE 5

PRIMEIRAS IDEIAS

1. Você já ouviu falar em **especiarias**? Se ouviu, quais você conhece? Se não, o que você imagina que sejam?
2. Você já fez alguma viagem? Em caso afirmativo, como foi essa experiência?
3. Em sua opinião, como eram as viagens empreendidas pelos navegadores europeus nos séculos XV e XVI?

Conhecimentos prévios

Nesta unidade, eu vou...

CAPÍTULO 1 — Novas rotas da Europa para o Oriente

- identificar, por meio da leitura de mapas e textos escritos por pesquisadores, as rotas comerciais no mar Mediterrâneo e no mar Negro e os caminhos terrestres, como a Rota da Seda, que ligavam o Ocidente ao Oriente.
- compreender as dificuldades enfrentadas pelos viajantes durante as expedições marítimas, com base em relatos de época.
- analisar os medos e os desejos dos europeus, expressos em documentos de época, que se aventuravam nas expedições marítimas.

CAPÍTULO 2 — As navegações

- analisar as motivações que impulsionaram as navegações marítimas europeias e o pioneirismo de Portugal nesse processo.
- identificar, por meio da leitura de mapas, as rotas de navegação e os produtos comercializados pelo oceano Atlântico, em especial a Rota do Cabo.
- reconhecer instrumentos náuticos (representados por meio de fotografias) e a importância deles para as navegações.
- refletir sobre a relação entre pesquisa científica e inovações tecnológicas, identificando os espaços, no Brasil atual, onde esse tipo de relação costuma ocorrer.

CAPÍTULO 3 — Relações comerciais

- conhecer as estratégias mercantilistas espanholas, inglesas, francesas e holandesas, por meio da análise dos casos apresentados.
- compreender o conceito de **monopólio comercial** e o papel das **companhias de comércio** dentro desse sistema.
- refletir sobre a relação entre infraestrutura e desenvolvimento tecnológico ao identificar os impactos das tecnologias no cotidiano.

INVESTIGAR

- pesquisar acerca da importância do petróleo no mundo atual, nas relações internacionais e no contexto político e econômico brasileiro.
- sistematizar as informações sobre o tema em um cartaz que deve ser usado como base para uma apresentação para a turma.

CIDADANIA GLOBAL

- compreender que as inovações tecnológicas são impulsionadas pelas necessidades de uma comunidade.
- analisar de que modo as inovações impactam o dia a dia e a importância delas para garantir bem-estar das pessoas.
- dialogar sobre a ideia de **internet das coisas** e conceituá-la.

LEITURA DA IMAGEM

1. Que cenário foi representado nessa ilustração chinesa? Qual é a data de sua criação?
2. Qual seria a relação entre os navegantes chineses e a navegação europeia desenvolvida a partir do século XIV? Levante hipóteses.
3. Durante séculos, os europeus foram considerados pelos historiadores os únicos exploradores das rotas marítimas. Essa imagem comprova ou refuta essa ideia? Explique.

CIDADANIA GLOBAL

9 INDÚSTRIA, INOVAÇÃO E INFRAESTRUTURA

A produção de mapas e de embarcações foi essencial para o desenvolvimento das navegações, a partir do século XIV, e consideradas grandes inovações tecnológicas, pois impactaram os rumos da história.

1. Qual é a importância dos mapas e de outras representações cartográficas em seu cotidiano?
2. De que modo as novas tecnologias impactam o nosso dia a dia? Há alguma tecnologia que poderia ajudar sua comunidade a ter uma vida melhor?

 Conheça alguns **instrumentos de navegação** utilizados no contexto da expansão marítima europeia. Escolha um deles e investigue sua origem.

Detalhe de ilustração chinesa, feita entre 1405 e 1433. Ela mostra alguns preparativos do Império da China para uma longa viagem marítima. O capitão da embarcação retratada é Zheng He, um importante explorador marítimo que viveu entre 1371 e 1433.

121

CAPÍTULO 1
NOVAS ROTAS DA EUROPA PARA O ORIENTE

PARA COMEÇAR

Até o século XV, o comércio com o Oriente era dominado pela península Itálica, com rotas pelos mares Mediterrâneo e Negro. Estados modernos europeus, porém, passaram a incentivar expedições alternativas para aumentar seus lucros. Quais novas rotas foram estabelecidas a partir dessa época?

monopolizar: explorar de maneira exclusiva, sem concorrência.

▼ Mapa-múndi feito no século XVI para a edição latina do livro Geografia, do cientista grego Ptolomeu, que viveu no século I. A África, a Europa e a Ásia foram os únicos continentes representados neste mapa.

AS RIQUEZAS DO ORIENTE

A partir do século XIII, mercadores que atuavam em cidades da península Itálica, como Veneza e Gênova, dominaram o comércio no mar Mediterrâneo e no mar Negro, de forma a monopolizar os negócios com o Oriente.

Tais mercadores compravam dos comerciantes árabes produtos de regiões mais distantes, conhecidas como Índias – que abrangiam os territórios dos atuais Sri Lanka, Índia, Malásia e China –, e os revendiam na Europa. Entre esses produtos estavam a seda, as pérolas, o marfim e as especiarias. Tanto árabes como genoveses e venezianos obtinham grandes lucros nessas transações.

A popularidade cada vez maior das especiarias e dos produtos orientais de luxo entre as cortes e a nobreza europeias aumentou a necessidade de ouro e prata para o pagamento dessas mercadorias. Além disso, despertou o interesse de mercadores de outras nações, os quais pretendiam comprar esses itens diretamente da Ásia, ou seja, sem o intermédio dos comerciantes da península Itálica. Assim, poderiam adquirir os produtos a preços menores e obter uma negociação mais vantajosa. Para isso, teriam de encontrar caminhos alternativos ao do mar Mediterrâneo.

122

O COMÉRCIO E AS COLÔNIAS DO MEDITERRÂNEO

Venezianos e genoveses haviam criado uma grande rede de colônias e entrepostos para comercializar seus produtos em todo o mar Mediterrâneo e também no mar Negro, como pode ser observado no mapa desta página. Em muitos lugares, a estrutura desses entrepostos era pequena, limitando-se a um bairro ou a alguns galpões em cidades pertencentes a outros reinos. Em outras localidades, no entanto, colônias completas foram estabelecidas: cidades foram fundadas, ou até mesmo ocupadas, e fortalezas foram construídas e municiadas de tropas militares.

Os mercadores da península Itálica negociavam com comerciantes árabes em entrepostos situados ao redor do mar Negro, nas ilhas do mar Egeu (hoje parte da Grécia) e na costa do Levante (região dos atuais Líbano, Israel e Egito). Dali, levavam os produtos a pontos comerciais localizados em países da Europa, como Portugal, de onde parte das mercadorias seguia para o norte do continente.

A tomada de Constantinopla pelos otomanos em 1453, fato que pôs fim ao Império Bizantino (a porção oriental do antigo Império Romano), afetou os negócios dos mercadores genoveses e venezianos, que eram aliados dos bizantinos. No final do século XV, quase todas as colônias de Gênova e Veneza no leste do Mediterrâneo e no mar Negro haviam sido conquistadas por otomanos. Com isso, as frotas, as tropas e os lucros dos mercadores da península Itálica foram diminuindo.

Os monarcas e os mercadores da península Ibérica viram nesse enfraquecimento comercial uma oportunidade de participar do lucrativo comércio com o Oriente. Nessa época, Portugal e Espanha já haviam começado a explorar o litoral africano. Como a rota pelo mar Mediterrâneo se tornara desvantajosa após a conquista de Constantinopla, as frotas a serviço de monarcas portugueses e espanhóis planejavam contornar a África para chegar às Índias. Não por acaso, muitas dessas frotas foram comandadas por genoveses e venezianos, que conheciam o litoral africano.

OS MODELOS PARA A COLONIZAÇÃO IBÉRICA

As diferentes formas de organização das colônias genovesas e venezianas inspiraram as feitorias e as colônias portuguesas e espanholas dos séculos XV e XVI. As colônias genovesas do mar Negro, por exemplo, serviam basicamente de entreposto e tinham uma população numerosa, que era considerada genovesa.

Já nas ilhas de Creta e de Chipre, a grande população grega que ali vivia foi dominada por uma pequena elite veneziana, que estabeleceu rígidas leis de segregação entre gregos e venezianos. Além disso, essas colônias forneciam a seus dominadores produtos agrários destinados à comercialização no exterior. Nelas, ocorreram as primeiras experiências europeias de colonização baseada no cultivo de cana-de-açúcar com uso de mão de obra escrava, oriunda da costa do mar Negro.

Expansão comercial de Veneza no Mediterrâneo (séculos XIII e XIV)

Fonte de pesquisa: Georges Duby. *Atlas historique mondial*. Paris: Larousse, 2011. p. 130.

UM OCEANO DE TEMORES

Embora uma parcela dos mercadores e dos monarcas da península Ibérica tivesse interesse em explorar lugares distantes em busca de riquezas, a viagem pelo oceano Atlântico era dificultada por temores e perigos.

Entre os séculos XIII e XV, as técnicas e os instrumentos de navegação usados pelos europeus foram aprimorados, por influência do contato com invenções chinesas proporcionado por comerciantes genoveses, venezianos e árabes. No entanto, as embarcações ainda eram frágeis diante de tempestades, tormentas e demais obstáculos à navegação. Além disso, os navios a vela dependiam dos ventos para alcançar boa velocidade, o que tornava as viagens longas e os trajetos imprevisíveis.

A ocorrência de atrasos nas viagens aumentava os riscos de fome, desidratação e disseminação de epidemias entre a tripulação. Eram comuns doenças transmissíveis por vias aéreas, como a coqueluche, e as causadas por parasitas, como o tifo. Havia também males causados pela falta de nutrientes. Nessas viagens, as tripulações alimentavam-se de forma precária, comendo carne e peixe secos e salgados, grãos, passas e biscoitos, pois os alimentos frescos estragavam em pouco tempo e a água era contaminada com facilidade, tornando-se impróprios ao consumo. Por falta de vitamina C, muitos desenvolviam o escorbuto, doença que provoca sangramento, feridas e queda da imunidade. Pessoas infectadas com doenças mais temidas, como a peste bubônica, eram atiradas ao mar.

Além dos riscos associados à saúde e à segurança dos tripulantes, havia os temores relacionados ao mar desconhecido. De acordo com o imaginário europeu do período, o oceano Atlântico era povoado por seres fabulosos e monstros marinhos que devoravam tripulantes, além de apresentar abismos que tragavam embarcações e muitos outros perigos.

> **ENQUANTO ISSO, NA ÁSIA...**
>
> Antes dos europeus, os chineses já haviam explorado a maioria dos continentes. A tecnologia náutica do Império Chinês, como embarcações monumentais e mapas de grande precisão, foi desenvolvida ao longo dos séculos e garantiu à potência asiática a supremacia sobre diferentes oceanos, como o Índico e o Pacífico.
>
> Além disso, a hegemonia comercial chinesa, até o século XIV, também contou com rotas terrestres. A mais conhecida delas pelas comunidades ocidentais foi a **Rota da Seda**, pela qual os principais produtos de origem chinesa, como a seda e a pólvora, chegavam a diferentes partes do mundo, principalmente por meio dos mercadores venezianos e genoveses. Pelas rotas chinesas terrestres e marítimas eram trocados produtos do Extremo Oriente com a África Meridional e a Europa Ocidental. Esses contatos comerciais também propiciaram o compartilhamento de ideias, de costumes e de tecnologias entre as diferentes sociedades.

imunidade: defesa do organismo contra infecções e doenças.

▶ Xilogravura de Olaus Magnus, datada de 1555, representando embarcação no oceano Atlântico.

124

A FASCINAÇÃO POR OUTRAS TERRAS

Enquanto algumas histórias e lendas causavam temor em relação a terras distantes e inexploradas, outras, relacionadas à abundância de ouro e prata nesses locais, provocavam fascinação entre os europeus.

Uma das narrativas que mais despertaram a curiosidade e a cobiça dos povos da Europa foi o relato do comerciante veneziano Marco Polo (1254-1324) a respeito da viagem que realizou até a China, pela Rota da Seda, publicado em seu *Livro das maravilhas*.

Além das narrativas de viagens reais, como a de Marco Polo e demais exploradores de sua época, os relatos de lugares místicos também faziam parte do imaginário europeu, como o país da Cocanha e a ilha de Atlântida. A crença na existência dessas localidades era tão forte que, em alguns casos, motivou doações de reis a navegadores que desejavam procurá-las, mesmo sem qualquer prova de que elas de fato existissem.

Além de servir de entretenimento, essas narrativas atiçavam planos de exploração e conquista alimentados por muitos comerciantes e navegadores europeus, entre eles o genovês Cristóvão Colombo.

VISÕES DO PARAÍSO

Durante os tempos medievais, também se espalhou pela Europa a ideia de que haveria um paraíso terrestre em um local muito distante. De acordo com a visão cristã da época, esse paraíso consistiria em um lugar intocado pelo pecado original e no qual predominariam a pureza e a liberdade.

Posteriormente, com o avanço das navegações pela costa africana e a chegada às regiões tropicais do continente americano, navegadores e cronistas europeus viam nas exuberantes florestas encontradas, repletas de animais desconhecidos, um cenário próximo da ideia medieval do paraíso terrestre.

> **PARA EXPLORAR**
>
> *Os Lusíadas em quadrinhos*, de Fido Nesti. São Paulo: Peirópolis, 2006.
>
> Nessa adaptação da obra *Os Lusíadas*, escrita originalmente por Luís de Camões no século XVI, são narrados, na forma de história em quadrinhos, vários episódios referentes à viagem do navegador português Vasco da Gama às Índias. A narrativa de *Os Lusíadas* apresenta diversos seres fantásticos e elementos míticos característicos do imaginário europeu relacionados a terras distantes e ao além-mar no período da expansão marítima.

Saiba mais sobre **as aventuras de Marco Polo** e, depois, faça como os poetas do período e escreva um poema com até sete versos sobre as aventuras dele.

◀ Iluminura francesa, de artista desconhecido, feita entre 1410 e 1412. À direita, estão Nicolau, Marco e Matteo Polo. À esquerda, Kublai Khan (1260-1294), líder do Império Mongol, cercado por dois conselheiros.

ATIVIDADES

Acompanhamento da aprendizagem

Retomar e compreender

1. De que modo as experiências coloniais genovesas e venezianas influenciaram as explorações coloniais de outras comunidades da Europa?

2. Quais aspectos das culturas orientais fascinavam os europeus ocidentais do século XIII?

Aplicar

3. Forme dupla com um colega. Retomem o mapa-múndi feito no século XVI que aparece na abertura do capítulo.
   a) Quais informações sobre as condições ambientais são identificadas no mapa?
   b) Com base na observação dessa imagem, o que podemos afirmar sobre o imaginário europeu acerca do oceano Atlântico no período da expansão marítima europeia?
   c) Em sua opinião, o que teria disseminado essa visão entre os europeus da época?

4. Agora, retomem a imagem do tópico "Visões do paraíso".
   a) Essa representação mostra o ponto de vista dos europeus ou das populações visitadas por Marco Polo?
   b) Na opinião de vocês, como as sociedades com as quais Marco Polo se encontrou se autorrepresentariam? Por quê?

5. Leia o trecho de texto a seguir e, depois, responda às questões.

> As águas que hoje identificamos como o oceano Atlântico sofreram uma das transformações geográficas mais radicais da modernidade: desde os tempos clássicos tinham sido consideradas como um mar que circundava o conjunto das terras habitadas, genericamente conhecido como Mar Oceano; pelo século XV, a experiência da navegação europeia em direção a oeste implicou uma nova percepção do que até então se imaginava como um vasto mar. Dito de outro modo: ao contrário de outros espaços do globo que eram totalmente ignorados, o oceano Atlântico começou a configurar-se a partir da reinterpretação de um objeto que já havia sido imaginado, conceitualizado e, ainda que parcialmente, percorrido durante os séculos anteriores. [...]
>
> Carla Lois; João Carlos Garcia. Do oceano dos clássicos aos mares dos impérios: transformações cartográficas do Atlântico sul. *Anais do Museu Paulista*: história e cultura material, São Paulo, Museu Paulista da USP, v. 17, n. 2, jul./dez. 2009. Disponível em: http://dx.doi.org/10.1590/S0101-47142009000200003. Acesso em: 28 abr. 2023.

   a) A quais continentes a expressão "conjunto das terras habitadas" se refere?
   b) Por que a visão europeia sobre o oceano Atlântico mudou na Idade Moderna?

6. O texto a seguir aborda o cotidiano nas embarcações portuguesas. Leia-o e depois responda às questões.

> [...] A escassez de alimentos em Portugal terminava refletindo-se a bordo das embarcações portuguesas, geralmente abastecidas para enfrentarem cinco meses de viagem em alto-mar, quando na verdade a viagem levava no mínimo sete meses. Além do que, os alimentos acabavam se deteriorando ao longo da viagem devido ao tempo e às condições de armazenamento precárias [...]. Em casos extremos muitas embarcações foram obrigadas a recorrer aos muitos ratos que infestavam o navio como única forma de sobreviver. [...]
>
> [...] por uma questão técnica envolvendo o regime dos ventos e as correntes marítimas, [as embarcações] estavam obrigadas a passar a maior parte do percurso de Lisboa à Índia, principalmente a ida, em alto-mar, sem a possibilidade de reabastecer [...].
>
> Fábio Pestana Ramos. Os problemas enfrentados no cotidiano das navegações portuguesas da carreira da Índia: fator de abandono gradual da rota das especiarias. *Revista de História*, São Paulo, FFLCH-USP, n. 137, p. 76, 1997.

   a) Quais fatores são mencionados no texto como motivadores para a escassez de alimentos nas embarcações portuguesas?
   b) Por que, geralmente, essas embarcações eram impossibilitadas de reabastecer seus suprimentos ao longo da viagem?

HISTÓRIA DINÂMICA

As trocas culturais e comerciais na Ásia

Durante muito tempo, a historiografia tradicional acreditou que apenas os europeus tivessem explorado os oceanos no início da Idade Moderna. No entanto, atualmente, um número cada vez maior de pesquisadores busca investigar as trocas comerciais ocorridas no Oriente e em outros territórios fora da Europa, como no continente americano e no africano.

Essas pesquisas revelam atividades comerciais intensas e, como vimos ao longo do capítulo, o desenvolvimento de técnicas e de tecnologias de navegação que permitiram que os portugueses também se lançassem ao mar.

O texto a seguir traz um exemplo dessas pesquisas.

Do século VIII ao século XII, o comércio no Mar do Sul da China foi controlado pelos mercadores de Sri Vijaya, reino que se estabeleceu e dominou ambos os lados do estreito de Málaca. Posteriormente, entre os séculos XII e XV, houve a retomada do comércio marítimo chinês, o que levou a novos períodos de expansão e exploração da China na região que se encerraram somente com as expedições do Almirante Zheng He. Subitamente, após este período o Imperador chinês ordenou que todas as atividades marítimas chinesas fossem suspensas, o que abriu caminho para que outros povos, como japoneses e coreanos, iniciassem atividades na região. Houve, também, a presença árabe e persa, resultando na difusão da religião islâmica pela costa chinesa, ao passo [...] que cerâmicas e seda provenientes da China eram trocadas por especiarias e o incenso árabe.

No século XVI, companhias mercantes vindas de Portugal, Espanha, Holanda, Reino Unido e França estabeleceram forte presença no comércio da região, levando produtos e especiarias chinesas para o continente europeu e estabelecendo presença física e permanente na região pela conquista de portos e cidades. Em 1511, os portugueses conquistaram Málaca e em 1557 estabeleceram presença permanente na cidade chinesa de Macau. Em 1571, tropas espanholas conquistaram Manila, a atual capital das Filipinas.

Tropas holandesas substituíram a presença portuguesa em Málaca, em 1612, dominando o comércio de especiarias entre a Ásia e a Europa no século XVII e ocupando, inclusive, a ilha de Taiwan (Formosa) durante os anos de 1624 a 1662.

Sérgio Luiz Cruz Aguilar; Renato Matheus Mendes Fakhoury. Mar do Sul da China: um histórico de disputas. *Revista de História Regional*, v. 24, n. 2, 2019. Disponível em: https://revistas.uepg.br/index.php/rhr/article/view/13637. Acesso em: 28 abr. 2023.

Em discussão

1. Busque um mapa-múndi e, em seguida, localize nele todas as regiões citadas no texto. Em quais continentes ficam essas regiões?

2. Elabore uma linha do tempo com os diferentes momentos do comércio marítimo oriental destacados no texto.

CAPÍTULO 2
AS NAVEGAÇÕES

PARA COMEÇAR

A expansão marítima portuguesa iniciou-se com a conquista da cidade de Ceuta, no norte da África, em 1415. Nas décadas seguintes, Portugal avançou pelo oceano Atlântico. Além da aliança entre monarquia e burguesia, que outros fatores viabilizaram essa expansão marítima?

PORTUGAL: UM ESTADO CENTRALIZADO

O Estado português foi um dos primeiros a surgir durante a Idade Moderna no continente europeu. Essa informação é essencial para compreendermos os motivos que levaram Portugal a se destacar nas explorações marítimas, quando comparado a outros estados europeus.

Em 1385, Portugal reafirmou sua independência em relação ao reino de Castela, da Espanha, quando João, mestre de Avis, foi coroado rei. Os principais apoiadores de dom João I e seus sucessores foram os comerciantes. Por sua localização, Lisboa era, na época, ponto de encontro dos navegadores do mar Mediterrâneo e do norte da Europa, e uma comunidade de mercadores genoveses instalou-se na cidade.

No século XV, os monarcas portugueses entendiam que a expansão do comércio era a melhor forma de obter riquezas e prestígio para o reino. Por isso, selaram uma aliança com a burguesia não apenas para estimular o comércio, mas também para expandir os territórios sob sua influência ou controle.

Os portugueses tinham uma grande experiência de navegação costeira, pois a pesca era uma importante atividade no reino. Além disso, os portugueses realizavam trocas com árabes e povos orientais há séculos, o que os ajudou no acesso às mais modernas técnicas e tecnologias de navegação. Esse conjunto de fatores explica o pioneirismo de Portugal na exploração do oceano Atlântico.

Detalhe de painel de azulejos portugueses feito em 1764 em homenagem à conquista portuguesa da cidade de Diu (Índia atual), do Império Otomano, em 1546. Após fundar feitorias em diversos pontos do continente africano, os portugueses seguiram para o Oriente, onde iniciaram o estabelecimento de feitorias e colônias.

NAVEGAÇÃO E COMÉRCIO

Desde o século XIV, o governo português e diversos reinos do continente africano realizavam trocas comerciais e selavam acordos diplomáticos. O reino do Congo, por exemplo, havia se convertido ao catolicismo em meados da década de 1380, período em que jurou lealdade à Coroa portuguesa.

Esses contatos proporcionavam aos navegadores portugueses oportunidades para explorar a costa atlântica do continente africano e também estabelecer novas rotas comerciais, além de poderem conhecer melhor o comércio e os costumes de africanos e de povos orientais, principalmente daqueles que negociavam com as comunidades da África.

Em 1415, influenciado por interesses econômicos, dom João I decidiu organizar uma grande expedição para conquistar a cidade de Ceuta, no norte do continente africano. Essa cidade era um importante centro comercial de artigos de luxo – como ouro, prata e especiarias – controlado pelos mercadores árabes. A tomada de Ceuta também tinha motivações religiosas: os portugueses queriam propagar o modo de vida cristão e combater o islamismo, que era praticado naquela cidade.

Em agosto de 1415, Ceuta foi conquistada pelos portugueses. Assim, iniciou-se a primeira fase da expansão marítima de Portugal. Após a conquista de Ceuta, os portugueses continuaram a expansão pelo oceano Atlântico. Em 1419, eles ocuparam as ilhas da Madeira; em 1443, chegaram à ilha de Arguim; e, quatro anos depois, em 1447, criaram seu primeiro entreposto comercial, mais conhecido como **feitoria**.

Entre os séculos XV e XVI, os portugueses prosseguiram com a fundação de feitorias. Além daquelas que foram estabelecidas na África, centenas de feitorias foram fundadas na Ásia, marcando a presença portuguesa nos oceanos Pacífico e Índico. Goa, Málaca e Hormuz são alguns exemplos de feitorias na Ásia.

> **PARA EXPLORAR**
>
> *Descobrindo um novo mundo*, de Lillo Parra, Akira Sanoki e Rogê Antônio. São Paulo: Nemo, 2015. Entre o final da Idade Média e o início da Idade Moderna, os europeus lançaram-se aos mares em busca de novas rotas comerciais. Esse período é o tema dessa HQ, que mostra como os exploradores portugueses ligaram Ocidente e Oriente e colocaram no mapa territórios antes desconhecidos, como a terra que ganharia o nome de Brasil.

 Veja alguns exemplos de **usos de azulejos no Brasil Colonial**. Depois, responda: Em sua opinião, quais são as diferenças e as semelhanças entre os usos dos azulejos nos contextos abordados?

AS EXPEDIÇÕES MARÍTIMAS E OS NOVOS INSTRUMENTOS DE NAVEGAÇÃO

Em razão do domínio árabe e do intenso contato com navegadores que traziam produtos do Oriente, os portugueses, no século XV, adotaram instrumentos de navegação inventados pelos árabes e pelos chineses. Bússolas, astrolábios e embarcações foram sendo aperfeiçoados.

Nessa época, os portugueses criaram navios mais ágeis em manobras e que aproveitavam melhor o impulso dos ventos: primeiro, as caravelas, embarcações leves e rasas, apropriadas para viagens de exploração; depois, as naus, maiores e mais adequadas para o transporte de cargas.

Com instrumentos mais precisos e embarcações mais ágeis, foi possível aprimorar também os mapas. Assim, durante as expedições, os tripulantes responsáveis pela cartografia podiam indicar mais elementos nos **portulanos** – representações náuticas que detalhavam as distâncias e as características dos acidentes geográficos da costa, além de trazer recomendações de navegação.

Tanto as viagens feitas em naus quanto as realizadas em caravelas eram bastante insalubres e precárias, e muitos dos tripulantes eram vítimas de doenças ou naufrágios. De acordo com dados da época, 40% da tripulação morria durante o trajeto. Com frequência, o estoque de alimentos era atacado por ratos e baratas. Os alojamentos eram pouco arejados, com pequenas passagens de luz, e apresentavam forte mau cheiro.

A falta de segurança era bastante comum nessas expedições. Além de estarem expostos ao risco de contrair doenças, os navegadores viajavam em navios cuja manutenção era precária (muitas embarcações tinham cascos apodrecidos e velas desgastadas, por exemplo). Havia, ainda, a possibilidade de ataques de piratas, que comprometiam o sucesso das expedições.

▲ Relógio solar portátil com bússola, feito em 1574. A utilização de técnicas e de instrumentos asiáticos, como a bússola, foi de vital importância para o processo de expansão marítima europeia.

astrolábio: instrumento que mede a distância entre as estrelas e o horizonte, permitindo aos navegantes localizar-se e calcular o espaço percorrido.

bússola: instrumento orientador que indica, com uma agulha, a direção do norte magnético da Terra.

▼ Reprodução da *Carta de Cantino*, a mais antiga carta náutica portuguesa de que se tem notícia, datada de 1502.

A EXPANSÃO PELA ÁFRICA E PELAS ILHAS ATLÂNTICAS

Como vimos, a expansão marítima portuguesa iniciou-se em 1415 com a conquista de Ceuta, cidade muçulmana estratégica por sua localização privilegiada, no cruzamento de diversas rotas comerciais.

Em seguida, os portugueses passaram a navegar para o sul, contornando o litoral africano e chegando a arquipélagos mais afastados no oceano Atlântico. Conforme entravam em contato com os povos que habitavam a costa, os expedicionários fundavam feitorias. Nesses postos comerciais, negociavam, estocavam e taxavam produtos; além disso, reabasteciam as embarcações de mantimentos.

Na Costa da Mina ou Costa do Ouro (atual Gana), os portugueses trocavam armas de fogo, pólvora e vinho por ouro em pó, marfim e outros produtos oriundos do interior do continente africano. Foi também nessa região da África Ocidental que os europeus começaram a traficar africanos escravizados. Nas primeiras décadas, os escravizados eram vendidos na Europa ou encaminhados para os arquipélagos de Cabo Verde e Açores e a ilha atlântica da Madeira. Os portugueses haviam colonizado essas regiões e começaram a plantar cana para a produção e a venda de açúcar, um item raro e cobiçado na Europa.

Embora o comércio de produtos africanos e o tráfico de escravizados dessem lucros a Portugal, o objetivo maior desse reino com as navegações pela África ainda era encontrar uma passagem marítima para o Oriente. Após várias tentativas dos navegadores, Bartolomeu Dias contornou, em 1488, o cabo da Boa Esperança, no extremo sul da África, e chegou ao oceano Índico. Os portugueses sabiam que tinham descoberto o caminho por onde chegariam às lucrativas especiarias.

CIDADANIA GLOBAL

PESQUISA E TECNOLOGIA

As navegações da Idade Moderna proporcionaram o compartilhamento de experiências, saberes e conhecimentos entre diversos povos. Ainda hoje, cientistas de diversas áreas criam fóruns, conselhos e encontros para compartilhar os resultados de suas ideias, algo que torna o conhecimento acessível a pesquisadores de diferentes regiões.

1. Por que, na elaboração de novos conhecimentos, é importante compartilhar os resultados com outras pessoas que estejam pesquisando o mesmo tema?

2. Em sua opinião, qual é a relação entre a pesquisa científica e o desenvolvimento de inovações tecnológicas no mundo atual? Comente suas hipóteses com a turma.

Detalhe de representação da fortaleza de São Jorge de Mina, na atual cidade de Elmina, Gana, em gravura de Théodore de Bry, datada de 1603. Construída a partir de 1482 pelos portugueses, a fortificação servia de entreposto comercial, de base de apoio para navegadores portugueses, de armazém de mercadorias e de prisão para escravizados capturados.

A ROTA DO CABO

Em 1498, três embarcações sob o comando do português Vasco da Gama contornaram o cabo da Boa Esperança. Com informações obtidas de mercadores árabes em Melinde (no atual Quênia), navegaram até a cidade de Calicute, na Índia. Estava aberta a chamada Rota do Cabo.

Apesar do grande número de perdas humanas – estima-se que mais da metade da tripulação inicial tenha falecido durante a viagem –, Vasco da Gama foi saudado ao chegar de volta a Lisboa. Ele levava muitas informações sobre o Oriente, além de grande quantidade de pimenta-do-reino, cuja venda gerou um lucro altíssimo para a Coroa. O uso da Rota do Cabo finalmente permitiu aos portugueses levar à Europa as especiarias e os produtos de luxo do Oriente sem intermediários.

Em 1500, entusiasmado com os ganhos gerados pela viagem, o rei português enviou à Índia uma grande frota, com 13 embarcações, comandada por Pedro Álvares Cabral. A frota de Cabral desviou-se do caminho planejado e chegou ao território que hoje corresponde ao sul do estado da Bahia, no Brasil.

Embora a terra alcançada fosse ocupada há tempos por povos nativos desse continente, os navegadores tomaram posse do território em nome do rei de Portugal, registraram o fato e seguiram para a Índia, chegando a Calicute. Essa grande esquadra também levou muitas especiarias para Portugal, confirmando o sucesso da Rota do Cabo. A partir de então, além de enviar novas expedições mercantis ao Oriente, que atingiam lucros de até 6000% por viagem, Portugal começou a organizar missões de reconhecimento da margem oeste do Atlântico.

O INCREMENTO DA PESCA

A exploração de caminhos para o Ocidente também foi vantajosa para os pescadores no século XV. Embarcações bascas e galegas (provindas do País Basco e de Galiza, no norte da Espanha), portuguesas e inglesas descobriram uma vida marinha farta e variada nas proximidades da costa atlântica do atual Canadá.

Foi assim que se popularizou o consumo de bacalhau em Portugal: o enorme peixe capturado no Atlântico Norte era salgado de modo a garantir sua conservação até que chegasse à Europa. Nas águas atlânticas também se praticava a caça à baleia, da qual se utilizava a carne e a gordura, transformada em um óleo com diversas finalidades. Em trocas com os indígenas habitantes da costa americana, muitos pescadores adquiriam peles de animais, que eram vendidas na Europa.

■ **Expansão marítima portuguesa (século XV)**

Fonte de pesquisa: *Atlas histórico escolar*. Rio de Janeiro: FAE, 1991. p. 112-113.

ATIVIDADES

Acompanhamento da aprendizagem

Retomar e compreender

1. Retome a *Carta de Cantino* e responda:
   a) A qual povo pertence essa representação e em que época ela foi feita?
   b) Quais oceanos foram representados? E quais continentes?
   c) O que isso pode indicar sobre a expansão marítima dessa comunidade?

Aplicar

2. Leia o texto a seguir, que narra um fato da primeira viagem dos portugueses a Calicute, na Índia.

> Os portugueses transferiram suas mercadorias para o centro de Calicute, onde os árabes conseguiram, em boa parte, impedi-los de comerciar. Um residente local, um tunisino que os portugueses conheciam pelo nome de Monçaíde, foi a bordo avisar Vasco da Gama de que os mercadores árabes tinham praticamente convencido o Senhor dos Oceanos [o samorim, governante de Calicute] de que os portugueses eram piratas e ladrões, que estavam apenas a aguardar uma oportunidade para saquear e pilhar Calicute. Os mercadores ofereceram ao Senhor dos Oceanos uma enorme quantidade de dinheiro se ele mandasse capturar e decapitar Vasco da Gama e o seu séquito. Os portugueses, que já se encontravam em terra, foram impedidos de regressar aos navios e de removerem os seus bens. Vasco da Gama aguardou a altura propícia, até que notou [...] seis homens que se vestiam e comportavam como senhores da alta nobreza. Fê-los prisioneiros e transacionou-os com o agente do Senhor dos Oceanos, em troca da libertação dos portugueses que haviam sido feitos cativos.
>
> Martin Page. *A primeira aldeia global*: como Portugal mudou o mundo. Lisboa: Casa das Letras, 2008. p. 152.

a) Por que os mercadores árabes disseram ao governante de Calicute que os portugueses eram piratas e ladrões? Transcreva no caderno o trecho do texto que fez você chegar a essa conclusão.

b) Com base no que estudou até aqui, você acredita que havia conflitos frequentes entre os portugueses e os povos com que eles entravam em contato nos outros continentes?

tunisino: da cidade de Túnis, hoje capital da Tunísia.

3. Observe a imagem e, no caderno, faça o que se pede.
   a) Descreva a cena retratada nessa pintura.
   b) Leia a legenda da imagem. Quanto tempo se passou entre o evento retratado e a pintura dessa tela?
   c) Por muito tempo, o evento retratado nessa pintura foi conhecido como "Descobrimento do Brasil". Levando em consideração que alguns povos já habitavam a terra retratada, você concorda com o uso do termo **descobrimento**? Justifique sua resposta.

▲ Detalhe da obra *Desembarque de Pedro Álvares Cabral em Porto Seguro em 1500*, 1900, de Oscar Pereira da Silva. Óleo sobre tela.

133

CAPÍTULO 3
RELAÇÕES COMERCIAIS

PARA COMEÇAR

Incentivadas pelas conquistas portuguesas, outras monarquias europeias investiram em navegações marítimas, com o objetivo de encontrar diferentes rotas para as Índias. Que relação pode ser feita entre a expansão marítima e a chegada dos europeus à América?

A CONCORRÊNCIA ESPANHOLA E AS AMÉRICAS

Diante do enfraquecimento das cidades da península Itálica e das tentativas dos portugueses de chegar às Índias contornando a África, os reis católicos da Espanha financiaram navegadores que se dispusessem a buscar novas rotas para o comércio de especiarias e outros produtos. Um desses navegadores foi o genovês Cristóvão Colombo (1451-1506), que afirmava ser possível chegar às Índias navegando pelo oceano Atlântico sempre na direção oeste.

Diferentemente do que planejava, em 1492, ele não chegou ao Oriente, e sim ao continente que mais tarde se chamaria América, onde encontrou habitantes diferentes daqueles que conhecia na Europa, a quem denominou índios, por acreditar que havia chegado às Índias. Somente em 1501 reconheceu-se que aquele território correspondia a um continente entre a Europa e a Ásia.

Como a Coroa espanhola seguia empenhada em encontrar uma rota até as Índias pelo Ocidente, outras expedições foram organizadas. Em 1520, uma frota espanhola comandada pelo português Fernão de Magalhães (1480-1521) encontrou a passagem entre os oceanos Atlântico e Pacífico, no sul da América.

▼ Mapa-múndi de Gerardus Mercator, de 1587. Esse mapa retrata dois hemisférios e a visão reorganizada de mundo em decorrência da expansão marítima europeia.

EXPLORANDO OUTROS OCEANOS

As expedições portuguesas e espanholas proporcionaram a descoberta de novas áreas para a extração de metais preciosos e de novos produtos, bem como a ampliação do comércio. Além disso, incentivaram outras monarquias europeias, como a da França e a da Inglaterra, a investir na exploração de territórios além-mar.

Apesar da motivação inicial de encontrar novos caminhos para o Oriente, as viagens marítimas possibilitaram um maior conhecimento e a exploração de regiões em outros oceanos.

Com o estabelecimento da **Rota do Cabo**, as navegações pelo oceano Índico tiveram especial importância para o comércio entre Índia e Portugal, além de permitir a formação de colônias no Sudeste Asiático.

O oceano Pacífico, por sua vez, destacou-se mais para os europeus a partir da viagem de Fernão de Magalhães, em 1520, financiada pela monarquia espanhola. No século XVI, os espanhóis estabeleceram importantes pontos comerciais no Pacífico, como o das Ilhas Filipinas.

Na segunda metade do século XVI, os ingleses também voltaram sua atenção ao Pacífico. Como vimos, uma das principais formas de atuação da Inglaterra no contexto das expedições marítimas do período foi o financiamento de piratas e corsários. Assim, a monarquia inglesa poderia interceptar e tomar para si metais preciosos e demais produtos obtidos pelas monarquias rivais. Entre 1577 e 1580, frotas inglesas lideradas por Francis Drake atravessaram o estreito de Magalhães – passagem navegável entre os oceanos Atlântico e Pacífico, nomeada em homenagem a Fernão de Magalhães – e atacaram as possessões espanholas no oeste do continente americano.

CIDADANIA GLOBAL

INFRAESTRUTURA E TECNOLOGIA

Um ponto em comum entre as comunidades da Idade Moderna que organizaram expedições marítimas foi a criação de uma infraestrutura que incentivava e viabilizava esse tipo de empreendimento. Tanto os recém-formados Estados Modernos quanto o milenar Império Chinês dispuseram de investimentos e mão de obra para que pensadores, navegadores e comerciantes pudessem realizar essas expedições.

1. No Brasil atual, quais elementos fazem parte da infraestrutura que gera o desenvolvimento de novas tecnologias?
2. No século XXI, a China tem um dos principais polos de desenvolvimento tecnológico do mundo. A tecnologia desenvolvida no país permitiu que em 2022 o país lançasse um foguete para colocar satélites de observação espacial em órbita. Para que serve esse tipo de tecnologia? Que benefícios ela traz à China contemporânea?

■ Rotas e possessões europeias (séculos XV e XVI)

Fonte de pesquisa: Cláudio Vicentino. *Atlas histórico*: geral e Brasil. São Paulo: Scipione, 2011. p. 90.

AS PRIMEIRAS COLÔNIAS INGLESAS NA AMÉRICA

O primeiro povoado que os ingleses fundaram além-mar, em 1585, localizava-se no território que hoje corresponde ao atual estado da Carolina do Norte, nos Estados Unidos.

No entanto, esse povoado desapareceu misteriosamente após alguns anos – seus habitantes provavelmente morreram em conflitos com os povos indígenas da região ou em decorrência da fome.

Jamestown, o primeiro povoamento inglês bem-sucedido, foi fundado em 1607, no atual estado da Virgínia, por uma companhia de comércio.

Ainda há **pirataria no mundo atual**. Veja quais são os produtos piratas mais consumidos no Brasil atual. Depois, responda: Por que as pessoas consomem produtos piratas? Como essa prática pode ser evitada?

INGLATERRA E FRANÇA NA DISPUTA COLONIAL

Embora não dispusessem de uma frota tão poderosa quanto a portuguesa e a espanhola na virada do século XV para o XVI, França e Inglaterra também tinham interesse em lucrar com a exploração e o comércio de produtos de outros continentes. Ambos os países haviam saído recentemente de disputas pelo trono e, à medida que as monarquias se consolidavam e ganhavam mais poder, cresciam as condições de seguir os passos de Portugal e da Espanha, ignorando a divisão das terras do continente americano estabelecida por esses países em 1494, no Tratado de Tordesilhas.

Em 1497, menos de um ano antes da chegada de Vasco da Gama a Calicute, o navegador veneziano Giovanni Caboto comandou uma frota inglesa com destino às Índias. Tal como Colombo, ele tentou encontrar uma rota seguindo para o oeste, mas navegando pelo norte do oceano Atlântico. Assim, Caboto chegou ao litoral do atual Canadá, provavelmente à ilha de Terra Nova. Os ingleses financiaram outras expedições de reconhecimento em seguida, mas só iniciaram a colonização desse território no final do século XVI e o comércio regular com as Índias Orientais em 1600. Nesse meio-tempo, os navios ingleses, cada vez mais numerosos, atuaram principalmente no saque de embarcações espanholas.

Os franceses, por sua vez, chegaram ao continente americano em 1534. Em busca de uma rota para as Índias, a expedição liderada por Jacques Cartier chegou ao rio São Lourenço, no atual Canadá. Em sua terceira viagem, em 1541, Cartier fundou uma colônia onde atualmente fica a província canadense de Quebec. No entanto, essa colônia não resistiu por muito tempo por causa do clima muito frio e dos ataques de povos indígenas que viviam no local. Apenas no século seguinte os franceses colonizariam com sucesso regiões nos atuais Canadá e Estados Unidos.

Ainda no século XV, piratas franceses promoveram diversos ataques a embarcações portuguesas e espanholas. No litoral da América do Sul, na área onde atualmente fica o Brasil, saquearam cargas de pau-brasil e tentaram fundar colônias na baía de Guanabara (atual estado do Rio de Janeiro), entre 1555 e 1567, e na ilha em que hoje se localiza São Luís, capital do Maranhão, entre 1612 e 1615. Nas duas tentativas, foram derrotados pelos portugueses.

▼ Vestígios da igreja de Jamestown, primeira igreja anglicana construída na América do Norte. A igreja foi destruída e reconstruída diversas vezes ao longo dos anos, tendo restado apenas a torre de sua construção original. Sua versão mais recente é de 1907. Foto de 2021.

AS COMPANHIAS DE COMÉRCIO

O interesse dos europeus por especiarias e produtos do Oriente e da América preocupava os pioneiros no comércio marítimo. A exploração desse comércio era uma empreitada cara e, caso houvesse concorrência e aumento da procura, os preços de compra subiriam e os de venda cairiam, reduzindo o lucro nos negócios.

Por isso, os mercadores passaram a se associar em companhias de comércio para dividir os investimentos nos novos negócios. Eles reuniam recursos financeiros, construíam, compravam ou alugavam embarcações e contratavam pessoas para realizar as viagens e negociar as mercadorias. A principal característica dessas companhias era o monopólio comercial concedido pelo Estado, isto é, o direito exclusivo de comercializar determinados produtos ou de atuar em regiões específicas. A ideia dos governantes era garantir os lucros dos comerciantes, incentivando-os a ampliar os investimentos.

As companhias de comércio negociavam nas colônias produtos europeus tradicionais, como pescados, tecidos e vinho, e voltavam com mercadorias que eram raras e caras na Europa, como o cacau, o café, o chá e o tabaco. Observe no mapa a origem desses novos produtos e como eles foram utilizados pelos europeus.

Essas empresas também recebiam autorização do Estado para instalar povoamentos e fortificações nas regiões colonizadas e desenvolver o cultivo de produtos valorizados na Europa. Algumas delas tinham poderes especiais, como fazer acordos diplomáticos com governantes e chefes locais, cunhar moedas e guerrear contra potências concorrentes e povos nativos que se opusessem à colonização.

AS RELAÇÕES COMERCIAIS NO SÉCULO XVI

Embora os mercadores de Portugal, da França e de outros países tenham estabelecido companhias de comércio, as da Inglaterra e da Holanda foram mais bem-sucedidas. As Companhias das Índias Orientais desses dois países tornaram-se as organizações comerciais mais ricas daquela época. No conjunto, o século XVI foi o primeiro período em que a maioria dos continentes se envolveu em relações comerciais.

■ Origem dos produtos mais consumidos na Europa (séculos XVI-XVIII)

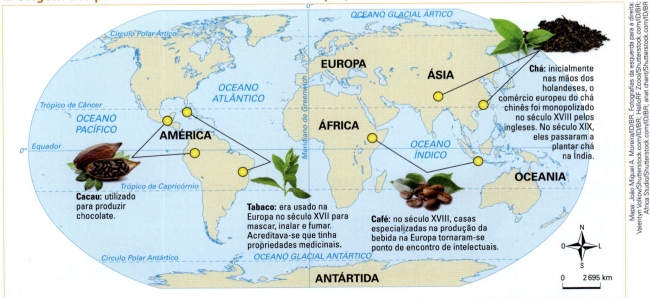

Fonte de pesquisa: Bill Laws. *50 plantas que mudaram o rumo da história*. Rio de Janeiro: Sextante, 2013. p. 28-32.

HOLANDA: UMA NOVA POTÊNCIA MARÍTIMA

A expansão colonial holandesa teve início durante as batalhas pela independência em relação à Espanha. A Holanda tinha forte presença no comércio marítimo do norte da Europa, e uma de suas cidades, Amsterdã, era um importante centro bancário. Essas condições favoráveis levaram os holandeses, inicialmente, a concorrer com portugueses e espanhóis pelas rotas para o Oriente. Entre 1580 e 1640, o trono de Portugal esteve sob o comando da monarquia espanhola, o que colocou o país automaticamente em conflito com a Holanda.

▲ Johann Nieuhoff. Vista do novo porto de Batávia (atual Jacarta, na Indonésia). Gravura do século XVII. Os holandeses levavam os africanos escravizados que trabalhavam em antigas possessões portuguesas, na Índia e na África, para suas colônias nas ilhas que hoje formam a Indonésia.

Com o sucesso da chegada de seus navios às ilhas que hoje compõem a Indonésia, no início do século XVII, os holandeses iniciaram seus projetos de colonização na região. Conseguiram conquistar diversas colônias portuguesas no arquipélago e também na Índia, na China e na ilha de Ceilão, tornando-se os principais mercadores de especiarias orientais. Ao mesmo tempo, a **Companhia das Índias Ocidentais** organizou a conquista do nordeste da América portuguesa e de importantes possessões portuguesas no litoral da África.

Expulsos definitivamente da América portuguesa em 1654, os holandeses mantiveram colônias no Caribe e continuaram atuando no tráfico de africanos escravizados para a América. Ingleses e franceses também colonizaram essa região a partir do século XVII, visando principalmente aos lucros obtidos com a plantação de cana-de-açúcar, de algodão, de tabaco e de outros produtos tropicais.

▼ Frans Post. *Vista da Cidade Maurícia e Recife*, 1657. Óleo sobre tela. A Cidade Maurícia, idealizada por Maurício de Nassau, fez parte do projeto colonizador dos holandeses quando eles ocuparam a região nordeste da América portuguesa.

ATIVIDADES

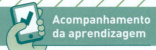

Retomar e compreender

1. Observe o mapa "Rotas e possessões europeias (séculos XV e XVI)" e responda às questões.
   a) Qual país europeu foi o primeiro a estabelecer rotas de navegação pelo oceano Índico?
   b) Quais países estabeleceram rotas de navegação no oceano Pacífico?
   c) Em quais continentes foram fundadas colônias portuguesas?
   d) Em quais continentes foram instaladas colônias espanholas?

2. De que forma a monarquia inglesa utilizava a ação de piratas e corsários para obter riquezas nos séculos XV e XVI?

3. Complete o quadro com o nome dos continentes onde as companhias de comércio europeias obtinham os produtos listados. Se necessário, copie o quadro no caderno.

Produto	Continente(s)
Café	
Tabaco	
Cacau	
Ouro	

Aplicar

4. Em 1619, a Companhia das Índias Orientais Holandesa fundou na Indonésia a cidade de Batávia, atual Jacarta. A imagem desta atividade representa a planta dessa cidade em 1681. Observe-a e, depois, responda às questões propostas.

   a) Que tipo de meio de transporte está representado nessa imagem?
   b) Por que esse tipo de transporte era comum em cidades fundadas por companhias de comércio?
   c) Observa-se, pelo traçado de suas ruas, que a cidade de Batávia foi planejada. Além disso, era cercada por muralhas e cortada por canais de navegação que lembram Amsterdã, a principal cidade da Holanda. Com base nessa afirmação, como você descreveria a atuação da Companhia das Índias Orientais Holandesa na Ásia?

▲ Planta da cidade de Batávia (atual Jacarta), na Indonésia, em 1681.

139

INVESTIGAR

Petróleo: o "ouro" preto

Para começar

De forma semelhante às especiarias no contexto da expansão marítima europeia, o petróleo, hoje, desempenha um papel vital na economia de diversos países ao redor do mundo e é considerado extremamente valioso para as sociedades contemporâneas. Dele derivam produtos amplamente usados na atualidade, como a gasolina, o gás de cozinha, o plástico, os componentes presentes em remédios, entre outros. O mapa a seguir traz algumas informações sobre o tema.

■ **Os 10 maiores produtores de petróleo do mundo (2020)**

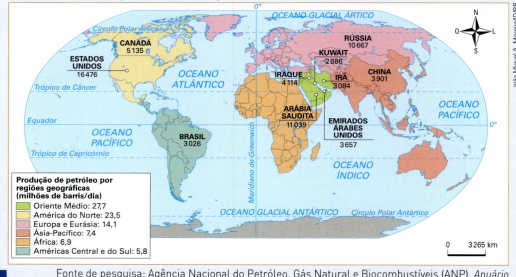

Fonte de pesquisa: Agência Nacional do Petróleo, Gás Natural e Biocombustíveis (ANP). *Anuário estatístico brasileiro do petróleo, gás natural e biocombustíveis 2021*. Disponível em: https://www.gov.br/anp/pt-br/centrais-de-conteudo/publicacoes/anuario-estatistico/arquivos-anuario-estatistico-2021/anuario-2021.pdf. Acesso em: 28 abr. 2023.

O problema

Qual é o papel desempenhado pelo petróleo nas relações internacionais da atualidade?

A investigação

- **Prática de pesquisa:** observação, tomada de nota e construção de relatórios.
- **Instrumentos de coleta:** registros institucionais e revistas de divulgação científica.

Material

- livros, jornais e revistas
- material pesquisado
- canetas coloridas e lápis de cor
- folhas de papel avulsas
- cola e tesoura com pontas arredondadas
- cartolina

140

Procedimentos

Parte I – Levantamento de informações

1. Formem cinco grupos. Cada grupo vai selecionar um dos temas a seguir para pesquisar: países que detêm tecnologia para a extração e o refino de petróleo na atualidade; diversos usos do petróleo e de seus derivados; efeitos da extração de petróleo e do uso de seus derivados no meio ambiente; conflitos militares motivados pela exploração do petróleo; alternativas ao uso do petróleo.

2. Cada membro do grupo vai fazer a pesquisa sobre o tema selecionado utilizando textos, imagens e dados estatísticos, entre outras fontes. Todas as fontes de pesquisa consultadas devem ser registradas.

Parte II – Troca e sistematização das informações

1. Após as pesquisas individuais, reúnam-se em grupo para compartilhar as informações levantadas.
2. Organizem essas informações em tópicos, como em um relatório.
3. Criem um cartaz com os principais dados coletados na pesquisa. Para enriquecer o conteúdo, utilizem imagens e gráficos que facilitem a leitura e a compreensão desses dados. Lembrem-se de incluir as fontes de pesquisa.

Questões para discussão

1. Houve assuntos mais fáceis de pesquisar do que outros? Se sim, quais? Em sua opinião, por que houve facilidade maior para pesquisar esses temas em relação aos demais?
2. O Brasil é um produtor de petróleo? Em caso afirmativo, quando começou a explorar esse produto?
3. Qual é a importância do petróleo e de seus derivados em seu cotidiano?
4. Atualmente, a exploração do petróleo, assim como a busca de metais preciosos nos séculos XVI ao XVIII, é a causa de conflitos militares e comerciais? Expliquem.
5. Por que é importante encontrar alternativas ao uso do petróleo? Quais seriam essas alternativas?

Comunicação dos resultados

Exposição dos resultados

Em uma data combinada, apresentem as informações obtidas nas pesquisas, sintetizadas no relatório. A apresentação dos grupos deve seguir a ordem dos temas estabelecida no item **Procedimentos**. Afixem na sala de aula o cartaz que produziram, montando um painel sobre o papel desempenhado hoje pelo petróleo nas relações internacionais.

É importante que, durante as apresentações, os integrantes dos demais grupos possam fazer, de forma respeitosa, apontamentos que possibilitem enriquecer a discussão, acrescentando informações que tenham sido obtidas na pesquisa do próprio grupo, por exemplo.

ATIVIDADES INTEGRADAS

Retomar e compreender

1. O que explica o pioneirismo de Portugal nas navegações pelo oceano Atlântico?

2. Por que a Coroa portuguesa buscava uma rota alternativa para a Índia?

3. No caderno, organize os fatos conforme a sequência cronológica em que ocorreram.

    a) Financiado pela Inglaterra, o navegador genovês Giovanni Caboto chega à costa do atual Canadá ao buscar alcançar as Índias.

    b) Após contornar o continente africano e navegar pelo oceano Índico, o português Vasco da Gama chega à cidade de Calicute, na Índia.

    c) O veneziano Marco Polo viaja por 24 anos pela Ásia, descobrindo produtos valiosos e inventos desconhecidos na Europa.

    d) Os holandeses conquistam diversas colônias de outros povos europeus na Ásia.

4. No caderno, escreva um parágrafo sobre a relação entre o processo de expansão marítima europeia e a consolidação das monarquias nacionais europeias.

Aplicar

5. Identifique no mapa as primeiras expedições que chegaram ao continente americano, realizadas a serviço de Portugal, Espanha, Inglaterra e França. No caderno, crie um título e uma legenda para esse mapa. Depois, compare sua resposta com as dos colegas.

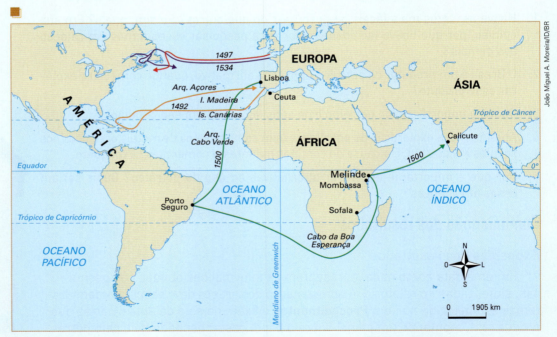

Fonte de pesquisa: *Atlas histórico escolar*. Rio de Janeiro: FAE, 1991. p. 112-113.

6. Durante o período da expansão marítima, os europeus entraram em contato com povos e sociedades de diferentes partes do mundo, que não vivenciaram o feudalismo. Levando isso em consideração, podemos afirmar que esses povos vivenciavam a Idade Moderna da mesma forma como os europeus? Explique.

142

Acompanhamento da aprendizagem

Analisar e verificar

7. Leia o texto citado nesta atividade, escrito em 1520 por um marinheiro italiano, e responda às questões.

> **28 de novembro de 1520**
>
> *Saída do estreito* — Na quarta-feira, dia 28 de novembro de 1520, saímos do estreito para entrar no grande mar, ao qual em seguida chamamos de Pacífico, e onde navegamos durante três meses e vinte dias sem provar nenhum alimento fresco. [...] Penúria extrema — Frequentemente nossa alimentação ficou reduzida à serragem de madeira como única comida, posto que até os ratos, tão repugnantes ao homem, chegaram a ser um manjar tão caro que se pagava meio ducado por cada um.
>
> *Escorbuto* — Mas isto não foi o pior. Nossa maior desdita foi nos vermos atacados por uma enfermidade pela qual as gengivas incham até o ponto de sobrepassar os dentes, tanto da mandíbula superior como da inferior. [...] Morreram dezenove, entre eles [...] um brasileiro que ia conosco. [...]
>
> Antonio Pigafetta. *A primeira viagem ao redor do mundo*: o diário da expedição de Fernão de Magalhães. Porto Alegre: L&PM, 2006. p. 81-82.

a) A qual oceano o texto se refere?

b) Em sua opinião, por que os navegadores dessa embarcação o nomearam dessa forma?

c) As condições apresentadas são semelhantes ou diferentes daquelas vivenciadas por tripulantes de embarcações que navegavam em outros oceanos no mesmo período? Explique.

8. **SABER SER** No contexto da expansão marítima, os europeus se depararam com povos desconhecidos, os quais, de modo geral, consideraram inferiores. Essa ideia de inferioridade foi usada como justificativa para a dominação desses povos. Na atualidade, certos grupos e pessoas ainda utilizam uma pretensa ideia de superioridade para oprimir outros indivíduos.

a) Você já presenciou alguma situação que evidencie a dominação de um grupo ou de um indivíduo sobre outro? Como você se sentiu?

b) Busque informações sobre os grupos que são marginalizados no mundo atual. Que grupos são esses e por que são marginalizados?

Criar

9. Observe a gravura de 1661 e responda às questões a seguir.

a) De acordo com a imagem, como era o imaginário europeu a respeito das terras além-mar?

b) Como você retrataria o oceano em uma viagem marítima longa? Use a imaginação e elabore uma imagem sobre o tema, expondo seu imaginário sobre esse tipo de viagem.

Gravura europeia, de 1661, representando nobres indígenas da América.

CIDADANIA GLOBAL

UNIDADE 5

9 INDÚSTRIA, INOVAÇÃO E INFRAESTRUTURA

Retomando o tema

Durante a Idade Moderna, a expansão marítima europeia se deu, em grande medida, graças às inovações tecnológicas obtidas por meio do contato com os povos orientais e com os árabes. No mundo atual, inovações tecnológicas continuam possibilitando a exploração de novos ambientes, como o espaço sideral.

Potentes telescópios e programas de computador, por exemplo, são usados na captura e na leitura de imagens durante pesquisas astronômicas; já foguetes, satélites e estações espaciais são equipamentos projetados para viagens no espaço.

1. Elabore uma lista com as principais inovações tecnológicas que fazem parte de seu cotidiano no ambiente escolar.

2. Em sua opinião, quais são as motivações para a exploração do espaço sideral? Elas são semelhantes às que levaram as sociedades da Idade Moderna a explorar novos espaços?

Geração da mudança

- A internet das coisas é uma das principais tendências tecnológicas do mundo contemporâneo. Sabendo disso, você e os colegas vão se organizar em grupos de até cinco integrantes para buscar informações sobre os impactos dessa tecnologia na vida das pessoas e sobre a relação entre a exploração espacial e a internet das coisas.

- Depois, escolham um integrante do grupo para apresentar oralmente as principais descobertas de vocês aos colegas de turma.

- Após a fala de cada grupo, conversem sobre a seguinte questão: Como o uso da internet das coisas pode facilitar o cotidiano de vocês?

internet das coisas: possibilidade de conectar qualquer dispositivo à internet de modo a torná-lo mais eficiente, automatizando as funções dele de acordo com os hábitos dos usuários. Por exemplo, uma geladeira conectada à internet poderia identificar que um alimento geralmente consumido pelas pessoas da casa acabou e, automaticamente, realizar um pedido *on-line* desse produto, facilitando a vida dos moradores.

Autoavaliação

Liniker Eduardo/ID/BR

144

ESPANHÓIS E INGLESES NA AMÉRICA

UNIDADE 6

PRIMEIRAS IDEIAS

1. Em sua opinião, quem eram os habitantes do continente americano antes da chegada dos europeus?
2. Atualmente, uma expressiva parcela da população de países da América descende de povos que habitavam o continente antes da chegada dos europeus. Em sua opinião, de que maneira os diversos povos da América resistiram ao processo de conquista e colonização europeu? Levante hipóteses.
3. A conquista de territórios na América garantiu muita riqueza para as Coroas europeias. No entanto, esse processo causou prejuízos para os povos que viviam nesses territórios. Com base no que você já sabe sobre o assunto, comente essa afirmação, dando exemplos de transformações vivenciadas por esses povos.

Conhecimentos prévios

Nesta unidade, eu vou...

CAPÍTULO 1 — Indígenas e espanhóis: guerras e alianças

- reconhecer as formas de organização das populações da América antes da chegada dos europeus ao continente.
- identificar as estratégias de resistência dos nativos e de dominação dos espanhóis no processo de colonização.
- conhecer as estruturas político-administrativas criadas pelos espanhóis para o controle e a exploração da América ao analisar um mapa político do período.
- relacionar a colonização da América espanhola às práticas mercantilistas, retomando conteúdos das unidades anteriores.

CAPÍTULO 2 — A América espanhola

- identificar os diferentes grupos sociais na América espanhola por meio da análise de um documento da época.
- conhecer e analisar os diferentes usos da mão de obra indígena e africana na América hispânica, com destaque para a resistência desses grupos ao processo de colonização.
- reconhecer e valorizar as culturas indígena e africana, bem como sua presença atual na América Latina.

CAPÍTULO 3 — A colonização inglesa da América

- identificar a existência de povos nativos na América do Norte.
- analisar as especificidades do modelo de colonização nas Treze Colônias inglesas, com ênfase na relativa autonomia dos colonos.
- caracterizar a economias das Treze Colônias, identificando as diferenças entre as colônias do norte/centro e as do sul.
- compreender as estruturas políticas e comerciais das Treze Colônias, com destaque para o comércio triangular.

CIDADANIA GLOBAL

- perceber as relações históricas e sociais entre as desigualdades sociais e o legado colonial.
- conhecer os conceitos de genocídio e etnocídio, compreendendo que tais práticas são contrárias às ideias de paz e de justiça social.
- debater e produzir um cartaz sobre justiça social.

LEITURA DA IMAGEM

1. A imagem retrata quais grupos sociais?
2. Que aspectos dela indicam que se trata de uma representação contemporânea e não uma imagem de época?
3. Como a cena pode ser relacionada à chegada dos europeus à América e aos processos de colonização da Idade Moderna?

CIDADANIA GLOBAL

Durante o processo de colonização do continente americano, os europeus tentaram impor seus modos de organização, destruindo as instituições políticas e sociais que já existiam nas comunidades indígenas.

1. Qual é a importância da manutenção de instituições reconhecidas e apoiadas pela sociedade para a preservação da paz e da justiça?
2. Em seu município, quais órgãos são responsáveis pela manutenção da paz e pelo funcionamento da justiça? Compartilhe seus conhecimentos com a turma.

 Apesar do processo de colonização, muitos povos indígenas resistiram e preservaram seus hábitos e culturas. Veja alguns exemplos de **povos indígenas atuais** e seus costumes. Qual deles mais chamou sua atenção? Por quê?

Rafael González y González, *Baile da Conquista* (1979). Óleo sobre tela. O Baile da Conquista é uma dança popular da Guatemala. Ela conta a história de Pedro Alvarado derrotando o rei maia Tecun Uman e da conversão desse rei ao cristianismo.

CAPÍTULO 1
INDÍGENAS E ESPANHÓIS: GUERRAS E ALIANÇAS

PARA COMEÇAR

Registros apontam que foram amistosos os contatos iniciais entre os espanhóis e as populações nativas da América. Posteriormente, no entanto, esse contato revelou-se prejudicial aos povos americanos. Você sabe por que isso aconteceu?

DISPUTAS POR NOVOS TERRITÓRIOS

Como vimos anteriormente, as políticas econômicas que vigoravam na Europa no século XV desempenharam um papel vital na expansão marítima europeia pelo oceano Atlântico. Além da busca por novas rotas de comércio, esse processo de expansão também visava à exploração de territórios além-mar.

Apesar do pioneirismo ibérico no estabelecimento de colônias na América, Portugal e Espanha não foram os únicos países europeus a investir na conquista desse continente. Outras nações, como Inglaterra e França, também tomaram posse de territórios na costa atlântica do continente americano.

Ao colonizar a América, os europeus pretendiam explorar metais preciosos (ouro e prata) e outros produtos da região com alto valor de troca. Para isso, utilizaram mão de obra escrava, ora indígena, ora africana, o que lhes rendeu grandes lucros. Com base nessas práticas, desenvolveu-se uma relação de dominação entre as potências colonizadoras europeias, chamadas de metrópoles, e as regiões ocupadas da América, as colônias.

▼ Detalhe de litografia colorida, feita por volta de 1552, representando a aliança entre os mexicas de Tlaxcala e a comitiva espanhola de Hernán Cortés. Essa aliança foi uma das mais importantes para a vitória dos espanhóis sobre o Estado Asteca.

DIFERENTES VALORES

Os primeiros registros sobre o contato entre os espanhóis e as populações indígenas da América descrevem-no como um encontro amistoso. A busca espanhola por ouro, no entanto, desencadeou guerras pela dominação das populações nativas da América, as quais sofreram genocídio.

Nesse período, muitos povos da América mantinham crenças em divindades: acreditavam que, após reinarem de maneira benevolente, essas divindades se retiravam deste mundo com a promessa de retorno, quando, então, restabeleceriam a ordem. Crenças desse tipo desempenhavam especial papel nos conflitos entre os diversos povos que compunham os Estados asteca e inca, pois, de um lado, a insatisfação dos dominados em relação aos dominadores potencializava a esperança do retorno de tais divindades; e, de outro, alguns povos da América identificavam os conquistadores europeus com essas divindades e, por isso, estabeleceram alianças com eles.

Os europeus, por sua vez, viam-se no direito de subjugar todos os povos com os quais se deparassem em seu processo de expansão. Em grande parte, esse sentimento de superioridade se devia à mentalidade religiosa da época, que pregava a ideia de desigualdade entre os seres humanos, segundo a qual alguns disporiam do direito divinamente atribuído de governar e dominar outros. Porém, não menos importante foi o desejo de enriquecimento das monarquias europeias, o qual, conforme alguns historiadores, se sobrepôs a todos os demais valores dessas Coroas.

▲ Faca em ouro e turquesa, de cerca de 1400, usada na cultura Chimu em cerimonial de sacrifício. A constatação da existência de ouro no continente americano e do amplo uso desse metal pelos povos indígenas foi um dos principais desencadeadores da conquista do território americano e da dominação dos espanhóis sobre os povos que nele viviam.

> Conheça a estrutura do **Templo Maior de Tenochtitlán**, capital do Estado Asteca, e produza uma maquete ou um desenho representando esse edifício.

O ESTADO ASTECA E OS ESPANHÓIS

Hernán Cortés, um nobre espanhol que havia participado da ocupação da ilha de Cuba, liderou as tropas que conquistaram os territórios controlados pelos astecas. Cortés partiu de Cuba em 1519, com o objetivo de se apoderar das minas de ouro localizadas nas terras continentais, de cuja existência soubera pelos indígenas das ilhas do Caribe. A confirmação de que nessas terras existiam jazidas de ouro levou Cortés a tentar conquistá-las à força. Os astecas, no entanto, eram grandes guerreiros e contavam com maior número de combatentes.

Como já vimos, a construção do Estado Asteca derivou da conquista e da dominação de outros povos indígenas. Essa dominação provocava uma forte rivalidade entre os povos dominados e seus dominadores e, consequentemente, acarretava inúmeras divisões políticas e étnicas dentro do Estado. Cortés, portanto, aproveitou-se dessas disputas internas e estabeleceu alianças com os povos dominados pelos astecas, como os recém-conquistados totonacas e também os tlaxcalanos. Além de lutar ao lado dos espanhóis, esses aliados informavam como os astecas agiam, pensavam e guerreavam, garantindo às tropas de Cortés uma vantagem que, de outra forma, não teriam.

Como resultado, os astecas foram derrotados e, em apenas dois anos, os espanhóis se apossaram de suas minas de ouro e de prata. Os povos nativos aliados dos espanhóis se viram livres do controle asteca. Para eles, essa derrota simbolizava o fim do reinado de Huitzilopochtli – o deus do Sol e da guerra, que teria dado aos astecas o poder de dominar as áreas ao redor de Tenochtitlán. Portanto, o declínio dos astecas também significou o fim do mundo segundo a cultura desses nativos americanos.

▶ Ilustração de manuscrito mexicano, do século XVI, representando a aliança entre tlaxcalanos e espanhóis. A imagem mostra os nativos ajudando Cortés e seus companheiros a atravessar um canal fluvial.

TAWANTINSUYU: UM IMPÉRIO DIVIDIDO

No século XVI, às vésperas da conquista espanhola, os incas encontravam-se plenamente organizados na forma de um poderoso império autodenominado Tawantinsuyu, palavra da língua quíchua que significa "as quatro terras" ou "os quatro cantos do mundo", por estar dividido em quatro regiões. Diversos povos da região andina estavam submetidos a esse império.

Assim como entre os povos mesoamericanos, havia forte rivalidade entre os incas e os povos por eles subjugados, razão pela qual existiam diversas disputas no interior do império.

Essas disputas internas foram potencializadas após a morte do inca Huaynac Capac, em 1525, quando teve início uma intensa disputa pelo trono entre seus dois filhos, Huascar e Atahualpa.

Paralelamente, o explorador espanhol Francisco Pizarro tomou conhecimento das riquezas do Império Inca ao entrar em contato com povos indígenas que habitavam a região do atual Panamá, e, tão logo quanto possível, solicitou à Coroa espanhola a permissão para invadir e dominar o território inca. Essa solicitação foi prontamente concedida.

A aproximação dos europeus foi monitorada pelos incas, os quais, à época, contavam com um eficaz sistema de estradas e pontes que permitiam um rápido deslocamento de mensageiros pelas regiões do império. Tomando conhecimento da chegada de Pizarro à região andina, Huascar enviou mensageiros em busca de apoio na disputa contra o irmão. Por meio dessa aliança, em 1532, os espanhóis chegaram a Cajamarca, região governada por Atahualpa.

Os espanhóis armaram uma emboscada e aprisionaram Atahualpa, no episódio conhecido como **Massacre de Cajamarca**. Além da captura do líder inca, os espanhóis, em desvantagem numérica, aproveitaram-se das rivalidades internas no império e aliaram-se a povos inimigos dos incas, como os wanka e os yana. Essas alianças ajudaram a esfacelar a organização do Império Inca, e os espanhóis aumentaram progressivamente seu domínio na região.

Mesmo com o avanço do domínio espanhol, a resistência inca foi forte e persistiu cerca de quarenta anos até 1572, quando Tupac Amaru, o último imperador inca, foi capturado e morto.

PARA EXPLORAR

O mundo de cabeça para baixo: relatos míticos dos incas e seus descendentes, de Rodrigo Montoya. São Paulo: Cosac Naify, 2012 (Coleção Mitos do Mundo).

Nessa obra, o autor reconta mitos da tradição inca do período anterior à colonização e também do período posterior, mostrando como a invasão dos europeus afetou as expressões culturais desse povo.

▼ Representação da batalha de Cajamarca. Gravura de Théodore de Bry, século XVI. A expressão "batalha" foi usada pelos espanhóis como forma de suavizar o massacre das populações indígenas. Trata-se do ponto de vista desse povo europeu sobre as guerras de conquista na América. Atualmente, porém, esse ponto de vista é problematizado.

Biblioteca Nacional Marciana, Veneza, Itália. Fotografia: De Agostini/Getty Images

A ADMINISTRAÇÃO ESPANHOLA

Para facilitar a administração e o controle das terras ocupadas na América, o governo espanhol criou **vice-reinos**, ou seja, divisões administrativas desses territórios. Cada vice-reino era governado por um nobre espanhol e tinha certa autonomia, apesar de estar subordinado à Coroa espanhola.

O primeiro vice-reino estabelecido foi o da Nova Espanha (atuais México, países da América Central e uma parte do território dos Estados Unidos), criado em 1535. Depois foram estabelecidos os vice-reinos do Peru (atuais Peru, Colômbia, Bolívia, Equador, Chile e Argentina), de Nova Granada (atuais Colômbia, Venezuela e Equador) e do Rio da Prata (atuais Argentina, Uruguai, Paraguai e Bolívia). A Coroa espanhola também instituiu **capitanias-gerais**, que eram áreas estratégicas dos pontos de vista econômico e militar. Observe no mapa as divisões propostas.

A administração desses vice-reinos era fiscalizada pelas **audiências**, tribunais considerados a mais alta instância de poder em uma colônia.

Antes dos vice-reinos, das capitanias-gerais e das audiências, outras instituições administrativas haviam sido fundadas nas colônias para assegurar o controle espanhol sobre as riquezas extraídas na América. Em 1503, foi criada a **Casa de Contratação** e, em 1524, foi constituído o **Conselho das Índias**. A Casa de Contratação monitorava o comércio e a navegação entre a América e a Metrópole, garantindo o monopólio espanhol sobre as transações coloniais. Para isso, determinou-se que somente do porto de Sevilha, na Espanha, poderiam partir os navios utilizados no comércio com a Colônia. Já o Conselho das Índias elaborava as leis e os decretos coloniais, além de nomear os vice-reis e os capitães-gerais.

Uma das preocupações dos colonizadores foi a construção de cidades na América espanhola tal como as que existiam na Europa. Essa estratégia correspondia a uma forma de substituir a cultura urbana dos nativos pela dos espanhóis, marcando ainda mais o controle europeu sobre a Colônia.

Esses centros urbanos coloniais eram administrados pelos *cabildos*, ou *ayuntamentos*, que funcionavam como conselhos municipais que trabalhavam para a resolução de problemas locais relacionados a segurança, obras públicas, abastecimento de água e de alimentos e uso de espaços públicos.

> **UMA GRANDE POTÊNCIA NO SÉCULO XVI**
>
> Além da Casa de Contratação e do Conselho das Índias, o governo espanhol criou um sistema de porto único, segundo o qual apenas determinados portos da Espanha e da América poderiam ser palco de negociação dos produtos da Colônia. Toda essa estrutura administrativa tinha como objetivo garantir o controle e a exclusividade do comércio da Metrópole com a Colônia. Isso possibilitou o acúmulo de grandes riquezas pela Coroa espanhola e a consolidação desse país como uma das grandes potências do século XVI.

Divisões administrativas da América espanhola (séculos XVI a XVIII)

Fonte de pesquisa: Cláudio Vicentino. *Atlas histórico*: geral e Brasil. São Paulo: Scipione, 2011. p. 95.

POVOS INDÍGENAS: RESISTÊNCIA E DOMINAÇÃO

As populações nativas detinham conhecimentos sobre os territórios da América, tecnologias próprias e estruturas de poder consolidadas, todos de interesse dos espanhóis. Por isso, as conquistas dos territórios pertencentes aos astecas e aos incas significaram, acima de tudo, a tomada de centros políticos e administrativos da região. Para muitas das populações locais, essa transição de poder, das elites nativas para os espanhóis, representou, no primeiro momento, mais uma mudança de grupos dominadores do que uma dominação inédita em si. Também foi identificada, inicialmente, a chance de se libertar do domínio dessas elites e de adquirir a hegemonia sobre a região.

As tentativas espanholas de suprimir a cultura das populações ameríndias não foram recebidas sem resistência. No que se refere à conversão desses povos ao cristianismo, por exemplo, é possível verificar que muitos indígenas mantiveram suas crenças, apesar de manifestarem externamente uma adesão aos modos e costumes religiosos europeus. A adoção de costumes europeus também apresentou variações de acordo com as camadas sociais às quais os indígenas pertenciam. Devido à proximidade com os espanhóis, membros das nobrezas indígenas adotaram vestimentas e hábitos europeus. Isso, no entanto, não implicou a substituição de seus valores e costumes.

A preservação de línguas nativas também representou um importante aspecto de resistência cultural desses povos, tanto no sentido de propiciar a transmissão de valores e conceitos característicos de tais culturas como no de promover a noção de pertencimento a determinado grupo com origens em comum. O quíchua, por exemplo, é considerado uma das línguas oficiais da Bolívia e do Peru, e sua preservação é um dos marcos da resistência cultural dos povos indígenas dessa região.

Ainda assim, o objetivo espanhol era ter o controle total sobre as terras definidas por eles como colônias e partiram para o genocídio desses povos.

Tanto as concepções religiosas dos europeus nesse período como o desejo das monarquias nacionais por metais preciosos embasaram, segundo o modo de pensar da época, a dominação, o massacre e a escravização dos povos indígenas. Além disso, as doenças levadas pelos europeus, como a varíola e a gripe, contra as quais os povos ameríndios não tinham defesas naturais, contribuíram para dizimar essas populações na época.

CIDADANIA GLOBAL

GENOCÍDIO E ETNOCÍDIO

Durante o período colonial, os europeus praticaram diversas formas de violência contra as populações originárias da América. Além da violência física em si, também efetivaram tentativas sistemáticas de destruição dos modos de vida e pensamento desses povos.

Essas duas formas de violência e opressão são baseadas em visões de mundo que consideram as diferenças como ruins e passíveis de serem eliminadas. Porém, diferentemente do extermínio físico de um povo, conhecido como **genocídio**, essa forma de opressão cultural, conhecida como **etnocídio**, é exercida em longo prazo e visa à conversão forçada da cultura de um povo ou grupo aos modelos culturais dos opressores.

1. Você já presenciou alguma situação em que um indivíduo ou grupo tenha sido impossibilitado de expressar sua cultura? Em caso afirmativo, como você se sentiu ao presenciar essa situação?

2. Em sua opinião, o que deve ser feito para que as diversas expressões culturais sejam preservadas e respeitadas?

Mulher peruana tecendo. Vale Sagrado, Chinchero. Foto de 2022.

ATIVIDADES

Retomar e compreender

1. De que forma a Espanha garantiu o controle sobre a exploração dos territórios americanos?

2. **SABER SER** Apesar do domínio espanhol sobre a Mesoamérica e os Andes, muitas tradições dos povos indígenas que habitavam essas regiões antes da chegada dos europeus foram preservadas. Em sua opinião, o que pode ter contribuído para essa preservação? Por que essa preservação é importante para o mundo atual?

Aplicar

3. Leia o texto e, em seguida, responda às questões.

> Impacientes por se tornarem ricos, os marinheiros de Colombo não se conformaram com os presentes em ouro e prata dados pelos pacíficos habitantes dos trópicos e começaram a saquear as aldeias indígenas. [...]
> A avidez por ouro era incompreensível para os americanos. O Imperador Montezuma, o "Tlatoani" dos Astecas, não entendeu o desprezo do conquistador [Hernán] Cortés pelas plumas de aves, mantas e comestíveis enviados aos espanhóis, nem entendeu por que preferiam os vasilhames de ouro em lugar dos alimentos que ali estavam.
>
> Enrique Peregalli. *A América que os europeus encontraram.* São Paulo: Atual, 1994. p. 4.

a) De acordo com o texto, quais eram os objetivos dos espanhóis em relação à América?

b) Segundo o autor, que atitude dos espanhóis teria causado estranheza entre os astecas?

4. Observe a imagem desta atividade e, em seguida, responda às questões.

a) Identifique os grupos representados na imagem.

b) Que elementos o ajudaram nessa identificação?

c) Qual dos grupos representados está em maior número?

d) Em sua opinião, o que pode ter provocado a vantagem de um dos grupos sobre o outro?

◀ Fac-símile de ilustração feita por indígenas tlaxcalanos em cerca de 1892.

ARQUIVO VIVO

Códices astecas

Quando chegaram à América, os europeus se depararam com diferentes sociedades. Algumas delas haviam desenvolvido um sistema de escrita e técnicas de fabricação de papel, como foi o caso dos astecas.

Esse povo tinha escribas encarregados de registrar histórias, conhecimentos científicos e crenças religiosas por meio de imagens, símbolos e números em folhas de um tipo de papel chamado *amatl*, conhecido hoje como *amate*. O conjunto desses registros era chamado pelos indígenas da Mesoamérica de *tonalamat*, mas os espanhóis o chamavam de códice.

A maior parte dos códices astecas foi destruída pelos colonizadores, mas os indígenas mesoamericanos continuaram a produzi-los. Para esses nativos, os códices tinham funções sagradas e eram oferendas aos deuses.

Muitas vezes, a Igreja e a Coroa espanhola se encarregaram de patrocinar a produção dos códices para melhor compreender as tradições e a formação das dinastias dessas sociedades.

A imagem desta página retrata uma página de um códice mesoamericano chamado *Telleriano-Remensis*, que foi produzido no século XVI e é composto de ilustrações astecas e textos em espanhol. Observe-a com atenção.

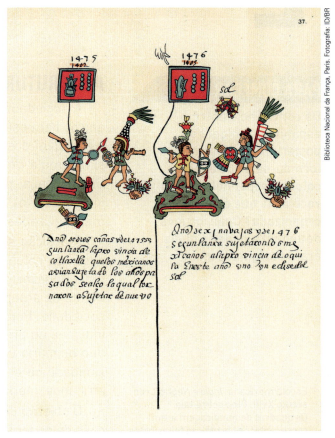

▲ Página do códice *Telleriano-Remensis*. Elaborado por volta de 1562-1563 em papel europeu, encontra-se hoje na Biblioteca Nacional da França, em Paris.

códice: conjunto de folhas de papel escritas à mão reunidas em uma espécie de livro por cadarços e costura.

Organizar ideias

1. Em que período histórico o códice *Telleriano-Remensis* foi elaborado?
2. O que você acha que está representado nessa imagem?
3. Em que categoria de documento esse códice se enquadra?
4. É possível identificar a autoria do documento? Por quê?
5. Em sua opinião, o códice *Telleriano-Remensis* teria sido criado a que leitor? Justifique sua resposta.

155

CAPÍTULO 2
A AMÉRICA ESPANHOLA

PARA COMEÇAR

Da convivência entre espanhóis, indígenas e, posteriormente, africanos, formou-se a sociedade colonial espanhola. Como você acha que ela era organizada? Quais grupos detinham o poder e quais eram marginalizados?

A ESTRUTURA DA SOCIEDADE COLONIAL

A sociedade na América espanhola seguia critérios hierárquicos bem estabelecidos. O local de nascimento, a cor da pele e a origem dos pais, dos avós e dos demais antepassados, assim como a riqueza dos indivíduos definiam sua posição social. Os europeus, por exemplo, faziam parte da elite, enquanto os indígenas e os africanos compunham as camadas sociais mais marginalizadas.

A posição social dos indivíduos que nasciam na América, a partir da colonização, também seguia critérios rígidos. Quanto mais riquezas uma pessoa possuísse e mais próximo seu nascimento de antepassados europeus, melhor seria sua posição na sociedade. Por outro lado, se guardasse traços de ascendência indígena ou africana e não possuísse muitas riquezas, o indivíduo ocuparia uma posição social inferior. Quanto maior a proximidade de seu nascimento com antepassados ameríndios ou africanos, menores seriam seus privilégios sociais.

O objetivo dessa organização social era garantir que as posições de poder fossem sempre ocupadas por famílias facilmente identificáveis como descendentes de espanhóis.

▼ Escola mexicana. *Índio e Negra/ Lobo*, século XVIII. Óleo sobre tela. Os quadros de mestiçagem eram representações artísticas feitas pelas elites coloniais do século XVIII e retratavam os grupos sociais da América espanhola.

156

AS CAMADAS SOCIAIS

A camada social dominante era constituída dos **chapetones**, homens brancos nascidos na Espanha. Eles ocupavam os altos cargos administrativos, religiosos e militares e controlavam as atividades econômicas da Colônia.

Hierarquicamente, os **criollos**, isto é, os filhos de espanhóis nascidos na Colônia, estavam abaixo dos *chapetones*. Atuavam no comércio e nos *cabildos*, que, como vimos no capítulo anterior, funcionavam como conselhos municipais nos centros urbanos coloniais, gerenciando o abastecimento de água e de alimentos, os preços, as obras públicas, o policiamento das vilas e das cidades e outras questões locais.

América espanhola – Estimativa da composição populacional (séculos XVIII e XIX)

Fonte de pesquisa: Stuart B. Schwartz; James Lockhart. *A América Latina na época colonial*. Rio de Janeiro: Civilização Brasileira, 2002. p. 396.

Abaixo dessas duas classes encontravam-se as **castas**, nome genérico utilizado para definir os diferentes tipos de **mestiços** nascidos na colônia espanhola, bem como indicar sua posição econômica e social.

Os mestiços eram filhos de espanhóis com mulheres indígenas. Exerciam diversas atividades especializadas e artesanais, como as de ferreiro, carpinteiro, pedreiro e vaqueiro, e também podiam ser pequenos comerciantes.

Atividades relacionadas à agricultura, à mineração e à construção de obras públicas eram realizadas por indivíduos de castas considerados inferiores. Quem de fato plantava, colhia, extraía metais preciosos e trabalhava nas obras públicas eram os indígenas, que constituíam a maior parcela da população. Posteriormente, os espanhóis também levaram africanos escravizados para trabalhar nas lavouras de cana-de-açúcar e na mineração.

CIDADANIA GLOBAL

LEGADO COLONIAL

O processo de organização da sociedade colonial espanhola não só excluiu, de maneira consciente, as populações negras e indígenas dos espaços e posições de poder como também garantiu a concentração de riquezas nas mãos da elite branca descendente de europeus, que correspondia a uma pequena parcela da população. Esse processo deu origem a uma dinâmica social marcada por desigualdades que se acentuaram com a passagem do tempo e ainda hoje dificultam o acesso de indivíduos e grupos historicamente marginalizados aos espaços e posições de poder.

1. Em sua opinião, os grupos sociais marginalizados nas sociedades latino-americanas ainda são os mesmos do período colonial? Por quê?

2. Você considera que exista alguma relação entre violência e desigualdade social? Por quê?

 Observe o **quadro de mestiçagem**, documento que identificava a posição social de diferentes indivíduos nascidos na América espanhola de acordo com a ascendência. Localize a representação que mais se parece com as pessoas retratadas na imagem da abertura do capítulo.

TRABALHO FORÇADO E ESCRAVIDÃO

Os regimes de trabalho utilizados pelos espanhóis no controle da mão de obra indígena foram baseados em instituições já existentes nas sociedades nativas. No entanto, elas foram transformadas de uma forma de pagamento de tributo em trabalho compulsório.

Apesar de os *mitayos*, os *yanaconas* e os indígenas sob o regime de *encomienda* não serem considerados mercadorias (como ocorreu com os africanos escravizados, que foram comercializados como objetos), eles podem ser tomados como escravizados, mas somente se utilizarmos os critérios atuais que caracterizam a escravidão.

De acordo com a Organização Internacional do Trabalho (OIT), a escravidão atual é "todo trabalho ou serviço exigido de um indivíduo sob ameaça de uma pena qualquer para o qual não se apresentou voluntariamente".

A MÃO DE OBRA INDÍGENA

A intensa exploração colonial e a procura de riquezas levaram os espanhóis a desenvolver sistemas de produção apoiados no trabalho forçado dos povos ameríndios. À medida que as minas de ouro e de prata foram sendo descobertas em diversas regiões da América espanhola, a mão de obra indígena passou a ser empregada em larga escala, tornando-se a principal força de trabalho nas colônias.

Os dois principais sistemas de trabalho forçado indígena eram a *encomienda* e a *mita*.

- Na **encomienda**, o colono, chamado *encomiendero*, recebia da Coroa espanhola o direito de exploração sobre determinado número de indígenas, de quem podia exigir tributos na forma de metais preciosos, gêneros agrícolas ou trabalho, e a quem deveria proteger, alimentar e instruir no cristianismo.

- A **mita** era uma adaptação espanhola de uma forma de trabalho já utilizada por alguns povos indígenas antes da colonização. Nesse sistema, as comunidades indígenas eram obrigadas a enviar, periodicamente, certo número de pessoas para realizar trabalhos para o Estado por um prazo preestabelecido. Encerrado tal prazo, essas pessoas podiam retornar a suas comunidades. Nesse caso, os trabalhadores eram chamados de *mitayos*, e sua principal atividade era a mineração.

Havia também os indígenas designados como intérpretes para auxiliar os europeus. Eles não entravam na categoria de *mitayos* nem participavam das *encomiendas*. Os espanhóis usaram um nome oriundo do Império Inca para designá-los: *yanaconas*, que, antes da colonização, eram os auxiliares do imperador inca.

A mão de obra de africanos escravizados também foi utilizada nas colônias espanholas, principalmente na atividade mineradora e na produção açucareira nas ilhas do Caribe e no Vice-Reino de Nova Granada, onde atualmente se localizam Colômbia, Equador e Venezuela.

Página do *Códice Kingsborough*, do século XVI, na qual um indígena de Tepetlaoztoc denuncia ao rei da Espanha os abusos cometidos pelos *encomienderos*.

RESISTÊNCIA E LEGADO: DIFERENTES CULTURAS

Durante os séculos de dominação espanhola na América, os indígenas foram pressionados a aderir à cultura, à religiosidade e aos costumes dos colonizadores. Muitos foram mortos, e os que sobreviveram foram submetidos a regimes de trabalho forçado, produzindo riquezas que eram enviadas para a Europa.

Em grande parte da América Latina, o cristianismo foi incorporado às crenças dos povos indígenas e de seus descendentes. Mesmo assim, muitos valores e hábitos desses povos foram preservados, constituindo um complexo entrelaçamento de culturas. O grande esforço de sobrevivência e de resistência dos povos indígenas se expressou, por exemplo, na preservação de línguas, costumes, tradições e outros elementos culturais. Em muitos países, os saberes e os costumes indígenas continuam sendo transmitidos a sucessivas gerações, contribuindo para que a memória e a identidade desses povos permaneçam vivas.

O **quíchua**, por exemplo, de origem indígena, é, depois do espanhol, a língua mais falada no Peru, na Bolívia e no Equador, e foi reconhecido como uma das línguas oficiais desses países. O **aimará**, falado por indígenas da etnia de mesmo nome, é também uma das línguas oficiais no Peru e na Bolívia. Ao todo, na América do Sul, por volta de 10 milhões de pessoas falam o quíchua e 2,5 milhões, o aimará.

As festas de origem indígena celebradas ainda hoje também são manifestações importantes da resistência e da preservação cultural dos povos ameríndios ao longo do tempo.

No Peru, a Festa do Sol, conhecida como *Inti Raymi*, é um festival tradicional inca realizado em 24 de junho, data próxima ao solstício de inverno e que assinala o início do Ano-Novo, segundo o calendário religioso dessa cultura. No período da colonização espanhola, essa festividade foi proibida, mas em 1944 voltou a ser celebrada pelos andinos. Atualmente, o *Inti Raymi* corresponde a um espetáculo teatral elaborado com base em relatos ancestrais, registrados pelo poeta espanhol Garcilaso de la Vega.

> **PARA EXPLORAR**
>
> *Códice Azcatitlan*
> No *site* da Biblioteca Digital Mundial, há importantes documentos históricos do período colonial. Entre eles está o *Códice Azcatitlan*, que relata a história dos astecas até a chegada dos europeus e os sistemas de trabalho adotados por esses povos americanos.
> Disponível em: https://www.wdl.org/pt/item/15280/. Acesso em: 9 jan. 2023.

▼ Celebração de *Inti Raymi*, a Festa do Sol, em Cuzco, Peru. Esse festival de tradição inca é realizado todos os anos para marcar o solstício de inverno no hemisfério sul e homenagear o Sol. Na imagem, dramatização da chegada de Coya, esposa inca, em Sacsayhuaman. Foto de 2022.

Leonardo Fernandez/Getty Images

A CULTURA AFRICANA NA AMÉRICA LATINA

A cultura dos países colonizados por espanhóis também foi muito influenciada por elementos culturais dos africanos levados involuntariamente para essas nações no contexto do tráfico atlântico. Nas ilhas do Caribe, na Colômbia, no Equador e na Bolívia, onde se concentrou o maior número de africanos escravizados, é possível identificar, na atualidade, essa influência.

Não raro, os elementos culturais desses povos foram marginalizados, ocultados ou silenciados. Apesar disso, as múltiplas contribuições culturais dos africanos na América Latina revelam aspectos da resistência e da história desses povos.

Em Cuba, como em outros países do Caribe, a musicalidade africana é marcante e bastante popular. A rumba e o mambo, por exemplo, são gêneros musicais que receberam influências hispânicas, mas suas bases rítmicas são fundamentalmente africanas. O merengue, outro gênero afro-caribenho, muito executado em Cuba, Porto Rico, Haiti, Venezuela, Colômbia e República Dominicana, é considerado um tipo de música e uma dança tradicional que também recebeu forte influência africana.

Na Colômbia, o Carnaval da cidade de Barranquilla representa a diversidade cultural local, misturando elementos das culturas europeia, africana e indígena. As religiões de matriz africana também floresceram no continente americano. As práticas espirituais dos Iorubá, por exemplo, foram misturadas a elementos do catolicismo popular e das práticas religiosas indígenas, originando assim a Santeria. Da mesma forma, as tradições espirituais dos povos africanos Fon e Ewe originaram o vodu.

> **O CARNAVAL DE BARRANQUILLA**
>
> Todos os anos, quatro dias antes da Quaresma, é realizado o Carnaval de Barranquilla. Esse evento reúne danças e outras manifestações de diversas culturas presentes na Colômbia.
>
> A cidade de Barranquilla teve seu auge econômico durante o período colonial, quando tornou-se um importante centro comercial. Justamente por isso ficou conhecida como ponto de encontro de diferentes povos e culturas, que participaram da formação do rico repertório cultural que hoje se manifesta no carnaval realizado ali.

▼ Artistas se apresentam no desfile do Carnaval de Barranquilla, Colômbia. O desfile da Batalha das Flores iniciou-se em 1903 e é o mais emblemático e simbólico de Barranquilla. Foto de 2022.

A ESCOLA DE CUZCO

No Vice-Reino do Peru, na região da cordilheira dos Andes, que inclui os territórios onde estão localizados atualmente o Peru, a Colômbia, a Bolívia, o Equador, o Chile e a Argentina, formou-se, no século XVI, um núcleo artístico que ficou conhecido como **Escola de Cuzco**.

Esse núcleo foi organizado na cidade de Cuzco, no Peru, para onde foram enviados padres jesuítas da Europa encarregados de catequizar os povos incas que habitavam a região. O método didático de cristianização dos indígenas era conduzido com o ensino das artes.

As técnicas de pintura levadas pelos padres jesuítas, principalmente os que se deslocaram da península Itálica e da Espanha para a região do Vice-Reino do Peru, apresentavam componentes estéticos da arte barroca europeia. Esses componentes estéticos, por sua vez, foram assimilados e adaptados pelos povos indígenas andinos, de acordo com a realidade local, recebendo elementos singulares da expressividade e da visão de mundo desses povos.

Dessa forma, a Escola de Cuzco mescla influências europeias e indígenas, tendo como temas centrais a religiosidade católica, as cenas bíblicas e os santos, e como elemento estético básico o uso de cores intensas. Não demorou muito para que essas técnicas se espalhassem para as diversas cidades do Vice-Reino do Peru, constituindo um estilo artístico característico da América espanhola.

A partir do século XVII, muitos pintores de origem indígena ou mestiços começaram a se distanciar do estilo ensinado pelos padres jesuítas europeus. Com isso, formou-se uma corrente de artistas preocupados em valorizar as cenas que representavam o cotidiano e a cultura locais, bem como exaltar personagens indígenas. Entre os principais nomes de artistas que se destacaram com suas produções culturais na Escola de Cuzco estão Basilio Santa Cruz Pumacallao e Diego Quispe Tito.

A Escola de Cuzco alcançou seu auge produtivo entre os séculos XVI e XVIII. Influenciou a produção artística na América desde o período colonial e ainda deixa marcas na obra de vários pintores da atualidade.

▼ *União dos descendentes incaicos imperiais com as casas de Loyola e Borgia*, de autoria anônima, Escola de Cuzco, cerca de 1718. Óleo sobre tela. A obra mistura elementos culturais europeus e indígenas.

ATIVIDADES

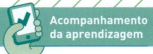

Retomar e compreender

1. Quais grupos formavam a sociedade colonial da América espanhola?

2. O que eram as castas coloniais? Qual era o papel delas na organização da sociedade colonial na América espanhola?

3. Que núcleo administrativo na colônia espanhola era controlado localmente e contribuiu para a formação das elites coloniais? Quais eram as funções desse núcleo?

4. Caracterize os sistemas de trabalho conhecidos como *encomienda* e *mita*.

5. Quais atitudes dos indígenas caracterizaram ações de resistência durante a colonização espanhola?

Aplicar

6. Observe a imagem e leia o texto. Depois, responda às questões.

▲ Manco Capac, fundador do Império Inca, em pintura cusquenha, de artista desconhecido, produzida no século XVIII.

> Por razões históricas que não se podem explicar tão facilmente, parece ter havido sempre alguma influência não espanhola na pintura hispânica da América do Sul. [...]
>
> Leslie Bethell (org.). *História da América Latina*. São Paulo: Edusp; Brasília: Fundação Alexandre de Gusmão, 2008. v. 2. p. 675.

a) Que argumentos históricos podem justificar a afirmativa feita no texto?

b) Observe novamente a imagem. Ela foi criada por um artista da Escola de Cuzco. Que elementos dessa obra justificam essa afirmativa?

7. Leia o texto a seguir sobre os sistemas de trabalho praticados na América espanhola no período colonial. Em seguida, responda às questões.

> A mineração apoiava-se no trabalho indígena. Os negros, escravos e livres tinham uma participação pequena, exceto na mineração de ouro, onde constituíam a grande maioria da força de trabalho. [...] No século XVIII, era possível encontrar mestiços empregados em tarefas físicas de mineração, mas, quanto mais se pareciam com os espanhóis, mais raramente eram empregados nesses trabalhos.
>
> Os sistemas padronizados de trabalho da época colonial supriam a mineração de trabalhadores indígenas: [...] foram a *encomienda*, a escravidão, o recrutamento forçado e os contratos contra salário. [...] E depois, quando a população aborígine entrou em colapso, não menos devido às demandas da mineração de ouro, foram importados escravos negros.
>
> Leslie Bethell (org.). *História da América Latina*. São Paulo: Edusp; Brasília: Fundação Alexandre de Gusmão, 2008. v. 2. p. 118.

a) Segundo o texto, por que os africanos escravizados começaram a ser empregados na mineração na América colonial espanhola?

b) Quais foram os principais sistemas de trabalho utilizados na mineração durante a colonização espanhola?

c) De acordo com o texto, em qual situação os indígenas poderiam ser sequestrados e escravizados pelos espanhóis?

CAPÍTULO 3 — A COLONIZAÇÃO INGLESA DA AMÉRICA

PARA COMEÇAR

A Coroa britânica empreendeu diferentes esforços coloniais para ocupar a América do Norte, que já era habitada por centenas de povos nativos. Em sua opinião, como foram os primeiros contatos entre indígenas e ingleses?

matrilinear: referente ao sistema de filiação em que se considera exclusivamente a ascendência materna para a transmissão do nome e do pertencimento a um clã.

AS POPULAÇÕES INDÍGENAS DA AMÉRICA DO NORTE

No século XVI, os territórios que hoje formam o Canadá e os Estados Unidos eram habitados por povos indígenas. Distribuídos por esses territórios, tais povos pertenciam a diversas etnias e, entre eles, foram identificadas mais de trezentas línguas.

Havia grupos nômades, como os **inuítes** e os **aleútes**, que habitavam as regiões geladas do continente e praticavam a caça e a pesca. Por habitarem áreas inóspitas, esses povos acabaram resistindo mais à dominação europeia.

Em geral, os grupos sedentários, entre eles os **cherokees**, os **comanches**, os **navajos** e os **apaches**, formavam aldeias que chegavam a reunir centenas de pessoas. Além da pesca e da caça, dominavam técnicas agrícolas e cultivavam milho, feijão e abóbora.

Na costa atlântica, existiam sociedades chamadas pelos colonizadores de **confederações indígenas**. Cada confederação era dividida em clãs matrilineares que reuniam várias etnias em alianças políticas. O grupo dominante, do qual era escolhido o chefe da confederação, dava nome a ela.

▼ Mulheres indígenas de diversos povos durante o *Pow Wow*, no Arizona, Estados Unidos. O evento reúne diferentes comunidades nativas da América do Norte. Foto de 2021.

O INÍCIO DA COLONIZAÇÃO

A primeira exploração inglesa na América foi comandada por Walter Raleigh, com a concessão da rainha Elizabeth I. Ele estabeleceu o primeiro núcleo colonial na terra batizada de Virgínia. A tentativa fracassou em razão de ataques dos povos indígenas e também por causa da fome e das doenças que vitimaram os expedicionários.

No século XVII, enquanto vigorava a dinastia dos Stuart, foram criadas companhias de comércio com o intuito de realizar um novo empreendimento colonial na América do Norte. A **Companhia de Plymouth** foi encarregada de ocupar o Norte do território, enquanto a **Companhia de Londres** ficou responsável pelo Sul.

Nesse período, a Inglaterra vivia um processo de êxodo rural, e começou a se formar um excedente de pessoas nas maiores cidades. Um grande contingente de indivíduos "indesejados" pela elite inglesa foi enviado para a América: eram órfãos, mulheres solteiras pobres, camponeses sem terra e muitos trabalhadores urbanos pobres. Após esse primeiro grupo, embarcaram para a América os chamados **pais peregrinos** ou **fundadores**. Como na Europa a perseguição religiosa ainda era frequente, o novo território tornou-se um refúgio para muitas comunidades religiosas, especialmente para os protestantes.

Os colonos ingleses que iniciaram a colonização na América dominavam técnicas agrícolas e pecuárias tipicamente europeias e eram cristãos, principalmente protestantes que não professavam o anglicanismo. Além disso, buscavam na América a oportunidade de uma vida melhor.

> **A SEGUNDA LEVA DE COLONOS EUROPEUS**
>
> O tema dos pais peregrinos, que foram os calvinistas que desembarcaram na América em 1620, é recorrente nas representações que buscam reconstruir a origem da nação estadunidense. Embora inspiradas em acontecimentos reais, essas representações geralmente evidenciam características idealizadas que buscam valorizar a virtude, a religiosidade e a superioridade dos colonos, como na litogravura desta página.

Saiba mais sobre **as viagens dos primeiros colonos ingleses** rumo à América e depois dialogue com a turma: Você aceitaria embarcar em uma viagem desse tipo, mesmo sabendo dos perigos relacionados a ela?

▼ *O primeiro Dia de Ação de Graças*, 1621, de Jean Leon Gerome Ferris (1863-1930). Litogravura.

AS TREZE COLÔNIAS

A ocupação inglesa dos territórios que hoje formam os Estados Unidos seguiu a divisão inicialmente atribuída às duas companhias comerciais (Norte e Sul). Foram consideradas também as colônias do Centro, havendo, assim, três núcleos de colonização no litoral atlântico.

OCUPANDO O NORTE

No Norte, foi fundada a Nova Inglaterra, composta de quatro colônias: Massachusetts, New Hampshire, Connecticut e Rhode Island. Assim como a Europa, essa região apresenta clima temperado, o que facilitou a adaptação dos colonos. Na agricultura, cultivavam-se produtos especialmente voltados para o mercado interno, como o milho, predominando as pequenas propriedades (minifúndios), a policultura e o trabalho familiar. A pesca e a construção de navios também eram atividades econômicas comuns na região.

monocultura: cultivo de apenas um gênero vegetal.

policultura: produção simultânea de vários gêneros vegetais.

OCUPANDO O CENTRO

Nessa área, havia quatro colônias: Nova York, Pensilvânia, Nova Jersey e Delaware. Os aspectos físicos dessa região eram bem parecidos com os da região Norte, favorecendo a realização de atividades econômicas semelhantes às da Nova Inglaterra. Porém, a população das colônias centrais era mais diversificada. O estado de Nova York, por exemplo, foi colonizado pelos holandeses, que também participaram, com os suecos, da colonização de Delaware.

OCUPANDO O SUL

No Sul, havia cinco colônias: Maryland, Virgínia, Carolina do Norte, Carolina do Sul e Geórgia. A população era menor, e a atividade econômica, menos diversificada.

A agricultura era realizada em grandes propriedades (latifúndios) e a maior parte da mão de obra era de africanos escravizados. Predominava a monocultura, com a produção de tabaco, arroz e algodão, e grande parte da produção destinava-se à exportação, especialmente para a Inglaterra.

As Treze Colônias (séculos XVII a XVIII)

Fonte de pesquisa: *Atlas histórico escolar*. Rio de Janeiro: FAE, 1991. p. 62.

O MODELO COLONIAL INGLÊS

Durante quase um século, a Inglaterra demonstrou pouca preocupação com seus territórios coloniais na América. Quase não houve estabelecimento formal de relações entre Metrópole e Colônia, com exceção do **Ato de Navegação** de 1651. Esse ato afirmava a exclusividade comercial da Inglaterra sobre as Treze Colônias, ou seja, apenas os navios ingleses poderiam realizar negócios nos portos coloniais.

A modalidade de governo que vigorava nas colônias permitia que elas fossem, em geral, autônomas em relação ao domínio inglês. Muitas das leis promulgadas pelo Império Inglês não eram seguidas nas colônias, pois a Coroa nem sempre fazia questão de impor sua aplicação. Além disso, as câmaras coloniais acabavam tendo mais poder que os governadores, que eram, em sua maioria, escolhidos pelo rei.

Esse modelo de exploração colonial, com maior liberdade e autonomia para os colonos da América do Norte, foi bastante distinto do que ocorreu na América portuguesa e na América espanhola.

ORGANIZAÇÃO POLÍTICA

A organização política colonial da América inglesa procurou seguir a estrutura do modelo inglês de Estado. Assim, cada colônia tinha uma casa legislativa, que era uma espécie de parlamento. Na maior parte das colônias, essa casa legislativa se estruturava em duas instituições: o **Conselho**, com membros escolhidos diretamente pela Coroa inglesa, e a **Assembleia Legislativa**, cujos membros eram escolhidos pelo voto.

▼ Sede da Assembleia Legislativa da colônia de Massachusetts, em Boston, um dos prédios públicos mais antigos dos Estados Unidos. Além de servir de local para a discussão e a elaboração de leis, a casa, construída em 1713, também abrigava a corte judicial dessa colônia. Foto de 2020.

Para participar das eleições, como eleitor ou como candidato, era necessário comprovar renda superior a um valor preestabelecido e posse de uma quantidade mínima de propriedades, ou seja, o voto era censitário. Apenas os homens podiam votar e serem votados e, em algumas colônias, além desses critérios, era obrigatório que o candidato seguisse determinada religião.

Cada colônia tinha um governador, que, na maior parte dos casos, não era escolhido por eleição – situação reivindicada muitas vezes por algumas colônias do Norte e do Centro. No Sul, os governadores eram geralmente escolhidos pelo rei. Em algumas épocas, nas colônias sulistas, os fazendeiros mais ricos e poderosos agiam como governadores ou escolhiam alguém de sua confiança para exercer essa função.

O COMÉRCIO TRIANGULAR

Como vimos, as colônias inglesas tinham relativa liberdade, pois o controle exercido pela Coroa britânica não era muito rígido. Assim, o Ato de Navegação instituído no século XVII só era cumprido de fato quando os ingleses realmente se interessavam pelos produtos negociados, sobretudo os itens produzidos nas colônias do Sul.

Por isso, na Nova Inglaterra, estabeleceu-se o chamado comércio triangular. Esse tipo de transação obedecia ao seguinte esquema: produtos feitos pelos colonos da América, como o rum, produzido do melaço comprado nas Antilhas, eram levados para a costa africana e trocados por africanos escravizados. Os comerciantes retornavam para a América e vendiam os escravizados para as colônias do Sul e para as Antilhas.

Esse modelo de comércio funcionou também em alguns países da Europa, onde se vendia açúcar antilhano em troca de produtos manufaturados, que, posteriormente, seriam comercializados nas outras colônias. Esse esquema foi muito lucrativo para os comerciantes da Nova Inglaterra.

A prática do comércio triangular, com altos lucros para quem o realizava, é mais um sinal da relativa liberdade de que desfrutavam os colonos da América inglesa.

▲ Autoria desconhecida. Gravura do século XVIII que representa a vista do porto de Boston (em Massachusetts), um dos principais entrepostos do comércio triangular.

O comércio triangular (século XVII)

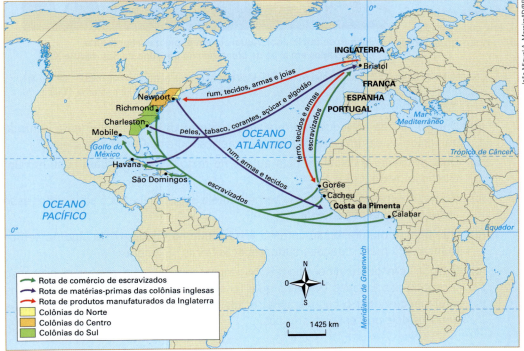

Fontes de pesquisa: Jeremy Black (ed.). *World history atlas*. London: Dorling Kindersley, 2005. p. 126; Nancy P. S. Naro. *A formação dos Estados Unidos*. São Paulo: Atual; Campinas: Ed. da Unicamp, 1987. p. 15.

167

ATIVIDADES

Acompanhamento da aprendizagem

Retomar e compreender

1. Como era a estrutura política das colônias na América do Norte?
2. Quais eram as principais características do processo de colonização da América inglesa? Escreva um parágrafo sobre o assunto.
3. Faça uma lista indicando as principais características das colônias que ocupavam a região central da América inglesa.
4. Explique o que foi o comércio triangular da Nova Inglaterra.

Aplicar

5. Leia o texto, observe a imagem e, depois, responda às questões.

Nos Estados Unidos, o cenário geográfico do abolicionismo foi bem distinto. Desde o início, a luta contra a escravidão foi seccional. [...] Vários senhores e políticos sulistas [...] deram livre expressão à sua repugnância em relação à escravidão. Do mesmo modo, algumas sociedades antiescravistas foram fundadas em estados sulistas nesta época. Contudo, nunca houve um forte movimento antiescravista no sul. Entre as poucas sociedades contra a escravidão que se fundaram nestes estados, as mais bem-sucedidas [...] patrocinavam programas de abolição gradual, combinados com esquemas de deportação imediata dos libertos. [...]

Portanto, podemos afirmar que o movimento pela emancipação gradual, em sua fase inicial, foi de fato engendrado ao norte do país.

▲ John Rose (atribuído). Aquarela em papel que representa escravizados em área de *plantation* na Carolina do Sul, século XVIII.

Célia M. M. de Azevedo. *Abolicionismo*: Estados Unidos e Brasil, uma história comparada – século XIX. São Paulo: Annablume, 2003. p. 20.

a) O texto aborda uma questão relacionada à mão de obra amplamente utilizada nas colônias de uma das regiões da América inglesa. Que região é essa?

b) Qual processo é discutido pela autora no texto? Justifique com base em um trecho do texto.

c) Houve, no Brasil, um processo semelhante a esse? O que você sabe sobre esse assunto? Conte aos colegas.

d) Que tipo de manifestação cultural é retratado na imagem? Há alguma semelhança com manifestações culturais brasileiras? Explique.

e) Busque, em publicações digitais ou impressas, em que ano esse processo terminou nos Estados Unidos e qual foi seu desfecho. Depois, compare essas informações com o caso brasileiro, identificando diferenças e semelhanças entre os dois processos históricos.

HISTÓRIA DINÂMICA

O mito do melhor modelo de colonização

Em razão do protagonismo exercido pelos Estados Unidos ao longo do século XX, com frequência levanta-se a ideia de que o modelo inglês de colonização foi mais eficaz que os outros modelos praticados na América.

O texto a seguir apresenta informações sobre os projetos colonizadores na América e comenta o mito do melhor modelo colonial.

Por que os Estados Unidos são tão ricos e nós não? Essa pergunta já provocou muita reflexão. Desde o século XIX a explicação dos norte-americanos para seu "sucesso" diante dos vizinhos da América hispânica e portuguesa foi clara: havia um "destino manifesto" [...].

No Brasil sempre houve desconfiança sobre a ideia de um "destino manifesto" [...]. Porém, [...] criou-se aqui uma explicação tão fantasiosa como aquela. A riqueza deles e nossas mazelas decorreriam de dois modelos históricos: as colônias de povoamento e as de exploração.

As colônias de exploração seriam as ibéricas. As áreas colonizadas por Portugal e Espanha existiriam apenas para enriquecer as metrópoles. [...]

O oposto das colônias de exploração seriam as de povoamento. Para lá as pessoas iriam para morar definitivamente. A atitude não era predatória, mas preocupada com o desenvolvimento local. [...]

[...]

Na verdade, só podemos falar em projeto colonial nas áreas portuguesa e espanhola. Só nelas houve preocupação constante e sistemática quanto às questões da América. A colonização da América do Norte inglesa [...] foi assistemática.

[...]

Decorridos cem anos do início da colonização, caso comparássemos as duas Américas, constataríamos que a ibérica tornou-se muito mais urbana e possuía mais comércio, maior população e produções culturais e artísticas mais "desenvolvidas" que a inglesa. [...]

[...]

Não é, certamente, nessa explicação simplista de exploração e povoamento que encontraremos as respostas para as tão gritantes diferenças na América.

Leandro Karnal e outros. *História dos Estados Unidos*: das origens ao século XXI.
São Paulo: Contexto, 2007. p. 25-29.

Em discussão

1. Qual seria, segundo o texto, a explicação geralmente apresentada para justificar a riqueza dos Estados Unidos e as mazelas do Brasil, levando em consideração a colonização dos dois países?

2. O que seriam as colônias de povoamento? E as colônias de exploração?

3. Por que, de acordo com o autor, a ideia desses modelos coloniais é criticada nos dias de hoje? Explique.

4. SABER SER Atualmente, há povos que se consideram superiores a outros? Qual é sua opinião sobre isso? Discuta o assunto com os colegas e o professor.

ATIVIDADES INTEGRADAS

Retomar e compreender

1. Qual foi o principal grupo religioso a se estabelecer na América inglesa? E entre os grupos sociais ingleses, quais foram enviados para colonizar a América?

2. Complete o quadro relacionando cada atividade à região de origem, conforme a prática conhecida como comércio triangular, da colonização inglesa.

ATIVIDADE	REGIÃO
Aquisição de produtos oriundos das colônias inglesas do Sul e das Antilhas	
Oferta de pessoas escravizadas em troca de produtos feitos nas colônias inglesas	
Compra de pessoas escravizadas; produção de itens vendidos para as colônias inglesas do Norte	
Compra de pessoas escravizadas; produção de melaço e de açúcar	
Compra de açúcar produzido nas Antilhas; fornecimento de produtos manufaturados às colônias	

Aplicar

3. O texto do historiador Ronaldo Vainfas aborda algumas manifestações culturais indígenas durante os processos de colonização das Américas pelos europeus. Leia-o e, depois, responda às questões.

> [...] Os índios delawares [povo Lenape] [...] foram especialmente agitados contra os brancos por um indígena conhecido como [...] Neolim, pregador que, entre 1762 e 1763, "afirmava ter mantido contato com o Grande Espírito" e "exigia dos índios que voltassem a seu velho estilo de vida". A insurreição de Pontiac foi [...] a maior rebelião indígena da América inglesa em tempos coloniais [...].
>
> [...]
>
> Assim ocorreu com as pregações de Martin Ocelotl, no México dos anos 1530. Nascido em 1496, Ocelotl fora dos raros a escapar da matança ordenada por Montezuma, em 1519, contra os adivinhos do palácio que previram a queda do *tlatoani* asteca diante dos "brancos barbudos" que se acercavam de Tenochtitlán. Depois da conquista, batizado Martin, dedicou-se ao comércio e à agricultura [...] e manteve suas atividades de "curandeiro e adivinho", sendo muito requisitado por certos membros da aristocracia indígena cooptada pelos espanhóis. [...]
>
> Mais abrangente do que a "seita" de Ocelotl foi o movimento peruano de Taqui Ongoy, cujo apogeu verificou-se na década de 1560. Difundido em várias províncias do Peru Central através da pregação de xamãs liderados por um certo Juan Chocne, o Taqui Ongoy anunciava a iminente derrota do deus cristão diante das divindades ancestrais peruanas. [...]
>
> Ronaldo Vainfas. Idolatrias e milenarismos: a resistência indígena nas Américas. Revista *Estudos Históricos*, v. 5, n. 9, p. 33-34, jan./jun.1992. Disponível em: http://bibliotecadigital.fgv.br/ojs/index.php/reh/article/view/2329/1468. Acesso em: 9 jan. 2023.

a) Em que locais da América ocorreram os eventos citados no texto?

b) Quais povos europeus invadiram essas regiões a partir do século XV?

c) Quais manifestações abordadas no texto indicam a resistência dos indígenas nesse processo?

d) Com base nisso, é possível afirmar que a colonização extinguiu as culturas indígenas? Explique.

Analisar e verificar

4. A foto desta atividade retrata as celebrações do festival *Inti Raymi*, a Festa do Sol, em Cuzco, no Peru. Essa celebração atrai milhares de turistas que buscam conhecer um pouco mais dos rituais e das festividades dos povos indígenas que habitaram e ainda habitam a região. Depois de observar a foto, responda às questões.

Acompanhamento da aprendizagem

▲ Indígenas durante o festival *Inti Raimy*, em Sacsayhuaman, Peru. Foto de 2022.

a) Descreva a cena retratada na imagem.
b) Em 1572, essa celebração foi proibida pelos espanhóis. Que eventos podem ter provocado essa proibição? Por quê?
c) Em sua opinião, o que possibilitou a continuidade desse festival até os dias atuais?

5. Leia o texto e responda às questões.

> O caráter despótico da dominação está bastante claro nas seguintes palavras que o inca Atahualpa dirigiu ao conquistador Pizarro: "No meu reino, nenhum pássaro voa nem folha alguma se move, se esta não for minha vontade".
>
> Nos postos mais elevados da hierarquia social e política, encontramos uma autocracia teocrática hereditária. O Inca, soberano supremo, é ao mesmo tempo uma divindade e transmite o poder a seus filhos. [...]
>
> [...]
>
> Os escolhidos para mandar adoravam deuses que não eram os do povo ou povos dominados. Estes conservavam a liberdade de adorar suas antigas e originais divindades, ainda que tivessem de aceitar como divindade suprema o Sol, o deus dos que mandavam, e o Inca, representante do Sol na terra. Havia, pois, uma religião dos dominadores e múltiplas religiões dos dominados.

Adaptado de Léon Pomer. Os incas. Em: *História da América hispano-indígena*. São Paulo: Global, 1983. p. 32-34. Citado por: Jaime Pinsky e outros (org.). *História da América através de textos*. São Paulo: Contexto, 2007. p. 15-16.

a) A qual povo americano o texto se refere? Em que elementos você se baseou para chegar a essa conclusão?
b) O que o texto informa sobre a organização política desse povo?
c) Com base no que você aprendeu nesta unidade e na leitura desse texto, quem eram os dominadores e quem eram os dominados nessa sociedade?
d) Como essa dinâmica de poder entre dominadores e dominados influenciou a conquista espanhola da região andina?

Criar

6. Você conhece as diversas celebrações dos povos indígenas do Brasil? Para conhecer mais, você e a turma vão elaborar um catálogo sobre as celebrações das comunidades indígenas que vivem próximo a vocês. Com a orientação do professor, sigam as etapas:

- Pesquise em publicações impressas ou digitais quais são as comunidades indígenas que habitam o mesmo município ou estado que você. Anote os nomes dos povos e as principais celebrações realizadas por eles.
- Escolha uma dessas celebrações e procure registros sobre ela, como vídeos, áudios e fotos. Lembre-se de catalogar as fontes pesquisadas, anotando o nome de seus autores, as datas e os locais em que foram feitas, etc.
- Depois, selecione um dos registros coletados e, em uma data combinada, apresente-o aos colegas.
- Após a exposição de todos os registros escolhidos pela turma, vocês podem compilar em um único catálogo todas as informações reunidas. Assim, o resultado das pesquisas da turma poderá ser disponibilizado à comunidade escolar.

CIDADANIA GLOBAL

UNIDADE 6

Retomando o tema

Como você aprendeu nesta unidade, o processo de colonização das Américas produziu um legado de desigualdades sociais. As consequências disso podem ser percebidas até os dias atuais, e o esforço para mudar esse quadro configura-se como um aspecto fundamental e urgente da ação coletiva para a construção de uma sociedade mais justa e democrática.

1. Como você relaciona a situação atual dos povos indígenas na América ao processo de colonização empreendido por europeus no continente?
2. Em sua opinião, como essa desigualdade social pode ser reduzida?
3. O que você entende por **justiça social**? Como você explicaria esse conceito?

Geração da mudança

- Após responder aos questionamentos do item anterior, você e os colegas de turma vão produzir cartazes sobre o tema justiça social. A ideia é que os cartazes provoquem reflexões sobre o assunto e levem os observadores a se questionar e agir em prol desse ideal.

- Para tanto, organizem-se em grupos e conversem sobre as respostas de cada integrante para as perguntas do item anterior, em especial as da atividade **2**. Com base nessa conversa, estabeleçam um entendimento comum sobre o significado de justiça social.

- Em seguida, elaborem uma mensagem na forma de um questionamento impactante que leve os observadores a refletir sobre o tema e produzam o cartaz baseando-se nessa mensagem.

- Ao fim da tarefa, disponibilizem os cartazes em algum lugar de grande circulação da escola para que os membros da comunidade escolar possam vê-los.

Autoavaliação

PORTUGUESES E NEERLANDESES NA AMÉRICA

UNIDADE 7

PRIMEIRAS IDEIAS

1. A produção de açúcar foi a principal atividade econômica da América portuguesa, mas, ao longo dos três séculos de colonização, várias outras se desenvolveram na Colônia. Você conhece alguma delas?

2. A maior parte dos trabalhos da Colônia, inclusive nas fazendas produtoras de açúcar, era realizada por escravizados. O que você sabe sobre as condições de trabalho dessas pessoas naquela época?

3. No lugar onde você vive há algum traço desse passado colonial? Converse com os colegas sobre o assunto.

Conhecimentos prévios

Nesta unidade, eu vou...

CAPÍTULO 1 — Indígenas no Brasil e estrangeiros europeus

- analisar os primeiros contatos entre indígenas e portugueses na América.
- reconhecer as diferentes estratégias de resistência dos indígenas.
- identificar as alianças entre nativos e portugueses.
- valorizar as narrativas indígenas diante do processo colonizador.
- caracterizar os interesses portugueses na colonização da América, relacionando-os às lógicas mercantilistas.

CAPÍTULO 2 — A colonização portuguesa na América

- identificar os interesses mercantis portugueses na colonização da América, com foco na exploração do pau-brasil.
- reconhecer as capitanias hereditárias como uma estratégia para efetivar a colonização da América portuguesa.
- analisar as estruturas político-administrativas da América portuguesa no início da colonização.

CAPÍTULO 3 — Neerlandeses na América portuguesa

- identificar os motivos que resultaram na União Ibérica.
- analisar os impactos da União Ibérica na América portuguesa.
- estudar a presença neerlandesa (também chamada de batava e holandesa) no Nordeste da América portuguesa e em outras possessões do reino português.
- relacionar as ações neerlandesas na América portuguesa ao mercantilismo.

CIDADANIA GLOBAL

- identificar fontes de energia limpas e acessíveis.
- aprofundar os conhecimentos sobre a energia eólica no Brasil.
- produzir um fôlder explicativo sobre as fontes de energia limpas e acessíveis.

173

LEITURA DA IMAGEM

1. Qual é a importância desse tipo de construção para a locomoção em uma grande cidade?
2. Por que a existência dessa construção pode ser considerada uma continuidade histórica?
3. O território que hoje conhecemos como Brasil foi, inicialmente, uma colônia de Portugal. No entanto, essa foto dá indícios de que outros povos europeus também tentaram colonizar a América. Há vestígios coloniais portugueses no município onde você vive? E de outros povos europeus?

CIDADANIA GLOBAL

7 ENERGIA LIMPA E ACESSÍVEL

Durante a ocupação neerlandesa, Recife se tornou a capital do governo neerlandês na região e passou por uma grande reforma urbana. Ainda hoje, os Países Baixos apresentam forte compromisso com o planejamento urbano e, por isso, se destacam no investimento e em pesquisas sobre fontes de energia renováveis, um importante aspecto para a criação de cidades sustentáveis.

1. Atualmente, há diversos parques eólicos em Pernambuco. Você sabe o que é um parque eólico? Qual é a relação entre esses parques e a produção de energia limpa e sustentável?
2. Há parques eólicos no município ou estado onde você vive? Se sim, que regiões eles abastecem?

Saiba mais sobre as **transformações urbanas em Recife**, empreendidas pelo governante neerlandês Maurício de Nassau no século XVII. Escolha uma das construções apresentadas e produza uma planta baixa dela.

Recife (PE) é um município formado por planícies, ilhas e penínsulas. Nessa região, durante a ocupação neerlandesa, foi construída a primeira ponte nos territórios que viriam a ser o Brasil. Ela data de 1643. Ainda hoje, há diversas pontes em Recife. Foto de 2022.

CAPÍTULO 1
INDÍGENAS NO BRASIL E ESTRANGEIROS EUROPEUS

PARA COMEÇAR

No momento da chegada dos portugueses, o território atualmente conhecido como Brasil era habitado por uma grande diversidade de povos, com culturas, línguas e formas de organização social distintas. Que tipos de relação esses povos desenvolveram com os portugueses?

PRIMEIROS CONTATOS

No fim do século XV, quando os portugueses chegaram ao território que viria a ser o Brasil, a maior parte da costa da região era habitada por povos indígenas falantes de línguas pertencentes ao tronco tupi.

Os primeiros nativos a ter contato com os portugueses foram aqueles que viviam no litoral: os Tupinambá, os Tupiniquim, os Guarani, entre outros. Durante os primeiros anos de contato, enquanto esses povos e os europeus se reconheciam mutuamente, as relações entre eles foram amistosas.

As comunidades indígenas buscavam saber mais sobre os recém-chegados de pele branca, que falavam línguas diferentes e tinham hábitos e costumes distintos dos seus. Assim, adquiriam dos estrangeiros ferramentas de ferro, aprendiam a manusear suas armas de fogo e estabeleciam com eles alianças nas guerras contra seus inimigos.

Já os portugueses procuraram estabelecer relações diplomáticas com algumas comunidades indígenas para obter informações sobre os territórios e suas possíveis riquezas, aprender as línguas nativas, conhecer as culturas e as sociedades indígenas e contar com o trabalho dos nativos na extração de pau-brasil.

▼ Théodore de Bry. Detalhe de gravura feita por volta de 1590, com base nos relatos do viajante alemão Hans Staden sobre o período em que foi mantido prisioneiro pelos Tupinambá. Nessa gravura, é possível observar o conflito entre dois grupos indígenas e a aliança de um deles com os estrangeiros europeus.

AS NARRATIVAS INDÍGENAS

Como vimos anteriormente, muitos povos falantes de línguas tupi compartilhavam a crença em uma **Terra sem Mal**, a *Ivy Marãey*, que, segundo alguns relatos, se encontraria depois do "mar grande" (oceano Atlântico). Devido a essa crença, alguns indivíduos desses povos viram os europeus como seres vindos dessa terra e os denominaram *karaíba*.

Já entre os povos falantes da língua tikuna, da região da atual Amazônia, a chegada dos não indígenas foi interpretada como o retorno de antigos parentes que há muito haviam deixado essas terras. Tendo vivido muitas experiências, aprendido muitas coisas em terras distantes e passado um tempo muito longo fora, esses parentes teriam se esquecido de sua verdadeira origem e transformado seus modos originais de viver, de falar, de festejar, etc.

Essas duas narrativas sobre a chegada dos europeus citam apenas algumas das impressões de centenas de povos indígenas que habitavam essa terra. Muitas delas permanecem vivas por meio da oralidade dos povos originários ou por terem sido registradas em cartas e diários pelos primeiros viajantes europeus.

As impressões indígenas, porém, são pouco exploradas nas narrativas sobre a história do Brasil. O imaginário ocidental consolidou o discurso do descobrimento de uma terra fértil, povoada por selvagens inocentes e sem cultura que seriam civilizados por colonizadores europeus.

Essa visão *eurocêntrica* foi reforçada pelos colonizadores por meio da produção de documentos e de narrativas que buscavam justificar a invasão da América, as guerras contra os povos locais e sua escravização e cristianização.

> **PARA EXPLORAR**
>
> **Povos Indígenas do Brasil – Narrativas indígenas**
> A seção "Narrativas indígenas" do *site* do Instituto Socioambiental traz diversos registros de narrativas indígenas contemporâneas. No tópico "A chegada dos brancos", há narrativas de diferentes povos indígenas sobre a chegada dos europeus ao território que hoje corresponde ao Brasil.
> Disponível em: https://pib.socioambiental.org/pt/Narrativas_Ind%C3%ADgenas. Acesso em: 18 jan. 2023.

eurocêntrico: que segue uma interpretação de mundo baseada em valores europeus.

karaíba: espécie de líder espiritual andarilho entre povos falantes de línguas tupi.

NATIVOS E ESTRANGEIROS: RELAÇÕES EM CONFLITO E ALIANÇAS

Se os primeiros anos de convivência entre os povos nativos e os estrangeiros recém-chegados foram essencialmente amistosos, a partir da década de 1530 essas relações começaram a mudar.

Nesse período, a Coroa portuguesa deu início ao processo de colonização do Brasil por meio do envio de colonos que deveriam vigiar a costa e impedir que outros estrangeiros europeus, como os franceses, explorassem as riquezas locais. Esses colonos estavam encarregados também de estabelecer o povoamento português e implementar o cultivo da cana-de-açúcar.

Tanto esse tipo de plantação como o estabelecimento de engenhos para a produção de açúcar geraram uma série de conflitos com os povos nativos do litoral, pois os portugueses tomaram terras como suas propriedades e passaram a escravizar os indígenas para trabalhar nelas.

RESISTÊNCIA INDÍGENA E ATAQUES AOS COLONOS

Os diversos povos indígenas do Brasil, contudo, não facilitaram o processo de colonização e iniciaram uma intensa resistência contra a presença dos portugueses e a escravização dos nativos. As vilas portuguesas eram constantemente atacadas e destruídas; os fortes, cercados e impedidos de serem abastecidos com alimentos e suprimentos militares; colonos eram capturados e mortos; e havia fugas constantes de escravizados, bem como expedições indígenas de resgate.

Os povos Tupinambá, Tupiniquim, Aimoré, Tabajara, Goitacá, Tamoio, Potiguara, entre muitos outros, viviam em guerra contra os portugueses, então denominados Peró. Embora não possuíssem armas de fogo, esses povos indígenas dominavam eficientes armas e estratégias bélicas, como as flechas venenosas ou incandescentes, o uso da borduna, o cerco aos fortes e as emboscadas nas trilhas da mata e nos rios.

borduna: arma indígena feita de tronco de madeira trabalhado; tacape.

Peró: umas das formas de designar os portugueses, visto que muitos deles se chamavam Pero, como Pero Vaz de Caminha, escrivão da primeira carta sobre o Brasil.

◀ Théodore de Bry. *Método de cerco e ataque.* Gravura colorida do livro *Americae Tertia Pars*, de 1592.

ALIANÇAS

Com mais de 2 milhões de indivíduos, distribuídos em milhares de aldeias, os diversos povos que habitavam o Brasil no período da colonização portuguesa tinham entre si históricas relações de aliança ou de rivalidade.

As rivalidades foram exploradas pelos portugueses, que ofereciam apoio a determinadas aldeias contra seus inimigos, buscando tirar proveito dos conflitos.

Os Tupinambá, tradicionais inimigos dos Tupiniquim, estabeleceram alianças com os portugueses visando ao apoio destes no combate a seus rivais. Registros indicam que eles teriam, inclusive, auxiliado os portugueses na construção de vilas para receber novos colonizadores.

Além dos pactos militares, era comum o casamento entre colonos portugueses e mulheres indígenas. Ao tornar-se parte de uma família indígena, os colonos conquistavam o respeito dos membros da aldeia e, assim, conseguiam impor com mais facilidade seus projetos políticos e econômicos.

No campo religioso, muitos nativos, intrigados com a missão espiritual dos Peró, acabaram se aproximando dos jesuítas e se convertendo ao cristianismo, aliando-se a esses representantes portugueses. Os jesuítas tinham por missão ensinar a fé cristã e erradicar o que consideravam paganismo, subestimando os valores e as crenças indígenas.

Esses acordos foram de vital importância para o estabelecimento da Colônia portuguesa na América, pois permitiram que os portugueses, por meio de seus aliados, adquirissem conhecimento sobre o território que desejavam conquistar, bem como sobre os povos que nele viviam. Além disso, em alguns casos, garantiram apoio na defesa contra os ataques que sofriam dos grupos resistentes à colonização.

▲ Autor desconhecido. Detalhe da obra *Caramuru e sua consorte Paraguaçu*. Gravura sem data. A imagem representa Diogo Álvares Correia (à direita), um português que viajou para o Brasil entre 1509 e 1510, e sua esposa tupinambá (à esquerda). Seu navio naufragou na costa da atual Bahia, onde ele foi resgatado pelos Tupinambá e recebeu o nome de Caramuru. Na aldeia, casou-se com Paraguaçu, filha do líder Taparica, e ganhou o respeito dos membros da comunidade. Teve importante papel político por servir de elo entre os Tupinambá da Bahia e os colonos portugueses que chegaram à região em 1532.

CIDADANIA GLOBAL

ALIANÇA SOLAR INTERNACIONAL

O estabelecimento de alianças e parcerias entre os povos é uma prática que ocorre até hoje e faz parte da política internacional. Geralmente, as alianças preveem melhorias e benefícios para todos os envolvidos e geram impactos aos cidadãos dos países que integram os acordos.

Na implementação de fontes de energia renováveis, essas alianças são essenciais, pois permitem o compartilhamento de tecnologias e a captação de investimentos para projetos cujo foco é a produção de energias limpas.

1. O que é **energia limpa**? Busque informações sobre o tema e anote suas descobertas no caderno.

2. Em 2022, o Brasil confirmou a adesão à Aliança Solar Internacional. O que é esse acordo? Quais benefícios ele traz para nosso país? Junte-se a um colega e investiguem essa aliança. Depois, contem para a turma o que vocês descobriram.

GRUPOS ISOLADOS: ESTRATÉGIAS DE SOBREVIVÊNCIA

No processo de colonização, a escravização e as guerras abalaram profundamente as sociedades indígenas que viviam no Brasil antes da invasão portuguesa. Associadas a esses fatores, havia as doenças trazidas pelos estrangeiros, contra as quais as populações nativas não tinham defesas naturais, o que contribuiu para sua dizimação. Todo esse contexto provocou o deslocamento de povos do litoral para o interior do Brasil, com o objetivo de se afastar dos efeitos nocivos das armas, da catequização, das alianças perigosas e das doenças dos europeus.

Contudo, os colonizadores, depois de se estabelecerem no litoral, avançaram para o interior do território, conquistando mais riquezas e aumentando as posses da Coroa portuguesa. Ao longo dos séculos XVII, XVIII e XIX, diversas empreitadas em busca de mão de obra escravizada, de minas de metais preciosos e de produtos da Amazônia vitimaram milhares de indígenas.

Como forma de resistência a esse processo, alguns povos indígenas se instalaram em regiões de difícil acesso da floresta Amazônica. Essa prática serviu como estratégia de sobrevivência daqueles que tiveram antepassados profundamente afetados pelo contato com os não indígenas; por meio de uma reorganização social, esses povos fundaram novas aldeias, afastadas do alcance dos invasores.

Segundo a Funai, são considerados **povos indígenas isolados** aqueles que não têm relações permanentes ou que apresentam pouca interação com as sociedades nacionais (indígenas e não indígenas). O isolamento ofereceu certa proteção a esses povos até o início do século XX. Porém, especialmente durante os últimos oitenta anos, as áreas habitadas por essas comunidades têm sido sistematicamente ameaçadas pelas indústrias mineradora e extrativista e também por narcotraficantes que atuam nas fronteiras da Amazônia.

> **PARA EXPLORAR**
>
> *História da resistência indígena*: 500 anos de luta, de Benedito Prezia. São Paulo: Expressão Popular, 2017.
>
> Esse livro aborda a história do Brasil pelo ponto de vista dos povos indígenas, destacando suas lutas, formas de resistência à colonização e estratégias de sobrevivência, desde o início da invasão europeia até os atuais conflitos contra os invasores de suas terras.

Saiba mais sobre alguns **povos indígenas isolados** e, depois, reflita sobre a seguinte questão: Por que é importante respeitar a decisão deles de não contatar a sociedade não indígena?

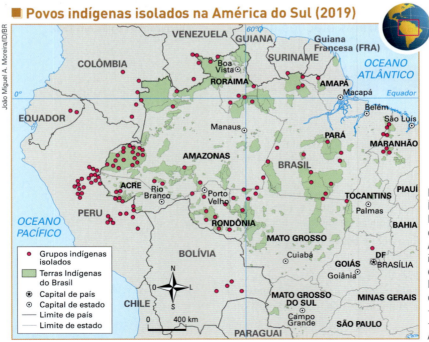

■ Povos indígenas isolados na América do Sul (2019)

Fontes de pesquisa: Coordenação Geral de Índios Isolados e Recém-Contatados (CGIIRC) – Funai. *O Eco*. Disponível em: http://www.oeco.org.br/wp-content/uploads/2011/04/Isolados_America-do-Sul_layout.pdf; Número de tribos isoladas dobra na América do Sul, mas maioria está em situação de risco. *Ambiente Brasil*. Disponível em: https://noticias.ambientebrasil.com.br/clipping/2019/04/24/151621-numero-de-tribos-isoladas-dobra-na-america-do-sul-mas-maioria-esta-em-situacao-de-risco.html. Acessos em: 18 jan. 2023.

ATIVIDADES

Acompanhamento da aprendizagem

Retomar e compreender

1. Quais foram os primeiros povos indígenas brasileiros que tiveram contato com os europeus?

2. Retome a imagem de abertura deste capítulo. Ela retrata a perspectiva dos europeus a respeito do contato entre indígenas e não indígenas. Em sua opinião e com base no que você estudou ao longo deste capítulo, como seria essa representação se a perspectiva fosse a dos povos indígenas?

3. Escreva um pequeno texto com as palavras do quadro a seguir.

> *karaíba*   aliança   reconhecimento
> conflitos   resistência

Aplicar

4. Observe a imagem e, no caderno, responda às questões.

▲ Théodore de Bry. *Demônios atacam os selvagens*. Gravura colorida do livro *Americae Tertia Pars*, de 1592.

a) Qual é a data desse documento histórico?
b) Quem é o autor dessa imagem e que visão de mundo ela revela?
c) De que forma essa imagem reforça o discurso de apoio à colonização como salvação do Brasil e dos povos nativos?
d) Identifique e descreva a visão religiosa dos povos falantes do tupi-guarani sobre os europeus, assim como a dos europeus sobre esses povos nativos.

5. Leia o texto e, com base nele, identifique a alternativa incorreta e reescreva-a no caderno, de modo a torná-la correta.

> Em meados da década de [19]60, os Araweté se deslocaram das cabeceiras do rio Bacajá, a sudeste, em direção ao Xingu, no estado do Pará. Eles eram oficialmente desconhecidos até o começo da década de 1970. [...]
>
> É possível garantir que eles moram há muitos anos, talvez alguns séculos, na região de florestas entre o médio curso dos rios Xingu e Tocantins. Embora fossem considerados, até o contato em 1976, como "índios isolados", o fato é que os Araweté conhecem o homem branco há muito tempo. Sua mitologia se refere aos brancos, e existe um espírito celeste chamado "Pajé dos Brancos"; eles utilizam há muito tempo machados e facões de ferro, que pegavam em roças abandonadas de moradores "civilizados" da região; e sua tradição registra vários encontros, alguns amistosos, outros violentos, com grupos de kamarã na floresta.
>
> Araweté. Povos Indígenas no Brasil. Instituto Socioambiental (ISA). Disponível em: https://pib.socioambiental.org/pt/Povo:Arawet%C3%A9. Acesso em: 18 jan. 2023.

a) Os povos indígenas isolados têm um histórico de lutas contra os não indígenas, optando pela estratégia de isolamento como sobrevivência.
b) Mesmo considerados isolados, muitos desses povos mantêm contato com outros povos indígenas, estabelecendo trocas de materiais e de informações.
c) Como qualquer sociedade impactada pelas relações entre Europa e América, os povos isolados não ficaram parados no tempo, imunes a transformações sociais e culturais.
d) Os povos indígenas isolados estão seguros de qualquer interferência em seu modo de vida, vivendo em áreas protegidas.

6. **SABER SER** Os indígenas são, muitas vezes, tratados de forma genérica, como se pertencessem a um único povo e compartilhassem todos uma mesma cultura. Em sua opinião, quais são os prejuízos acarretados pela disseminação de estereótipos sobre os povos indígenas?

CAPÍTULO 2
A COLONIZAÇÃO PORTUGUESA NA AMÉRICA

PARA COMEÇAR

No início do processo de colonização, as terras portuguesas na América tinham apenas um atrativo econômico: o pau-brasil. Assim, Portugal não empregou esforços para ocupá-las, uma vez que o comércio com as Índias era muito mais lucrativo. Em sua opinião, quais fatores alteraram essa situação?

O PAU-BRASIL

As terras exploradas na América, a partir de 1500, não entusiasmaram a Coroa portuguesa. O comércio com o Oriente era mais lucrativo, de forma que, a princípio, os portugueses se concentraram nele. Isso não significou, contudo, que as terras americanas foram abandonadas.

Os portugueses encontraram em nosso litoral uma espécie de árvore, a qual chamaram pau-brasil, de cuja madeira era possível extrair um potente corante vermelho. Na Europa, os tecidos de cor vermelha eram valiosos e indicavam *status* social. Até o século XVI, as tinturas vermelhas eram extraídas, principalmente, de um molusco do mar Mediterrâneo. O processo de extração era complexo, o que encarecia muito a produção desse corante: era necessário ferver milhares de moluscos para produzir uma pequena porção de tintura. Da madeira do pau-brasil, no entanto, era possível extrair uma resina que rendia uma quantidade muito maior de corante.

Assim, a Coroa portuguesa decidiu explorar o pau-brasil, abundante na mata que seria denominada, posteriormente, Mata Atlântica. A principal mão de obra utilizada para a extração dessa madeira foi a de indígenas, que recebiam em troca objetos produzidos na Europa que não faziam parte de sua cultura, como espelhos, talheres, roupas de inverno, etc.

▼ Representação cartográfica do litoral brasileiro feita por Giacomo Gastaldi, em 1556. Detalhe de xilogravura colorizada. Em sua representação, Gastaldi ressaltou a extração de pau-brasil no território da América portuguesa, característica dos primeiros anos de colonização da região.

O INÍCIO DA COLONIZAÇÃO

O interesse português pela Colônia na América começou a mudar, de fato, na década de 1530, quando a Coroa decidiu ocupar definitivamente o território.

Essa decisão se deu em resposta às sucessivas invasões estrangeiras no litoral, que ameaçavam o domínio português. Além disso, Portugal buscava novas fontes de lucro, pois o comércio com as Índias já apresentava sinais de crise e era cada vez mais oneroso.

Nessa época, a nação que mais realizava incursões à América – não apenas nas possessões portuguesas, mas também nas inglesas e nas espanholas – era a França.

A divisão dos territórios atlânticos entre Espanha e Portugal, firmada pela **Bula *Inter Coetera*** (1493) e pelo **Tratado de Tordesilhas** (1494), e a fundação de colônias inglesas na América do Norte não impediram que os franceses ocupassem territórios no continente americano, incluindo as áreas reivindicadas por outras coroas europeias.

Em 1555, uma ilha da baía de Guanabara, no atual município do Rio de Janeiro, foi ocupada por cerca de 600 franceses. Eles permaneceram na região, que recebeu o nome de França Antártica, por cerca de dez anos e fizeram alianças com os indígenas para extrair pau-brasil e lutar contra os portugueses.

Os portugueses conseguiram expulsar os franceses da ilha em 1565, avançando com a colonização portuguesa dessa área, para evitar novas incursões da França. Esse processo deu origem ao território mais tarde conhecido como Rio de Janeiro.

Para muitos historiadores, a guerra travada contra os franceses nesse período levou Portugal a criar mecanismos administrativos e de controle sobre seus territórios na América.

▲ Detalhe de representação cartográfica da França Antártica, na atual baía de Guanabara, no Rio de Janeiro, feita por franceses em 1555. O mapa assinala pontos de interesse dos franceses no território da América portuguesa.

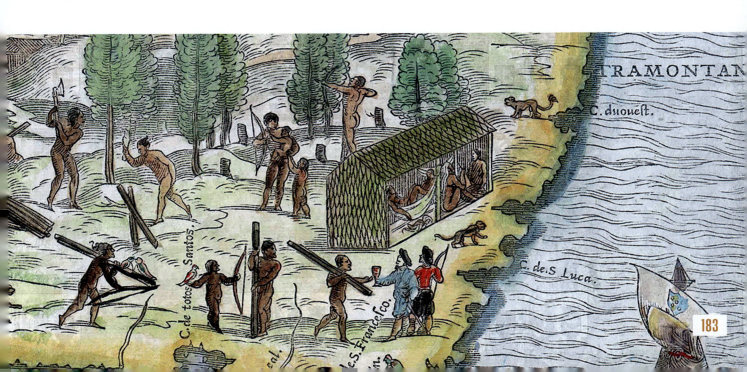

AS CAPITANIAS HEREDITÁRIAS

Devido à grande extensão territorial da Colônia e à falta de recursos da Coroa portuguesa para iniciar o processo de colonização, Portugal implantou um sistema administrativo conhecido como capitanias hereditárias, que consistia na divisão das terras em porções de tamanhos variados para serem oferecidas a fidalgos.

Assim, apesar de a colonização ser administrada pelo Estado português, o investimento seria de particulares, que se responsabilizariam pela exploração e pela ocupação dos territórios doados. Esses investidores, chamados donatários, tinham o direito à posse e à exploração das terras recebidas, mas não podiam vendê-las.

O sistema de capitanias hereditárias já era utilizado por Portugal em suas ilhas no Atlântico, como a da Madeira, a dos Açores e a de Cabo Verde. Na América portuguesa, foram estabelecidas quinze capitanias. Apesar de a administração delas ser um encargo muito dispendioso, os donatários tinham grande liberdade de atuação na Colônia e alguns direitos: podiam dispor livremente das terras e repassá-las a seus herdeiros, conceder sesmarias a colonos, cobrar taxas e impostos, escravizar e vender indígenas, fundar vilas, entre outros.

A doação de uma capitania para o donatário era oficializada por dois documentos: a **carta de doação**, que delimitava as terras doadas, e o **foral**, que regulamentava os direitos e os deveres da população local em relação ao donatário e à Coroa portuguesa.

O FRACASSO DO SISTEMA

Apesar de aparentemente atrativo, o sistema de capitanias hereditárias rapidamente entrou em colapso. Muitos donatários desistiram de suas terras antes mesmo de conhecê-las. Outros não conseguiram custear o empreendimento ou enfrentaram muitas dificuldades, como os ataques de indígenas e o pouco apoio oferecido pela Coroa.

No final do século XVI, apenas 6 das 15 capitanias iniciais estavam em funcionamento: São Vicente, Pernambuco, Ilhéus, Espírito Santo, Bahia e Porto Seguro. Dessas, apenas a de Pernambuco e a de São Vicente prosperaram, com o cultivo de cana e a produção de açúcar.

Fonte de pesquisa: *Atlas histórico escolar*. Rio de Janeiro: FAE, 1991. p. 16.

CIDADANIA GLOBAL

CONHECIMENTOS SOBRE O TERRITÓRIO

Um dos entraves para o projeto de colonização europeu na América era a falta de conhecimento sobre os territórios que os europeus buscavam conquistar. Conhecer as características territoriais e sua diversidade é essencial para que um povo possa ocupar, da melhor forma, uma região.

Atualmente, isso também vale para a elaboração de políticas voltadas para a implementação da produção de energia limpa e acessível.

1. Em sua opinião, o que significa dizer que uma fonte de energia é acessível? Dialogue com a turma sobre isso.

2. Consulte um mapa físico do Brasil e levante hipóteses sobre quais fontes de energia limpas e acessíveis poderiam ser produzidas no país.

---

fidalgo: membro da nobreza por ascendência.

sesmaria: lote de terras doado a colonos para o cultivo.

■ **As capitanias hereditárias (século XVI)**

João Miguel A. Moreira/ID/BR

Equador — 0°

MARANHÃO
MARANHÃO
CEARÁ
RIO GRANDE
ITAMARACÁ
PERNAMBUCO
BAHIA DE TODOS OS SANTOS — 10°S
ILHÉUS
PORTO SEGURO
ESPÍRITO SANTO
SÃO TOMÉ
SÃO VICENTE
SANTO AMARO
SÃO VICENTE
SANTANA

Linha do Tratado de Tordesilhas

OCEANO ATLÂNTICO

Trópico de Capricórnio

N O L S

0 390 km

40°O

Terras pertencentes a Portugal
Terras pertencentes à Espanha

UMA NOVA PROPOSTA PARA O MAPA DAS CAPITANIAS HEREDITÁRIAS

É possível observar no mapa "As capitanias hereditárias (século XVI)", no tema anterior, que a representação cartográfica clássica das capitanias hereditárias apresenta de 14 a 15 lotes de terra. Cada lote é dividido horizontalmente de forma rigorosa, respeitando a demarcação estabelecida pelo Tratado de Tordesilhas.

Assim como as pinturas e outros registros produzidos pelos seres humanos, os mapas são feitos de acordo com as ideias de quem os produziu. Por isso, eles também são fontes históricas, já que resguardam interpretações sobre os espaços representados, feitas por pessoas no passado.

O mapa clássico das capitanias hereditárias segue os paralelos de uma produção cartográfica do século XIX, feita por Francisco Adolfo de Varnhagen (1816-1878) – militar estudioso da história e da geografia do Brasil. Ele construiu o mapa com base na análise de cartas náuticas e de outros documentos cartográficos elaborados pelos navegadores europeus no período da expansão marítima, durante a Idade Moderna.

Esse modelo, porém, começou a ser questionado recentemente. O principal estudo sobre o tema foi publicado, em 2013, pelo pesquisador Jorge Pimentel Cintra, do Museu Paulista da Universidade de São Paulo. Além das cartas náuticas e de outros mapas de época, Cintra pesquisou cartas de doação de terras e demais registros escritos da Coroa portuguesa e dos donatários que receberam os territórios.

Após aprofundar a análise desses documentos, o pesquisador observou que a demarcação dos lotes no norte do território foi feita com base nos meridianos, e não nos paralelos. Outra descoberta foi que nem todas as terras portuguesas foram oferecidas aos donatários: havia uma região, nas áreas atuais dos estados do Maranhão e do Pará, que não integrava nenhuma capitania. Veja o mapa.

> Compare os dois modelos de representação cartográfica das **capitanias hereditárias** e liste as diferenças e semelhanças entre eles.

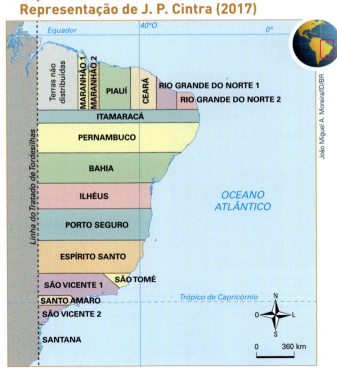

Capitanias hereditárias (1534-1536): Representação de J. P. Cintra (2017)

Fonte de pesquisa: Jorge Pimentel Cintra. Os limites das capitanias hereditárias do sul e o conceito de território. *Anais do Museu Paulista*: história e cultura material, São Paulo, v. 25, n. 2, 2017.

OS GOVERNOS-GERAIS

Com o fracasso do sistema de capitanias, Portugal decidiu implantar, em 1548, uma nova organização administrativa: o governo-geral. As capitanias, porém, não foram extintas. Aos poucos, a Coroa tirou as terras dos donatários em troca de valores simbólicos. A administração foi centralizada sob a responsabilidade do governador-geral, que respondia diretamente a Portugal, o que facilitou o controle e a defesa do território contra as invasões estrangeiras.

Tomé de Sousa, o primeiro governador-geral do Brasil, aportou na Colônia em 1549. Com ele, vieram centenas de colonos e padres jesuítas. Fundou-se, então, a primeira capital do Brasil, Salvador, na região da atual cidade. A implantação do governo-geral foi essencial para a concretização do projeto colonizador da Metrópole portuguesa.

AS CÂMARAS MUNICIPAIS

À medida que as vilas eram criadas, foi necessário à Metrópole criar instituições para garantir seu controle sobre as terras, além de pensar na organização político-administrativa da Colônia portuguesa no continente americano. Uma das principais estruturas locais do poder da Metrópole sobre a Colônia foram as **Câmaras Municipais**. Tratava-se de órgãos administrativos que tinham a função de lidar com as demandas cotidianas da vila e de seus moradores.

As Câmaras Municipais eram constituídas por 3 ou 4 vereadores, juízes, procuradores e outros funcionários administrativos. Os vereadores eram eleitos pelos chamados homens bons e as eleições ocorriam, a partir do século XVII, a cada três anos. Apenas os homens bons podiam participar das eleições, votando ou sendo votados. Os demais cargos eram designados por nomeação, entre eles os de porteiro, escrivão, tesoureiro, contador e tabelião.

Na prática, os homens bons controlavam as vilas e as cidades. Com o passar do tempo, as câmaras conquistaram poder e autonomia, o que levou a confrontos entre os homens bons – que, até então, detinham o poder – e os funcionários da Corte portuguesa.

> **AS ORIGENS DAS CÂMARAS MUNICIPAIS**
>
> Você conhece a Câmara Municipal do município onde mora? No Brasil, a origem desse órgão se deu no período colonial, como instituição de controle do governo português na Colônia. No entanto, na Europa, ele surgiu entre os séculos XII e XIII, quando a península Ibérica passou por um processo de municipalização durante o domínio islâmico.
>
> Com a retomada do território ibérico pelos cristãos, as bases da administração local foram aproveitadas pelos novos governos e chamadas de Câmaras. Dessa forma, a origem das Câmaras Municipais remonta ao domínio árabe na península Ibérica.

homem bom: nome que se dava, no contexto da colonização do Brasil, aos homens ricos e influentes, em geral proprietários rurais. O homem bom fazia valer sua vontade a ponto de não obedecer às leis portuguesas.

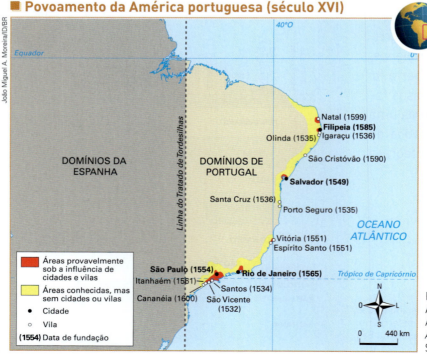

Povoamento da América portuguesa (século XVI)

Fontes de pesquisa: José Jobson de A. Arruda. *Atlas histórico básico*. São Paulo: Ática, 2007. p. 36; Cláudio Vicentino. *Atlas histórico*: geral e Brasil. São Paulo: Scipione, 2011. p. 103.

ATIVIDADES

1. Quais eram as principais atividades econômicas dos portugueses no início da colonização?

2. Preencha o quadro com as principais características dos sistemas administrativos adotados pela Coroa portuguesa até o século XVI. Se necessário, copie o quadro no caderno.

SISTEMAS ADMINISTRATIVOS	CARACTERÍSTICAS
Capitanias hereditárias	
Governo-geral	

Aplicar

3. Leia o texto e faça o que se pede, a seguir.

   > [...] era originalmente chamado "ibirapitanga", nome dado pelos índios Tupi da costa a essa árvore que dominava a larga faixa litorânea. [...] A madeira era muito utilizada na construção de móveis finos, e de seu interior extraía-se uma resina avermelhada, boa para o uso como corante de tecidos. Calcula-se que na época existiam 70 milhões de espécimes, logo dizimadas pelo extrativismo feito à base de escambo e a partir do trabalho da população nativa.
   >
   > Lilia M. Schwarcz; Heloisa M. Starling. *Brasil*: uma biografia. São Paulo: Companhia das Letras, 2015. p. 31-32.

   a) A qual árvore o texto se refere? Que elementos do texto lhe permitiram chegar a essa conclusão?

   b) Pesquise o significado da palavra **escambo** e, em seguida, relacione-o à mão de obra empregada na extração dessa árvore.

4. Na representação cartográfica do tópico "O início da colonização", feita pelos franceses após a ocupação da baía de Guanabara, é possível identificar os pontos de interesse da França na América portuguesa. Junte-se a dois colegas para mapear os pontos de interesse de seu bairro.

5. Compare os mapas e faça o que se pede.

Fonte de pesquisa: *Atlas geográfico escolar*. 8. ed. Rio de Janeiro: IBGE, 2018. p. 94.

Fonte de pesquisa: *Atlas histórico escolar*. Rio de Janeiro: FAE, 1991. p. 16.

   a) Identifique o tema dos mapas e, no caderno, crie um título para cada um deles.

   b) De acordo com os mapas, os territórios que compunham as capitanias são os mesmos que compõem os estados atuais?

   c) Que diferenças você pode observar entre os mapas quanto à divisão das fronteiras?

HISTÓRIA DINÂMICA

Mulheres no Brasil Colônia

A historiografia tradicional estabeleceu a ideia de que os acontecimentos históricos são organizados e protagonizados principalmente por homens. Porém, a crescente presença feminina na produção científica e a renovação da forma de pesquisar e escrever a História resultaram na busca por conhecimentos que também contemplam as mulheres.

Com isso, as pesquisas têm demonstrado a participação ativa de mulheres em diferentes grupos, inclusive em papéis de liderança. Os textos a seguir trazem dois exemplos dessas pesquisas.

Texto I

As mulheres no tempo (século XIX), no espaço (o sertão, as províncias de Piauí e Ceará) aparecem cantadas na literatura de cordel, em testamentos, inventários ou livros de memórias. As muito ricas, ou da elite intelectual, estão nas páginas dos inventários, nos livros, com suas joias e posses de terras; as escravas também estão ali, embora pertencendo às ricas. As pobres livres, as lavadeiras, as doceiras, as costureiras e rendeiras – tão conhecidas nas cantigas do Nordeste –, as apanhadeiras de água nos riachos, as quebradeiras de coco e parteiras, todas essas temos mais dificuldade em conhecer: nenhum bem deixaram após a morte, e seus filhos não abriram inventário,

Autor desconhecido. *A família brasileira* (1821). Aquarela sobre papel. As mulheres brancas abastadas usavam vestimentas produzidas com tecidos importados e estavam sempre muito cobertas, com poucas partes do corpo à mostra.

nada escreveram ou falaram de seus anseios, medos, angústias, pois eram analfabetas e tiveram, no seu dia a dia de trabalho, de lutar pela sobrevivência. Se sonharam, para poder sobreviver, não podemos saber.

[...] As mulheres de classe mais abastada não tinham muitas atividades fora do lar. Eram treinadas para desempenhar o papel de mãe e as chamadas "prendas domésticas" – orientar os filhos, fazer ou mandar fazer a cozinha, costurar e bordar. Outras, menos afortunadas, viúvas ou de uma elite empobrecida, faziam doces por encomenda, arranjos de flores, bordados a crivo, davam aulas de piano e solfejo, e assim puderam ajudar no sustento e na educação da numerosa prole. [...] Na época, era voz comum que a mulher não precisava, e não deveria, ganhar dinheiro. As mulheres pobres não tinham outra escolha a não ser procurar garantir seu sustento. Eram, pois, costureiras e rendeiras, lavadeiras, fiadeiras ou roceiras – estas últimas, na enxada, ao lado de irmãos, pais ou companheiros, faziam todo o trabalho considerado masculino: torar paus, carregar feixes de lenha, cavoucar, semear, limpar a roça do mato e colher. As escravas trabalharam principalmente na roça, mas também foram usadas por seus senhores como tecelãs, fiadeiras, rendeiras, carpinteiras, azeiteiras, amas de leite, pajens, cozinheiras, costureiras, engomadeiras e mão de obra para todo e qualquer serviço doméstico.

Miridan Knox Falei. Mulheres do Sertão Nordestino. Em: Mary Del Priore (org.). *História das mulheres* no Brasil. 7. ed. São Paulo: Contexto, 2004. (*E-book*)

Texto II

As inquietações das mulheres e sua notoriedade na sociedade brasileira, mesmo em casos pontuais, surgem desde a Colônia. Personalidades – como as administradoras Ana Pimentel, Brites de Albuquerque; as quilombolas ou líderes de quilombos, como a negra Aqualtune, Filipa Aranha, Teresa de Quariterê, Zeferina, Dandara; as resistentes aos holandeses, como a índia Clara Camarão, Maria Ortiz; as bandeirantes Maria Dias Ferraz do Amaral, Antônia Ribeiro; as emancipacionistas Anita Garibaldi, Bárbara Heliodora, Maria Quitéria; ou as que se tornaram populares, e por isso foram marcadas negativamente como loucas e prostitutas, Chica da Silva, Marília de Dirceu, Dona Beja e outras [...] – fazem parte do imaginário social, mas, na virada do século XX, sobretudo por causa da urbanização e do afã do progresso, a expressão "feminismo" ganha relevo e conquistas.

[...]

No Recife, a confirmação deste pensamento [no qual o passado serve como inspiração e sucesso para futuro] vem pelo trabalho de uma das mais importantes feministas do país, a cronista, poeta, ensaísta e romancista Nísia Floresta Brasileira Augusta. Era positivista, defendeu a abolição da escravidão, a instauração da República, a educação da mulher. Nascida em 1810, no interior do Rio Grande do Norte, foi uma das primeiras mulheres a romper as barreiras do privado. Sua atuação na imprensa, desde 1830, a favor de uma maior igualdade de direitos entre homens e mulheres, foi fundamental para que, no Brasil, a discussão da emancipação feminina fosse levantada [...].

Tereza Lopes Albuquerque. Os discursos sobre a emancipação feminina produzidos na cidade do Recife (1870-1909). *e-Mosaicos*, v. 3, n. 5, 2014. Disponível em: https://www.e-publicacoes.uerj.br/index.php/e-mosaicos/article/view/12829/9936. Acesso em: 6 fev. 2023.

Jean Baptiste Debret. Detalhe de *Refrescos das tardes de verão* (1826). Aquarela sobre papel. As mulheres negras do Brasil Colônia desempenhavam diversas atividades profissionais.

Em discussão

1. Com base no primeiro texto, explique por que não se pode afirmar que as mulheres compunham um grupo homogêneo no Brasil Colônia.

2. Sabendo que as fontes históricas consistem em tudo aquilo que fornece informações para a construção do conhecimento sobre a humanidade, identifique as fontes históricas apresentadas nos textos.

3. Escolha uma das mulheres mencionadas no **texto II** e busque mais informações sobre ela. Em seguida, escreva um breve resumo da trajetória da sujeita histórica que você pesquisou.

CAPÍTULO 3
NEERLANDESES NA AMÉRICA PORTUGUESA

PARA COMEÇAR

Nas últimas décadas do século XVI, o Império Português passou por profundas transformações políticas que culminaram na chamada União Ibérica. Você já ouviu falar da União Ibérica? Quais foram as consequências desse processo para as colônias portuguesas?

A UNIÃO IBÉRICA

A dinastia de Avis, que governava Portugal desde 1385, deixou o poder em 1578, quando o rei dom Sebastião, de apenas 24 anos de idade, desapareceu durante um combate contra os muçulmanos no norte da África. Como o rei não tinha irmãos nem filhos, foi coroado seu único parente de nacionalidade portuguesa: seu tio, um cardeal de 78 anos, que morreu pouco tempo depois, em 1580, também sem deixar herdeiros.

Cinco candidatos se apresentaram, então, para reivindicar o trono. Venceu Filipe de Habsburgo, rei da Espanha – com o título de Filipe II –, primo de dom Sebastião por parte de mãe. Depois de enviar o Exército espanhol para impor à força sua coroação, ele foi aclamado rei Filipe I de Portugal em 1580, iniciando, assim, o período de união política entre os reinos da Espanha e de Portugal, também conhecida como União Ibérica.

Dom Filipe não anexou Portugal à Espanha, mas governou os dois Estados separadamente, indicando um vice-rei em Lisboa, subordinado à Coroa espanhola, que nomeava portugueses para administrar o reino lusitano e seu império. O governo espanhol reorganizou a política externa de Portugal, desencadeando conflitos com as potências da época que antes eram suas aliadas, como a Inglaterra e a região dos Países Baixos.

▼ Casarões da rua Aurora, em Recife (PE). Nesses casarões, é possível observar algumas características da arquitetura típica dos Países Baixos, como o formato retangular das construções e a simetria entre portas e janelas, etc., resultado da ocupação neerlandesa no Nordeste. Foto de 2022.

A LUTA CONTRA OS REINOS IBÉRICOS

Pertencente ao Império Espanhol desde 1556, a região dos Países Baixos, dividida em 17 províncias, encontrava-se em plena guerra de independência em 1580, combatendo os exércitos de Filipe II. Devido à união com a Espanha, tropas portuguesas foram enviadas para lutar ao lado dos espanhóis, pondo fim às relações políticas e comerciais amistosas que os portugueses mantinham com as comunidades dos Países Baixos.

Na época, as 17 províncias que compunham a região dos Países Baixos eram divididas entre províncias de maioria protestante, ao norte, e de maioria católica, aliadas à Coroa espanhola, ao sul. A Holanda era uma das sete províncias de maioria protestante no norte da região.

Essas províncias resistiram aos ataques das tropas de Filipe II e criaram, em 1579, a República das Sete Províncias Unidas dos Países Baixos, também conhecida como **Províncias Unidas**. Essa república protestante acolheu muitos dos refugiados religiosos da região católica, muitos deles judeus portugueses que fugiam da Inquisição espanhola.

Em decorrência dos conflitos entre a Coroa espanhola e as Províncias Unidas, todas as colônias portuguesas foram proibidas de manter relações comerciais com os mercadores neerlandeses, que obtinham grande lucro com a comercialização de produtos feitos nessas colônias. Os comerciantes de Amsterdã tinham, então, um sério problema para resolver: Como continuar a comercializar os produtos coloniais se não era mais possível o acesso legal às colônias portuguesas e espanholas?

Assim, buscando manter seus lucros, os neerlandeses empreenderam ações de invasão e conquista dos territórios pertencentes às potências ibéricas.

> **HOLANDA, PAÍSES BAIXOS E PROVÍNCIAS UNIDAS**
>
> Os comerciantes de Amsterdã lideraram a expansão marítima dos Países Baixos do fim do século XVI a meados do século XVIII.
>
> No final do século XVI, a Holanda integrava, com outras seis províncias, a República das Sete Províncias Unidas dos Países Baixos. Foram os cidadãos dessa república que conquistaram parte da América do Sul entre 1624 e 1654. Porém, é comum que eles sejam chamados de **holandeses**.

neerlandês: relativo ao grupo étnico predominante nos Países Baixos e às pessoas nascidas nessa região. Um sinônimo para o termo é batavo, referente à Batávia, também nos Países Baixos.

191

Amplie seus conhecimentos sobre **Maurício de Nassau e o Brasil Holandês** durante a expansão dos Países Baixos no século XVII e elabore uma linha do tempo com os principais marcos históricos apresentados.

OS NEERLANDESES ATACAM

Os navios dos comerciantes neerlandeses começaram a atacar as colônias portuguesas na Ásia já no final do século XVI. Nessa época, floresciam as associações de comerciantes, e os neerlandeses se valeram desse tipo de empresa para ampliar suas atividades econômicas, políticas e bélicas.

Dessa forma, em 1602, as companhias neerlandesas foram unificadas na **Companhia das Índias Orientais**. Em seu auge, essa companhia obteve o monopólio comercial das especiarias extraídas de diferentes pontos da costa africana e da Ásia. Ao longo do século XVII, conquistou quase todas as Colônias portuguesas do oceano Índico.

Os altos lucros obtidos pela Companhia das Índias Orientais levaram os comerciantes de Amsterdã a criar, em 1621, uma companhia para explorar as riquezas da América e da África: a **Companhia das Índias Ocidentais**.

A COMPANHIA DAS ÍNDIAS OCIDENTAIS

Em 1624, uma frota da Companhia das Índias Ocidentais, com 26 navios e mais de 3 mil soldados, tomou a cidade de Salvador, no atual estado da Bahia. Em resposta, o rei espanhol Filipe II armou uma frota com 56 navios, reconquistando o porto baiano em 1625. Cinco anos depois, os neerlandeses voltaram a atacar, mas o alvo dessa vez foi a região do atual estado de Pernambuco.

Para conquistar esse território, a Companhia das Índias Ocidentais mobilizou uma frota de 67 navios. A capitania portuguesa de Pernambuco era muito valiosa e conhecida dos comerciantes neerlandeses, que realizavam negócios com os mais de 130 engenhos de açúcar pernambucanos. Os colonos não conseguiram resistir ao ataque e se renderam. Muitos abandonaram as vilas e os engenhos, fugindo para o sertão.

Entre 1630 e 1635, os soldados neerlandeses conquistaram um grande território, que hoje corresponde aos estados de Pernambuco, da Paraíba e do Rio Grande do Norte, mais tarde estendido aos atuais Sergipe, Ceará e Maranhão, como se pode ver no mapa ao lado.

Consolidada a conquista, a Companhia das Índias Ocidentais nomeou, em 1636, o conde João Maurício de Nassau-Siegen para administrar a Colônia, com a missão de torná-la lucrativa.

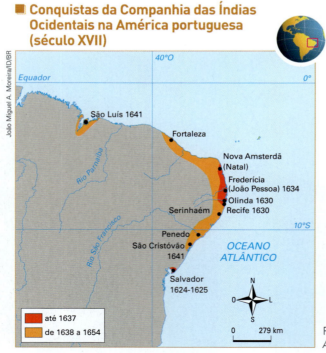

Conquistas da Companhia das Índias Ocidentais na América portuguesa (século XVII)

Fonte de pesquisa: José Jobson de A. Arruda. *Atlas histórico básico*. São Paulo: Ática, 2011. p. 37.

192

ATIVIDADES

Retomar e compreender

1. Forme dupla com um colega. Retomem o contexto histórico abordado neste capítulo e, no caderno, escrevam um parágrafo para cada questão.
   a) Por que Filipe II, rei da Espanha, tornou-se também rei de Portugal?
   b) Na prática, o que significou para os portugueses a união entre os dois reinos ibéricos?
   c) Qual foi a relação entre a União Ibérica e a conquista de colônias e feitorias portuguesas pelas Províncias Unidas (Países Baixos)?
   d) O que era a Companhia das Índias Ocidentais? Quais regiões da Colônia portuguesa foram ocupadas por ela?

2. Organize os eventos listados de acordo com a ordem cronológica em que ocorreram.

   > Formação da Companhia das Índias Ocidentais.
   > Fim da dinastia de Avis.
   > Ocupação neerlandesa do Nordeste da América portuguesa.
   > Formação das Províncias Unidas.
   > Formação da União Ibérica.

3. Qual era o interesse dos Países Baixos ao ocupar o Nordeste da América portuguesa?

Aplicar

4. A foto mostra uma região dos Países Baixos. Observe-a, leia a legenda e, depois, responda às questões.

▲ Construções típicas neerlandesas em um canal de Amsterdã, nos Países Baixos. Foto de 2020.

   a) Descreva a paisagem retratada.
   b) Em sua opinião, essa paisagem se parece com a da cidade do Recife, em Pernambuco, retratada na abertura deste capítulo?
   c) Com base no que você estudou, que relações podem ser estabelecidas entre Recife e Amsterdã?

193

ATIVIDADES INTEGRADAS

Retomar e compreender

1. No que consistiam as alianças estabelecidas entre alguns povos indígenas e os colonizadores europeus? Como essas alianças contribuíram para a colonização, pela Coroa portuguesa, do território que viria a ser o Brasil?

2. Sobre os povos indígenas isolados, responda:
   a) Quem são e por que optaram pelo isolamento?
   b) Atualmente, que grupos ameaçam os povos indígenas isolados? Por quê?

3. Que fatores influenciaram o início efetivo do processo de colonização da América portuguesa? Como esses fatores contribuíram para isso?

Aplicar

4. Retome a imagem que abre o capítulo 2 para responder às questões.
   a) De que modo a relação entre os indígenas e os portugueses foi representada? Há conflito ou cooperação entre os dois grupos? Explique.
   b) Os indígenas influenciaram o modo de vida dos colonizadores. De acordo com o que você estudou nesta unidade, explique quais hábitos dos indígenas foram incorporados pelos europeus e seus descendentes no Brasil.
   c) De acordo com seus conhecimentos, essa imagem refuta ou confirma a ideia de que os conhecimentos indígenas e o apoio das comunidades nativas foram muito importantes para que os portugueses estabelecessem uma colônia na América? Compartilhe sua opinião com a turma. Tente fundamentar sua argumentação com base em informações históricas.

5. Observe o mapa "As capitanias hereditárias (século XVI)" e responda às questões propostas.
   a) Que sistema de colonização é retratado nesse mapa?
   b) Como funcionava esse sistema?
   c) Quais foram os motivos da substituição desse sistema?

6. Leia o texto e, em seguida, faça o que se pede.

Naquela terra [a Bahia] vivia um povo guerreiro, os Tupinambá. Senhores de grandes áreas litorâneas, esses indígenas receberam, inicialmente, os portugueses como enviados divinos. Acreditavam também que aqueles homens poderosos poderiam tornar-se importantes aliados contra seus inimigos tradicionais, os Tupinikim, que viviam mais ao Sul.

Por isso, ocorreu uma parceria nessa primeira fase. Com a colaboração indígena, Francisco Coutinho construiu, à beira da praia, uma vila para receber os novos moradores, instalando dois engenhos de açúcar. [...] Os indígenas não esperavam ser transformados em escravos pelos "novos amigos", que os obrigaram a trabalhar nas vilas e engenhos.

[...]

Revoltados, os indígenas declararam uma guerra aos invasores portugueses, que durou oito anos. [...] A povoação e os engenhos foram destruídos e o donatário com os outros moradores tiveram de se refugiar na vizinha capitania de Ilhéus..

Benedito Prezia. *História da resistência indígena*: 500 anos de luta. São Paulo: Expressão Popular, 2017. p. 30.

   a) Qual foi a impressão inicial dos Tupinambá sobre os europeus?
   b) Como os Tupinambá ajudaram os europeus?
   c) Como os Tupinambá responderam à escravização?
   d) De acordo com esse texto, podemos afirmar que os Tupinambá receberam de forma pacífica a dominação europeia? Por quê?

Analisar e verificar

7. Forme dupla com um colega. Retomem o mapa "Conquistas da Companhia das Índias Ocidentais na América portuguesa (século XVII)" e, depois, respondam às questões.
   a) A qual nação rival da União Ibérica pertencia a Companhia das Índias Ocidentais?
   b) Em quais regiões da América portuguesa houve conquistas por parte das Companhias das Índias Ocidentais?
   c) Que outro título vocês dariam a esse mapa? Anotem a sugestão no caderno e, depois, compartilhem a ideia de vocês com os colegas.

8. Observe a imagem e, em seguida, faça o que se pede.

▸ Detalhe de gravura feita em 1785. Autoria desconhecida. Ela retrata uma família do povo Coissã, em Angola, durante a ocupação neerlandesa na região.

a) Descreva a imagem.
b) Qual relação pode ser estabelecida entre as invasões de Angola e do Nordeste brasileiro pelos neerlandeses?

9. Nesta unidade, você e os colegas conheceram as origens das Câmaras Municipais no Brasil. Agora, com a orientação do professor, façam uma busca na internet sobre a Câmara do município onde se localiza a escola. Vocês podem procurar informações em publicações oficiais impressas e digitais e também em entrevistas com os funcionários da Câmara Municipal. No caderno, anotem as seguintes informações:

a) O endereço e os meios de contato com a Câmara Municipal (telefone, redes sociais, e-mail, etc.);
b) Os nomes das pessoas que exercem os cargos de prefeito, vice-prefeito e vereadores e o período do mandato de cada um;
c) As funções atribuídas a cada cargo.

Criar

10. **SABER SER** Agora, conversem sobre os problemas do município que impactam o cotidiano da comunidade escolar. Podem ser relacionados às condições de transporte, à escola, à alimentação, entre outros. Com base nas informações que vocês pesquisaram na atividade anterior, pensem de que modo os políticos eleitos para a Câmara Municipal poderiam atuar para resolvê-los. Escolham um dos problemas e, coletivamente, escrevam uma carta para um dos funcionários da Câmara, escolhido de acordo com as funções dele durante o mandato. A carta pode ser enviada pelo correio ou por *e-mail*.

CIDADANIA GLOBAL
UNIDADE 7

7 ENERGIA LIMPA E ACESSÍVEL

Retomando o tema

Ao longo desta unidade, você analisou e refletiu sobre os contatos das populações indígenas com povos europeus, os interesses estrangeiros pelo território, bem como os conflitos e os acordos deles derivados. Naquele período, não era comum pensar a respeito das consequências negativas da ação humana sobre o meio ambiente ou questioná-la, pois a natureza era vista como algo a ser explorado.

Porém, no mundo contemporâneo, existe uma preocupação em reduzir os impactos das atividades humanas na exploração dos recursos ambientais. Exemplo disso é a produção energética a partir de fontes renováveis e limpas, com a garantia ao acesso universal a elas.

1. Durante o período estudado, quais eram as formas de conhecer os territórios conquistados? Atualmente, existem outros métodos de reconhecimento de área?
2. Qual é a importância das fontes de energia limpa e acessível? Converse com os colegas e levantem hipóteses.

Geração da mudança

- Com base no que você e a turma investigaram e debateram ao longo da unidade, formem duplas ou trios. Cada grupo vai produzir um folheto explicativo, impresso ou digital, sobre uma fonte de energia limpa e acessível.
- Para isso, complementem seus conhecimentos sobre esse tipo de energia, buscando mais informações sobre elas na internet ou em materiais impressos. Procurem conhecer quais são os impactos positivos da utilização desse tipo de energia e quais são as práticas cotidianas que garantem um uso consciente da energia produzida.
- Selecionem um aplicativo de edição de textos e imagens. Nele, disponibilizem as informações coletadas, acompanhadas de imagens que vão ajudar a explicitar as informações do folheto.
- Sob a orientação do professor, apresentem os folhetos para a comunidade escolar. Dessa maneira as informações alcançarão um número maior de pessoas em sua comunidade.

Autoavaliação

A ÁFRICA NA AMÉRICA PORTUGUESA

UNIDADE 8

PRIMEIRAS IDEIAS

1. O que você entende por **cultura afro-brasileira**?
2. Em sua opinião, qual é a importância dos africanos e de seus descendentes na construção do país que hoje chamamos Brasil?
3. Você percebe a presença de elementos de culturas africanas em seu dia a dia? Cite exemplos.

Conhecimentos prévios

Nesta unidade, eu vou...

CAPÍTULO 1 — Os africanos na América portuguesa

- identificar as diferentes formas de escravização.
- caracterizar o tráfico transatlântico de escravizados pela lógica mercantilista europeia.
- analisar as relações comerciais estabelecidas entre os reinos africanos e Portugal.
- descrever o projeto colonial português implantado no Brasil.
- identificar os conhecimentos e as tecnologias africanas aplicados no Brasil.
- discutir a construção do racismo no Brasil, bem como reconhecer a resistência e a luta dos movimentos negros.
- examinar o protagonismo e a importância dos africanos e afrodescendentes na história do Brasil.
- valorizar a composição multiétnica da sociedade brasileira.

CAPÍTULO 2 — A sociedade do engenho

- caracterizar a produção açucareira e a estrutura dos engenhos na América portuguesa, bem como identificar a composição social durante o ciclo do açúcar, por meio da análise de infográfico.
- analisar os aspectos sociais e econômicos que envolveram o tráfico de escravizados.
- examinar as trocas comerciais e culturais entre a África e a América portuguesa.
- identificar a atuação de africanos livres na América portuguesa.
- promover a reflexão sobre a importância dos afrodescendentes na formação do Brasil.
- identificar o quilombo dos Palmares como uma das formas de resistência e de luta dos africanos contra a escravidão na América portuguesa.

CIDADANIA GLOBAL

- identificar os índices de desnutrição e acesso à água potável no Brasil contemporâneo.
- debater sobre o consumo de alimentos ultraprocessados e seus malefícios sociais e físicos.
- reconhecer os impactos sociais e físicos da fome, refletindo sobre a importância de combater esse problema.

Ricardo Teles/Pulsar Imagens

LEITURA DA IMAGEM

1. Na fotografia, que objetos são usados pelas pessoas durante o cortejo? Qual é a utilidade desses objetos?
2. Há eventos como esse em seu município? Em caso afirmativo, quais? Compartilhe suas experiências com a turma.
3. Qual é a origem dessa manifestação cultural? Levante hipóteses com os colegas.

CIDADANIA GLOBAL

No Brasil, há muitos festejos e tradições de origem africana que foram preservados pelas comunidades quilombolas existentes ainda hoje. Nessas comunidades, também é comum o uso de ferramentas e técnicas tradicionais de agricultura e pecuária.

1. As técnicas agrícolas das comunidades tradicionais costumam ser sustentáveis, isto é, costumam garantir a produtividade de modo equilibrado em relação ao meio ambiente. Em sua opinião, por que isso é benéfico para a sociedade?
2. Para você, estudar e conhecer as técnicas tradicionais de cultivo pode ser um caminho para a produção sustentável? Explique sua resposta.

Conheça outras **manifestações culturais no Brasil** que combinam elementos de diferentes culturas. Busque mais informações sobre uma delas e elabore uma postagem de rede social com suas principais descobertas.

Cortejo de grupo de moçambique, em Contagem (MG), durante a Festa de Nossa Senhora do Rosário. Foto de 2022.

CAPÍTULO 1
OS AFRICANOS NA AMÉRICA PORTUGUESA

PARA COMEÇAR

A partir do século XV, no contexto da expansão marítima europeia, ocorreu um intenso processo de diáspora de africanos para muitas partes do mundo. Você sabe o que é diáspora? O que esse processo significou para os africanos escravizados? Será que eles aceitaram pacificamente essa condição?

A ESCRAVIDÃO NO CONTINENTE AFRICANO

Na Antiguidade, alguns povos e sociedades do continente africano praticavam a escravidão. Essa forma de exploração do trabalho, no entanto, tinha características bastante diferentes do que se concebeu como escravidão no contexto da colonização do continente americano. Alguns pesquisadores, como o antropólogo Kabengele Munanga, apontam que, nas sociedades africanas anteriores à colonização europeia, as pessoas que estivessem submetidas a um "senhor" eram consideradas escravizadas. Isso incluía membros da família, protegidos, penhorados, servos, cativos de guerra, etc. Essas pessoas podiam ser compradas, vendidas ou até mesmo doadas e trabalhavam para seus senhores sem receber por isso. Entretanto, mantinham alguns direitos, como o de ter propriedades e o de adquirir poder político ou militar. O que as diferenciava das pessoas livres era o fato de que sua força de trabalho (ou parte dela) estava submetida a um senhor.

No que se refere ao tráfico de escravizados para fora do continente africano, algumas fontes apontam que essa prática remonta ao século VII, no contexto da islamização de algumas regiões da África. A escravização nos países árabes era regida por leis islâmicas que impunham não só direitos, mas também obrigações aos senhores de escravizados, e era bem diferente do regime de escravidão praticado pelos europeus na América.

▼ Apresentação de maracatu, na cidade de Recife (PE). O maracatu é uma das diversas manifestações culturais afro-brasileiras, ou seja, que possuem raízes no continente africano e se desenvolveram no Brasil, com base nas experiências dos povos africanos que aqui chegaram no século XVI e nas de seus descendentes. Foto de 2020.

OS PORTUGUESES NA ÁFRICA

Quando os portugueses chegaram ao norte da África, no início do século XV, seu principal objetivo era dar seguimento à retomada das terras ocupadas pelos árabes séculos antes. O primeiro local conquistado foi a cidade de Ceuta, em 1415. Essa região era um importante centro de comércio internacional entre a Europa e o continente africano, na região do atual Marrocos.

Nas décadas seguintes, os portugueses empreenderam uma série de viagens marítimas ao longo do litoral da África Ocidental. O objetivo, então, era chegar às minas ao sul do Saara, de onde se extraía ouro. Nessas expedições, eles entraram em contato com alguns reinos africanos e estabeleceram alianças e relações comerciais com os governantes locais.

A princípio, a presença portuguesa na África Subsaariana Ocidental limitou-se a algumas **feitorias** instaladas no litoral. Esses armazéns fortificados garantiam o acesso de Portugal ao comércio de ouro e de marfim que ocorria na região. Arguim, a primeira feitoria portuguesa na África, implantada em 1443, na costa da atual Mauritânia, dependia do abastecimento de produtos levados pelas caravanas que cruzavam o Saara.

Isso mudou quando a feitoria de São Jorge da Mina, estabelecida no golfo da Guiné (atual Gana), em 1482, passou a comercializar diretamente com os produtores locais. Com isso, as rotas de caravanas que cruzavam o Saara tornaram-se menos importantes.

Além das feitorias, os portugueses ocuparam ilhas próximas, como Cabo Verde e São Tomé, onde instalaram entrepostos, nos quais, mais tarde, comercializariam escravizados, principalmente com o reino do Congo.

Ceuta: atualmente, Ceuta é uma cidade autônoma da Espanha.

O TRÁFICO DE ESCRAVIZADOS

Quando chegaram à África, os portugueses se interessaram pelo lucrativo comércio de escravizados realizado pelos árabes muçulmanos e, em pouco tempo, também começaram a praticá-lo. De início, esse tráfico era voltado ao mercado europeu, que já tinha razoável oferta de mão de obra e, assim, não necessitava de grandes quantidades de cativos. Entretanto, essa situação começou a mudar no final do século XVI.

Naquele período, os europeus mantinham e exploravam colônias na América. Com o crescimento da produção e do consumo do açúcar de cana no Ocidente, criou-se uma grande demanda de mão de obra nas colônias que produziam essa mercadoria. A procura por escravizados cresceu consideravelmente e os portugueses montaram uma estrutura de comercialização de pessoas nunca antes vista. Para isso, implantaram um sistema de feitorias e bases coloniais, de onde controlavam o comércio de indivíduos africanos. Por ser muito lucrativa, essa estrutura despertou o interesse de holandeses, franceses e ingleses, passando a ser disputada por eles a partir do século XVII.

Os europeus também adotaram a estratégia de gerar conflitos entre os povos africanos para aumentar o número de prisioneiros de guerra que poderiam ser vendidos como escravizados. Algumas fontes indicam que esses conflitos contribuíram para a desestabilização de diversos reinos africanos. O comércio interno no continente também sofreu mudanças: cidades litorâneas cresceram, enquanto muitas rotas de caravanas perderam importância.

> **DIFERENÇAS ENTRE OS REGIMES DE ESCRAVIDÃO**
>
> Entre os séculos XVI e XIX, o tráfico de pessoas oriundas do continente africano para as colônias europeias na América se tornou o mais importante negócio dos portugueses. Diferentemente das formas tradicionais de escravidão na África, as empresas escravocratas dos europeus e de seus descendentes na América consideravam os escravizados como objetos, meras mercadorias.
>
> Na América, os senhores de escravos não eram apenas donos da força de trabalho (como ocorria na África), mas também possuíam os seres humanos. Essa é uma das mais graves características da escravização nas Américas. Veja, no mapa, as principais rotas e cifras do tráfico de escravizados no período.

■ **Principais rotas do tráfico de escravizados (séculos XVI a XIX)**

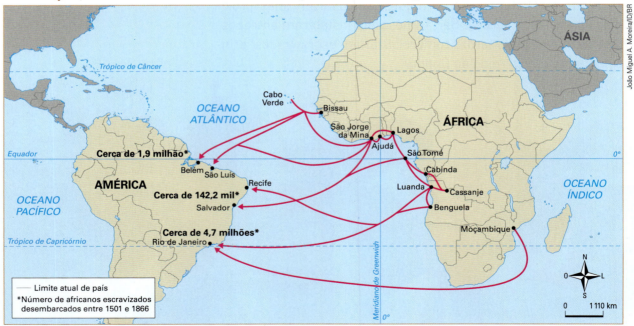

Fontes de pesquisa: Marina de Mello e Souza. *África e Brasil africano*. São Paulo: Ática, 2006. p. 82; Voyages: The Trans-Atlantic Slave Trade Database, 2013. Disponível em: http://www.slavevoyages.org/estimates/2b4ilUU. Acesso em: 11 jan. 2023.

A CHEGADA DE AFRICANOS À AMÉRICA PORTUGUESA

Entre os séculos XVI e XIX, a América portuguesa recebeu cerca de 5 milhões de africanos escravizados oriundos de três centros exportadores: a antiga costa da Guiné (onde hoje estão situados o Senegal e a Gâmbia), a antiga Costa do Ouro ou da Mina (atual golfo de Benin) e a região de Angola (atuais Congo e Angola).

A maioria desses escravizados pertencia a povos falantes de dois troncos linguísticos: **bantu** e **iorubá**. Os povos de fala bantu espalharam-se por todo o Brasil colonial, mas com grande concentração na atual Região Sudeste. Os que falavam iorubá foram mais para o atual Nordeste, principalmente Bahia e Maranhão. No século XIX, quando o Brasil já era independente, mas ainda escravista, chegaram muitos africanos trazidos do território atual de Moçambique.

A composição cultural dos africanos escravizados trazidos ao Brasil era muito variada. Essa diversidade ocorria inclusive entre os povos que alguns pesquisadores costumam classificar como pertencentes a um mesmo grupo etnolinguístico.

A VIAGEM NOS NAVIOS NEGREIROS

Depois de capturados ou adquiridos, os africanos escravizados, pertencentes a diferentes povos, eram levados do interior do continente africano para os portos no litoral. Dali, embarcavam nos chamados **navios negreiros**, que os transportavam para a América.

As viagens eram péssimas: as pessoas ficavam amontoadas nos porões escuros das embarcações, em condição precária de mobilidade, de ventilação e de higiene, e os viajantes mal recebiam água ou qualquer tipo de alimentação. Por tudo isso, muitos morriam durante a travessia, que durava semanas.

No entanto, o lucro obtido com a venda de escravizados na América portuguesa era tão alto que, mesmo com o elevado custo para a obtenção de escravizados e as perdas durante a viagem, o tráfico permitia vultosos ganhos. Veja a imagem e os dados da tabela.

ESTIMATIVAS DE DESEMBARQUE DE AFRICANOS NO BRASIL	
Período	Indivíduos
1531-1575	10 000
1576-1600	40 000
1601-1625	100 000
1626-1650	100 000
1651-1670	185 000
1671-1700	175 000
1701-1710	153 700
1711-1720	139 000
1721-1730	146 300
1731-1740	166 100
1741-1750	185 100
1751-1760	169 400
1761-1770	164 600
1771-1780	163 300
Total	1 895 500

Fonte de pesquisa: *Estatísticas históricas do Brasil*: séries econômicas, demográficas e sociais de 1550 a 1988. Rio de Janeiro: IBGE, 1990. p. 60.

CIDADANIA GLOBAL

DESNUTRIÇÃO

A falta de alimentação e de água nos navios negreiros causava a desnutrição e a desidratação daqueles que eram sequestrados e escravizados.

No Brasil atual, há muitas pessoas que também sofrem com a desnutrição e a falta de acesso à água potável.

1. Qual é a atual taxa de desnutrição no Brasil? E a taxa de acesso à água potável? Busque essas informações em *sites* confiáveis e anote-as.

2. Como essas taxas impactam sua vida? Compartilhe suas experiências com a turma.

◀ Johann Moritz Rugendas. *Navio negreiro*, cerca de 1830. A gravura mostra o transporte de africanos escravizados da África para a América. Muitas pessoas morriam diante das condições subumanas às quais eram submetidas durante a travessia.

O TRABALHO DOS AFRICANOS ESCRAVIZADOS

Os africanos escravizados e seus descendentes representavam quase a totalidade da mão de obra no Brasil colonial, tanto no meio rural quanto no urbano. Para a maioria das pessoas livres da América portuguesa, executar um trabalho que exigisse grande esforço físico era considerado indigno. Assim, convinha a elas que apenas os escravizados realizassem essas tarefas.

No campo, onde eram a maioria da população, os africanos trabalhavam nas fazendas e nos engenhos de açúcar e de farinha de mandioca. Cultivavam a terra, construíam edifícios e abriam caminhos.

Nas cidades, cumpriam as mais diversas tarefas. Além dos serviços domésticos, em locais como Salvador e Rio de Janeiro era grande a quantidade de mão de obra escrava que executava trabalhos de pintura, marcenaria, construção, transporte, limpeza urbana, comércio, entre outros.

Quando a mineração se tornou atividade importante na Colônia, os escravizados desempenhavam a maioria das funções, procurando metais em riachos ou nas minas, escavando, desviando o curso dos rios, garimpando e selecionando pedras preciosas.

No século XIX, alguns escravizados urbanos exerciam a função de **escravos de ganho**. Eles prestavam serviços como os de carregador, vendedor ou barqueiro e recebiam pagamento em dinheiro pelo trabalho. Entregavam parte de seus ganhos ao senhor e, com o restante, pagavam suas despesas. Alguns conseguiam economizar para comprar a alforria (liberdade). Dessa maneira, o senhor tinha uma remuneração semanal garantida, sem arcar com os custos de manutenção do escravizado.

Apesar da grande utilidade de seu trabalho para o funcionamento da Colônia, os escravizados não eram considerados cidadãos e, muitas vezes, nem mesmo seres humanos, pois eram vistos pelos colonos como objetos ou mercadorias. Além de exercer tarefas muitas vezes exaustivas, poderiam receber castigos físicos de seus senhores ou serem privados de alimentos.

▲ Jean-Baptiste Debret. Detalhe da obra *Vendedoras de aluá, de manuê e de sonhos*, século XIX. Litografia colorizada.

aluá: bebida fermentada, feita de farinha de arroz ou de milho, com cascas de abacaxi, água e açúcar.

manuê: bolo de fubá e mel.

◀ Jean-Baptiste Debret. *Sapataria*, século XIX. Litografia colorizada. A palmatória, mostrada na imagem, era muito usada pelos homens livres para castigar os escravizados.

CONHECIMENTOS E TECNOLOGIAS AFRICANOS

Os africanos escravizados, homens e mulheres, levaram para a América diversos conhecimentos e técnicas. Dessa maneira, diferentes produtos, tecnologias, ideias, comportamentos – tudo o que podemos chamar de **cultura** –, produzidos por diferentes nações e povos africanos, foram difundidos pela colônia portuguesa.

Esses conhecimentos tiveram grande importância na dinâmica colonial, seja na produção dos itens que mantinham a economia, seja nas atividades da vida cotidiana. Os saberes oriundos do continente africano podem ser observados em várias áreas: na construção de edifícios, na fabricação de esculturas, na produção de imagens religiosas, no artesanato, em instrumentos musicais, na cerâmica, na metalurgia, entre outras.

Muitos escravizados conheciam e aperfeiçoaram técnicas de fabricação de açúcar, tornando-se mestres nesse ofício. Além disso, introduziram na América portuguesa o cultivo de gêneros agrícolas como o arroz vermelho e o inhame.

Entre as tecnologias africanas levadas para a colônia portuguesa, a mais estudada e reconhecida é a **metalurgia**. Alguns dos povos que aqui chegaram dominavam a forja e o manejo de diferentes metais, além de terem experiência no garimpo, dominando técnicas específicas na lavra de metais preciosos como o ouro e a prata. Instrumentos relacionados a essa atividade, como a bateia e a gamela, empregados na extração desses metais, fazem parte desses conhecimentos.

O domínio de um conhecimento específico muitas vezes garantia algum benefício aos africanos escravizados nas relações com os colonizadores. Nas regiões de mineração, por exemplo, o bom desempenho de um escravizado poderia render a ele ganho financeiro e, em casos extremos, até mesmo a própria liberdade.

> **PARA EXPLORAR**
>
> **Museu Afro Brasil**
> O *site* do museu Afro Brasil mantém um acervo digital organizado em categorias temáticas, com elementos culturais africanos e afro-brasileiros. Ele também permite uma visita virtual, na qual se tem acesso a pinturas, documentos escritos, móveis, cerâmicas, entre muitos outros elementos que conferem identidade à cultura afro-brasileira.
> Disponível em: http://www.museuafrobrasil.org.br/o-museu. Acesso em: 11 jan. 2023.

bateia: bacia redonda com grande diâmetro e pouca profundidade, usada para lavar cascalho ou areia na busca de metais e pedras preciosas.

gamela: tigela de madeira ou de barro.

Escravizados lavrando diamantes, em Curralinho (MG). Gravura colorida à mão. *Atlas da viagem pelo Brasil*, de Johann Baptist von Spix e Karl Friederich Philipp Martius, século XIX. Nessa imagem, observa-se o uso de gamelas pelos escravizados.

VALORIZAÇÃO E AFIRMAÇÃO DAS IDENTIDADES AFRO-BRASILEIRAS

Veja algumas possibilidades de uso de diferentes tipos de **turbantes** e, utilizando um mapa do continente africano, identifique o local de cada registro.

O conjunto de elementos que chamamos hoje de cultura brasileira foi fortemente influenciado por hábitos, costumes e conhecimentos oriundos de culturas africanas. Essas influências podem ser percebidas em todas as formas de expressão cultural do Brasil: nas artes plásticas, na música, nas ciências, na literatura, na alimentação, na religiosidade, etc.

Após a abolição da escravidão, em 1888, os africanos recém-libertos não foram plenamente integrados à sociedade brasileira. Eles permaneceram sem direitos e marginalizados por um longo período. Essa situação foi reforçada pela propagação da ideia de que, no Brasil, não havia discriminação racial, dando origem a um racismo velado – ou seja, disfarçado –, porém estrutural, e a diferentes mecanismos de exclusão social dessa população.

Somente após anos de lutas, principalmente em meados do século XX e nas últimas décadas, os afrodescendentes conquistaram alguns direitos e espaço na sociedade brasileira, reafirmando-se como sujeitos de sua própria história. Apesar disso, essa população ainda enfrenta o racismo e depara com muitos obstáculos para que seus direitos sejam respeitados.

Nesse sentido, estudar a história da África e a cultura afro-brasileira é essencial para o conhecimento e reconhecimento da importância dos africanos e de seus descendentes na formação da sociedade brasileira. Os debates sobre <u>políticas de ação afirmativa</u>, como o sistema de cotas raciais, que reserva vagas para estudantes afrodescendentes em universidades, e a criminalização do racismo contribuíram para esse processo de valorização e de afirmação da identidade afrodescendente. Essas medidas visam combater o histórico preconceito racial em nossa sociedade e garantir a igualdade de oportunidades a todos os cidadãos.

<u>política de ação afirmativa</u>: ações de combate a discriminações e preconceito para promover a igualdade de oportunidades aos grupos étnicos, raciais, religiosos e de gênero que acumulam desvantagens ao longo de anos.

Em 2020, houve grande mobilização do movimento negro que cobrava participação permanente da população branca no debate racial. O movimento "Vidas Negras Importam!", no Brasil, ganhou grande adesão após os protestos antirracistas que ocorreram nos Estados Unidos, em consequência do cruel assassinato de George Floyd, um homem negro, por um policial branco. Na foto, manifestação em São Paulo (SP), em 2020.

ATIVIDADES

Retomar e compreender

1. Qual era o objetivo inicial dos portugueses quando chegaram ao norte da África?

2. De forma geral, como se caracterizava a escravidão no continente africano antes do tráfico empreendido pelos portugueses?

Aplicar

3. Observe a imagem e responda às questões.

Johann Moritz Rugendas. *Castigos domésticos*, 1835. Litografia colorizada.

   a) Descreva a ação central representada nessa pintura.
   b) Qual é a atitude do homem em pé, ao centro?
   c) Em sua opinião, por que a mulher está sendo castigada em público?

4. Leia o texto a seguir. Depois, com base nele e no capítulo estudado, responda às questões.

> Somente mais tarde, aprendendo com a prática, principalmente depois da introdução dos primeiros escravos africanos, que já na sua pátria se tinham ocupado com lavagem do ouro, e de cuja experiência o natural espírito inventivo e esclarecido dos portugueses e brasileiros logo tirou proveito, foi que os mineiros aperfeiçoaram esses processos de extração. Deve-se principalmente aos negros a adoção das bateias de madeira, redondas e de pouco fundo, de dois a três palmos de diâmetro, que permitem a separação rápida do ouro da terra, quando o cascalho é bastante rico. [...]
>
> Wilhelm Ludwig von Eschwege. *Pluto brasiliensis*. São Paulo: Edusp; Belo Horizonte: Itatiaia, 1979. p. 167-168.

   a) A qual atividade o texto se refere?
   b) O trecho "de cuja experiência o natural espírito inventivo e esclarecido dos portugueses e brasileiros logo tirou proveito" faz menção a que experiência?
   c) Como essa experiência teria auxiliado no desenvolvimento dessa atividade na colônia portuguesa na América?

5. Na comunidade em que você vive, há políticas de ação afirmativa? Elas são implementadas por instituições públicas ou privadas? Se não souber, faça uma busca por informações em publicações impressas ou digitais, anote-as no caderno e, em uma data combinada, compartilhe-as com os colegas.

CAPÍTULO 2
A SOCIEDADE DO ENGENHO

PARA COMEÇAR
A consolidação da produção açucareira na América portuguesa moldou uma nova sociedade colonial, a chamada sociedade do engenho. Você sabe o que é um engenho? Como se organizava essa sociedade e qual era sua principal força de trabalho?

O AÇÚCAR CHEGA AO BRASIL

O açúcar era conhecido pelos europeus desde o século XIII e foi levado do Oriente para o Ocidente pelos participantes das Cruzadas. Era um produto caro, comercializado pelos mercadores da península Itálica.

No século XV, os portugueses passaram a cultivar a cana-de-açúcar em suas colônias africanas. Mais tarde, quando a Coroa portuguesa decidiu ocupar as terras da atual costa brasileira para inibir invasões de outras nações europeias, a cana começou a ser cultivada nessa região.

Após a divisão do território em capitanias hereditárias, houve a distribuição de **sesmarias** – lotes de terra para serem cultivados. Os colonos mais ricos, então, fundaram as primeiras fazendas de cana. Porém, foi necessário contrair empréstimos com banqueiros holandeses e belgas, pois era preciso arcar com os custos da plantação, da manutenção da lavoura, da compra de grandes contingentes de escravizados para o trabalho nas fazendas e da montagem da estrutura que possibilitaria transformar a cana em açúcar.

Nas fazendas, o local onde ocorria o processo de beneficiamento da cana era chamado de **engenho**.

▼ Frans Post. Detalhe de *Engenho de açúcar no Brasil*, século XVII. Óleo sobre tela. No engenho eram instaladas a moenda, as fornalhas e a casa de purgar. Logo, toda a fazenda – incluindo plantações, construções, etc. – passou a ser chamada de engenho.

O ENGENHO

Como vimos, os engenhos de cana-de-açúcar eram empreendimentos que exigiam muitos recursos financeiros. Os mais prósperos situavam-se principalmente no atual Nordeste brasileiro, nas capitanias de Pernambuco e da Bahia, pois essa região apresentava clima e terras favoráveis ao desenvolvimento da lavoura canavieira. Outro local em que essa produção teve êxito, ainda que menor, foi a capitania de São Vicente, no atual estado de São Paulo.

Para o cultivo da cana-de-açúcar, utilizava-se a técnica da coivara: a mata era derrubada e queimada para "limpar" a terra. O plantio iniciava-se em fevereiro, no período de chuvas. A colheita era realizada entre 12 e 18 meses após o plantio. O transporte da cana para o local onde ela seria moída era feito principalmente em carros de boi. Na moagem, as máquinas podiam ser movidas pela força da água, por tração animal (bois, cavalos) e até mesmo por pessoas escravizadas.

Após essa etapa, o caldo extraído da cana era levado para a casa das fornalhas, onde era cozido e purificado, transformando-se em melaço. O melaço era, então, enviado às casas de purgar, onde passava por um processo de branqueamento. Quanto mais branco, mais valioso era o açúcar.

Até a segunda metade do século XVI, a mão de obra utilizada nos engenhos era a de indígenas escravizados. No entanto, devido aos conflitos com os colonos, eles foram sendo gradualmente substituídos por africanos escravizados. Em outras regiões da Colônia, porém, contrariando as determinações da Coroa portuguesa, o trabalho escravo indígena perdurou.

Veja no infográfico "A sociedade do engenho", a seguir, como era formada a sociedade do engenho.

CIDADANIA GLOBAL

ALIMENTAÇÃO DE QUALIDADE

A principal mercadoria produzida pelos engenhos era o açúcar. Ainda hoje, esse é um importante ingrediente culinário e está presente na composição de vários alimentos industrializados, principalmente naqueles chamados de **ultraprocessados**. Busque informações sobre esse tipo de alimento e, depois, converse com a turma sobre as seguintes questões, compartilhando suas descobertas sobre o tema:

1. O que são alimentos ultraprocessados?
2. Como eles podem ser prejudiciais à saúde?
3. De que maneira a produção e a comercialização desses ultraprocessados dificulta o acesso da população a alimentos saudáveis?

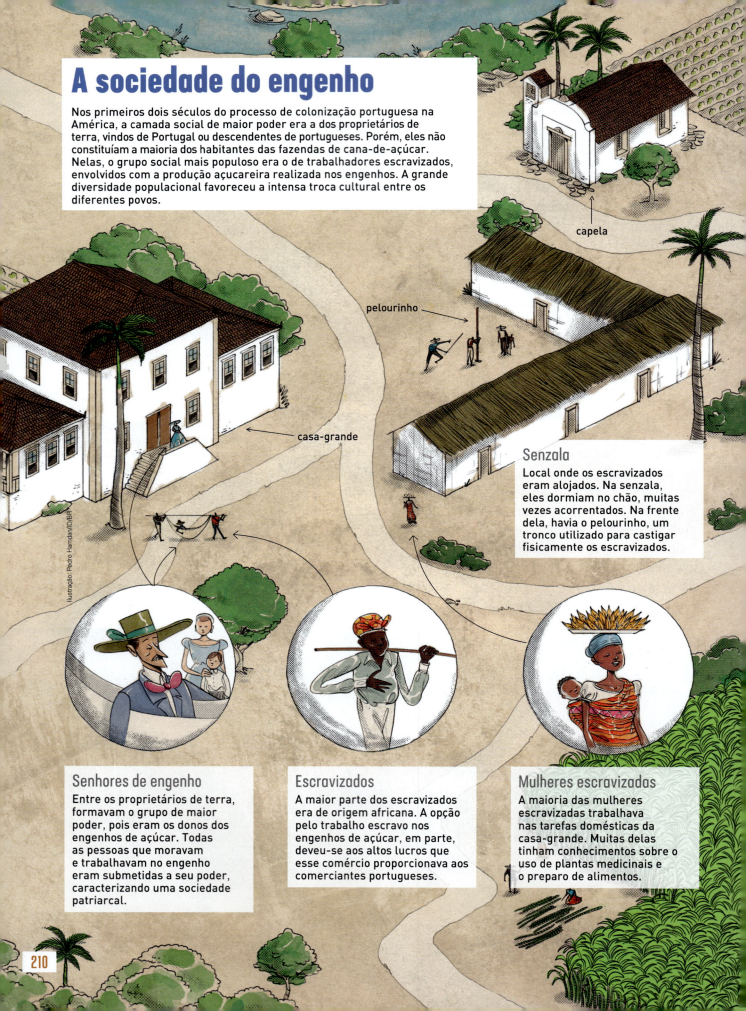

CONEXÕES ENTRE ÁFRICA E AMÉRICA PORTUGUESA

Como vimos, a principal força de trabalho utilizada na produção açucareira da colônia portuguesa na América foi a de africanos escravizados. Para garantir essa mão de obra, as embarcações europeias partiam da colônia portuguesa na América carregadas de produtos que seriam vendidos e trocados na África, na maior parte, por pessoas escravizadas.

O tráfico de escravizados para a América, que também foi realizado por ingleses, franceses e holandeses, mostrou-se tão lucrativo que, em alguns períodos, chegou a ser mais vantajoso que a própria produção de açúcar. Estima-se que o Brasil tenha recebido 43% do total de escravizados levados da África para a América entre os séculos XVI e XIX.

As relações entre África e América portuguesa, no entanto, não se resumiam apenas ao tráfico de escravizados. Elas envolviam também trocas comerciais, culturais e políticas. O fluxo das navegações e das trocas entre os dois continentes foi tão intenso que o historiador brasileiro Alberto da Costa e Silva se refere ao oceano que separa os dois continentes como "rio" Atlântico.

Em alguns casos, as trocas entre as duas "margens" do Atlântico teriam sido mais recorrentes do que entre os portos na região costeira da América portuguesa. Em 1670, por exemplo, o arcebispo da Bahia tinha soberania sobre o Rio de Janeiro, Pernambuco, Luanda e São Tomé; porém, não tinha domínio sobre o Pará. O mesmo se revela no transporte de mercadorias por via marítima. As embarcações enfrentavam mais dificuldades no trajeto Bahia-Pará, devido às questões políticas sobre o controle da região e à ação de corsários, do que Bahia-Luanda (atual Angola) ou Bahia-São Tomé (atual São Tomé e Príncipe).

▼ Albert Eckhout. *Retratos de um embaixador do Congo para o Recife*, cerca de 1637 e 1644. Óleo sobre tela. As trocas entre a colônia portuguesa na América e o continente africano eram tão intensas que, em alguns casos, embaixadores e outros emissários de reinos africanos foram enviados ao Brasil. Neste conjunto de retratos, o embaixador congolês foi representado com trajes usados em cerimônias políticas, religiosas e em atividades de caça, respectivamente.

O CAMINHO INVERSO

Entre os africanos de diversas origens que vieram para o Brasil havia, além de escravizados, um pequeno número de indivíduos livres. Eles eram enviados para cá como emissários de reinos africanos e tinham uma situação privilegiada. A presença desses emissários africanos no Brasil fazia parte do complexo sistema de comércio atlântico. Havia casos, por exemplo, em que as negociações feitas pelos mercadores de Luanda com portugueses e brasileiros exigia o estabelecimento de engenhos luandenses na colônia portuguesa. Em outros, emissários dessa região eram enviados ao Brasil para retornar com armamentos, permanecendo livres durante todo o trajeto.

Se, por um lado, as navegações entre África e América ocasionaram uma grande diáspora de africanos – na maior parte das vezes escravizados – para o Brasil, por outro, houve um fluxo de pessoas que deixaram o continente americano em direção à África. Além dos emissários africanos enviados à América que retornavam às suas cidades de origem – levando não somente itens produzidos no Brasil, como também mensagens e notícias –, havia ex-escravizados, especialmente no século XIX, que retornavam ao continente africano.

Atualmente, em regiões africanas, existem comunidades formadas por descendentes de ex-escravizados egressos do Brasil, caso dos Agudá (na Nigéria, no Benin e no Togo) e dos Tabom (em Gana). Entre os indivíduos dessas comunidades há uma forte presença de elementos culturais brasileiros, como festas, alimentos, elementos arquitetônicos, etc. Os ex-escravizados que voltavam à África levavam consigo conhecimentos, técnicas e costumes desenvolvidos na América e, por isso, muitas vezes eles não foram reconhecidos como semelhantes pelos indivíduos das comunidades africanas das quais descendiam.

▼ Mesquita construída por ex-escravizados que retornaram a Porto Novo, Benin. Esse templo apresenta características arquitetônicas semelhantes às das igrejas barrocas do Brasil. Foto de 2020.

ATIVIDADES

Acompanhamento da aprendizagem

Retomar e compreender

1. Por que a Coroa portuguesa incentivou a instalação de fazendas de cana-de-açúcar no Brasil no século XVI?

2. O que eram os engenhos de açúcar?

3. Com base no que você estudou neste capítulo, explique por que o oceano Atlântico é chamado metaforicamente de "rio" Atlântico por correntes historiográficas que estudam as relações entre o Brasil e a África entre os séculos XVI e XIX.

4. Em sua opinião, como viviam os africanos livres em terras brasileiras?

Aplicar

5. Leia o texto a seguir, que discorre sobre a estrutura de poder na sociedade do engenho, e responda às perguntas.

> Próxima ao engenho ficava a casa-grande, residência do proprietário, que congregava funções de fortaleza, hospedaria e escritório. Ela podia ser térrea ou possuir dois andares, mas poucas vezes alcançou proporções imponentes. Até o século XVII, essas habitações, geralmente feitas de taipa e com telhado de sapé, pareciam inclusive despretensiosas. Apesar disso, os senhores, especialmente os proprietários de engenhos localizados no litoral, procuraram fazer delas ícones de sua projeção e acúmulo de poder econômico, social e político que ganharam na colônia, a ponto de serem definidos por Antonil [André João Antonil, jesuíta italiano] como aqueles que detinham o "título" a que todos aspiravam. Segundo ele, o senhor era "servido, obedecido e respeitado de muitos". Formavam, porém, uma espécie de aristocracia da riqueza e do poder, não uma nobreza hereditária de tipo europeu.
>
> Lilian M. Schwarcz; Heloisa M. Starling. *Brasil*: uma biografia. São Paulo: Companhia das Letras, 2015. p. 67.

a) Qual sujeito da sociedade do engenho é destacado no texto?

b) Que poderes esse sujeito tinha e como era sua relação com os demais membros dessa sociedade?

c) De que forma a moradia em que esse sujeito vivia refletia sua posição?

6. Observe a imagem a seguir e, depois, responda às questões.

a) Que tipo de local foi retratado na imagem?

b) Qual é a relação entre esse tipo de lugar e os engenhos de açúcar do período colonial?

c) Você sabe o que é produzido nesse lugar, a partir da cana-de-açúcar? Busque informações sobre o tema e anote suas descobertas no caderno.

◀ Usina produtora de derivados da cana-de-açúcar em Clementina (SP). Foto de 2021.

ARQUIVO VIVO

O quilombo dos Palmares

A origem da palavra **quilombo** está ligada a acampamentos militarizados existentes em várias regiões da África. No Brasil, o termo ganhou popularidade no século XVII. Por todo o território, os quilombos eram locais de refúgio e de resistência organizada dos escravizados. Em geral, estabeleciam-se em matas e locais de difícil acesso e mantinham relações com as comunidades próximas, praticando até mesmo o comércio de alimentos, armas, sal, roupas e aguardente, entre outros produtos.

O quilombo mais conhecido no Brasil foi o dos Palmares. Ele não era somente uma comunidade, mas uma confederação de quilombos na serra da Barriga, em Alagoas. Essa região, cortada por montanhas e rios, garantiu a sobrevivência desse quilombo por pelo menos um século.

Palmares foi uma comunidade multiétnica vista como ameaça pelas autoridades coloniais. Possuía organização administrativa, legislativa e militar próprias, praticava o comércio, realizava assaltos e saques e resistia contra os ataques de portugueses e de holandeses. Seus líderes eram mulheres e homens, e o mais famoso deles foi Zumbi.

confederação: união política e militar de comunidades ou povos.

multiétnico: referente a uma diversidade de povos – no caso, convivendo no mesmo território.

Em 1678, representantes da Coroa propuseram um acordo aos confederados, estabelecendo que os quilombolas devolvessem escravizados fugidos em troca de sua alforria e da concessão de sesmarias. A proposta dividiu as lideranças dos quilombos e houve conflitos mortais entre seus líderes. Zumbi ainda resistiu no comando das comunidades até 1695, quando foi morto pelas tropas coloniais. Sua resistência transformou-se em símbolo da luta dos escravizados e do povo negro. Recentemente, em memória a Zumbi e à resistência negra, o dia 20 de novembro foi incorporado como feriado civil no calendário nacional.

▲ Em 2007, foi inaugurado o Parque Memorial Quilombo dos Palmares, na serra da Barriga (AL). Com base em pesquisas históricas e antropológicas, foram feitas construções (observadas na foto) semelhantes às utilizadas pelas pessoas que viviam no quilombo dos Palmares. Foto de 2022.

Organizar ideias

1. Por que a organização de quilombos pode ser considerada uma atitude de resistência?
2. Em sua opinião, por que a fundação do Parque Memorial Quilombo dos Palmares é importante? Que benefícios esse parque pode trazer à sociedade?

Reportagem

Proposta

Ao longo desta unidade, foi possível reconhecer diversos aspectos da presença e da contribuição de africanas e africanos para a formação do Brasil e das culturas afro-brasileiras.

Para aprofundar esse tema, a turma deve se organizar em duplas. Cada dupla vai escrever uma reportagem sobre uma comunidade quilombola que exista ou tenha existido no município ou no estado onde mora.

A reportagem é um texto jornalístico que se caracteriza por seu teor expositivo, informativo e, em geral, opinativo, de modo que o tema tratado seja apresentado ao leitor sob o ponto de vista dos autores.

Em sua estrutura, uma reportagem deve conter título principal e secundário, lide (as primeiras linhas de um pequeno parágrafo, que resumem o assunto tratado) e desenvolvimento do texto. Mais extensa que uma notícia, a reportagem deve ter linguagem clara e favorecer a comunicação com o leitor, além de incentivar a interpretação para além do fato meramente noticiado.

Público-alvo	Pessoas interessadas na história da presença africana nas Américas e a comunidade escolar em geral.
Objetivo	Apresentar a história de um quilombo sob o ponto de vista dos autores da reportagem.
Circulação	Publicação com distribuição gratuita para a comunidade escolar.

Planejamento e elaboração

1 Leia o trecho da reportagem a seguir, sobre o sítio arqueológico do Cais do Valongo e a situação atual dele.

O abandono do Valongo

[...] Construído em 1811 para receber os milhares de africanos que tornaram o Brasil – e o Rio – o principal porto de destino do tráfico escravo ao longo do século 19 e reformado em 1843 para receber Thereza Christina, que viria a ser Imperatriz do Brasil, o [Cais do] Valongo acabou por cair no esquecimento ao longo do século 20 [...]. Sobrevivia apenas nos registros históricos e iconográficos de autores como Maria Graham, Debret, Rugendas e Thomas Ender. Foi redescoberto em 2011, durante as escavações para a reforma da área [...].

Durante os trabalhos de prospecção foram encontrados milhares de registros arqueológicos, que permitiriam conhecer um pouco mais da cultura material carioca da primeira metade do século 19, mas que ainda hoje se acumulam longe dos olhos do público em 243 contêineres, abertos de quando em quando para limpeza e fiscalização [...]. Graças a uma forte movimentação da sociedade civil, o local foi alçado à categoria de Patrimônio Mundial da Humanidade pela Unesco em 2018 – em categoria semelhante a de outros sítios históricos de memória sensível [...]. Mas o cais e seu entorno encontram-se ainda em completo abandono, descuidados pelas instituições que deveriam salvaguardá-lo.

Maria Hirszman. O abandono do Valongo. *Arte! Brasileiros*, 15 jul. 2022. Disponível em: https://artebrasileiros.com.br/arte/reportagem/valongo/. Acesso em: 19 jan. 2023.

2. Após a leitura do trecho, reúna-se com seu colega de dupla e conversem sobre os seguintes pontos: quais elementos da estrutura-padrão de uma reportagem estão presentes no texto; que tipo de linguagem é utilizado pela autora; se há trechos em que é possível identificar a opinião da autora; que informações históricas são mencionadas no texto; e qual é a importância de o Cais do Valongo ter sido declarado Patrimônio da Humanidade.

3. Em seguida, retomem os conteúdos sobre a formação dos quilombos e sua importância para a história do Brasil e busquem, na internet, a lista de comunidades quilombolas do município ou do estado onde vocês vivem. Selecionem uma delas para ser o tema da reportagem de vocês.

4. Durante a investigação, lembrem-se de anotar as fontes pesquisadas para disponibilizá-las na reportagem. Coletem também imagens e outras referências que julgarem pertinentes. Com base nesse levantamento, elaborem o texto de vocês, que deverá ser expositivo e opinativo.

▲ Vestígios arqueológicos do Cais do Valongo, na capital do Rio de Janeiro. Foto de 2022.

Revisão e reescrita

1. Releiam a reportagem e observem se os seguintes aspectos foram contemplados:

   - Contextualização histórica sobre a presença de africanos e africanas no continente americano durante os séculos XVI e XIX.
   - Informações fundamentadas e verídicas sobre a existência do quilombo apresentado no texto.
   - Escolha de linguagem e estrutura textual que, além de explicar os fatos, revelem também o ponto de vista dos autores.
   - Texto coeso, coerente e com argumentação baseada no respeito aos direitos humanos e no enfrentamento ao racismo.

2. Após essa releitura, reescrevam a reportagem com as modificações necessárias e realizem uma revisão ortográfica e gramatical para corrigir possíveis desvios.

Circulação

1. Com as reportagens revisadas, reescritas e finalizadas, a turma deverá organizar uma publicação coletiva que reúna todas as reportagens. Pode ser um dossiê jornalístico, um jornal escolar ou uma zine. Esse material pode ser impresso ou digital.

2. Combinem uma data para o lançamento da publicação e cuidem para que toda a comunidade escolar tenha acesso a ela, por meio de avisos em murais e nas redes sociais da escola.

zine: espécie de livreto geralmente composto de textos, imagens e desenhos autorais, feito de maneira artesanal e fotocopiado.

ATIVIDADES INTEGRADAS

Retomar e compreender

1. Sobre a presença e a atuação dos portugueses no continente africano, responda:

a) Quais eram seus principais interesses nesse continente?

b) De que maneira os interesses dos portugueses na África se relacionam com a colonização da América?

2. Observe novamente o mapa "Principais rotas do tráfico de escravizados (séculos XVI a XIX)" e responda às questões.

a) De quais regiões do continente africano eram os escravizados que foram levados para a América?

b) Para quais regiões da América portuguesa os escravizados eram levados?

c) Em qual região brasileira desembarcou o maior número de escravizados?

Aplicar

3. Leia o texto desta atividade. Depois, faça o que se pede.

[...] No Reino do Congo havia, de um lado, a escravidão doméstica ou de linhagem, na qual o cativeiro era resultante de <u>sanções</u> sociais ou mesmo da captura em guerras, integrando-se o escravo à linhagem do senhor. Cativeiro em que se destacavam as escravas concubinas, que geravam filhos para o clã masculino, ao contrário dos casamentos entre linhagens, nos quais os filhos ficavam ligados à família da mãe ([matrilinearidade]). Mas ao lado da escravidão de linhagem, mais amena e mitigada, existia o que João Reis chamou de escravidão ampliada ou escravismo propriamente dito: um tipo de escravidão comercial ligada à produção agrícola ou à exploração de minas, a qual seria consideravelmente estimulada e desviada para o Atlântico após o contato com os portugueses.

[...]

sanção: punição.

Ronaldo Vainfas; Marina de Mello e Souza. Catolização e poder no tempo do tráfico: o reino do Congo da conversão coroada ao movimento antoniano, séculos XV-XVIII. *Tempo* (Revista do Departamento de História da UFF). Disponível em: https://www.historia.uff.br/tempo/sumarios_res.php?tp=dosprt&cd_prtd=25&pg=2&cod=6&cod_d=2. Acesso em: 11 jan. 2023.

a) Identifique no texto os dois tipos de escravidão praticados no reino do Congo e explique-os.

b) Qual desses tipos de escravidão foi praticado pelos portugueses?

c) Quais são as diferenças entre a escravidão praticada pelos africanos e a desenvolvida pelos portugueses entre os séculos XVI e XIX?

Analisar e verificar

4. O texto desta atividade foi escrito pelo historiador brasileiro Alberto da Costa e Silva e comenta a presença de africanos no Brasil no período do tráfico de escravizados (séculos XVI a XIX). Leia-o e, depois, responda às questões.

Antes dessas expedições já devia haver em Luanda e nos estabelecimentos que dela dependiam um pequeno número de <u>mamelucos</u> provenientes do Brasil, pois sabemos que, pelo menos desde o fim do século XVI, eles se faziam notar no reino do Congo, onde somariam cerca de quinhentos. Também em cidades como Salvador, Recife e Rio de Janeiro havia um pequeno número de africanos livres, negros e mulatos, que talvez já se distinguissem da massa escrava por não andar descalços.

mameluco: descendente de indígena e europeu.

Alberto da Costa e Silva. *Um rio chamado Atlântico*. Rio de Janeiro: Nova Fronteira, 2011. p. 75.

218

a) O que o autor considera sobre a presença de pessoas provenientes do Brasil em Luanda e no reino do Congo?

b) O que esse texto nos informa sobre as relações entre o Brasil e o continente africano?

5. A pintura desta atividade retrata uma cena do cotidiano de escravizados no Brasil. Observe-a e responda às questões.

   a) Que tipo de atividade os escravizados estão realizando nessa imagem? Que diferenças podemos observar entre eles e as demais pessoas retratadas na cena?

   b) Releia o texto da atividade **4** e relacione-o com os escravizados representados nessa imagem. Que informação adicional o texto nos fornece sobre a presença de africanos no Brasil?

▲ Jean-Baptiste Debret. *Uma tarde na Praça do Palácio*, 1826. Aquarela sobre papel.

6. **SABER SER** Leia o trecho de uma reportagem publicada em 2022 e responda às questões.

> Em 2021, o estado do Rio de Janeiro registrou 33 casos de ultraje religioso, isto é, o ato de ridicularizar, perturbar ou impedir uma cerimônia religiosa. É um aumento de 43% em relação ao ano anterior, quando houve 23. Os dados são do ISP (Instituto de Segurança Pública) e foram divulgados nesta sexta (21), data em que se comemora o Dia Nacional de Combate à Intolerância Religiosa. [...]
>
> O instituto destaca, porém, que os dados estão subnotificados. O babalaô Ivanir dos Santos faz a mesma avaliação. [...]
>
> De acordo com o babalaô, o preconceito a essas religiões tem bases histórias e começou com a demonização das culturas africanas, ainda no século 17.
>
> Matheus Rocha. Número de ataques a cultos religiosos no Rio de Janeiro sobe 43%. *Folha de S.Paulo*, 21 jan. 2022. Disponível em: https://www1.folha.uol.com.br/cotidiano/2022/01/ataques-a-cultos-religiosos-crescem-no-rio-de-janeiro.shtml. Acesso em: 11 jan. 2023.

   a) Qual é o tema principal da reportagem?
   b) Você já presenciou intolerância religiosa ou foi vítima dela?
   c) O que é possível fazer para impedir que isso aconteça? Converse com os colegas e o professor e compartilhe suas ideias.

Criar

7. **SABER SER** Atualmente, no Brasil, há diversas comunidades originadas nos quilombos. Elas são chamadas de **remanescentes quilombolas**. Você faz parte de uma dessas comunidades? Em caso afirmativo, escreva, em até três parágrafos, como você percebe as tradições de diferentes origens em seu cotidiano. Depois, leia seu texto para os colegas. Em caso negativo, faça uma busca para identificar as comunidades remanescentes quilombolas de seu município ou estado. Escolha uma delas, anote no caderno as informações sobre ela e, em uma data combinada, apresente-as à turma.

219

CIDADANIA GLOBAL
UNIDADE 8

Retomando o tema

Ao longo desta unidade, você estudou aspectos da escravidão e alguns dos impactos provocados por ela na cultura, na economia e na sociedade de nosso país. Vários desses impactos são observados ainda hoje no Brasil, como as desigualdades social e racial. Leia as informações a seguir, com dados do ano de 2020.

> De acordo com o Inquérito Nacional sobre Insegurança Alimentar no Contexto da Pandemia da Covid-19 no Brasil, desenvolvido pela Rede Brasileira de Pesquisa em Soberania e Segurança Alimentar (Rede PENSSAN), a fome esteve presente em 10,7% das casas de pessoas negras, número maior que o encontrado nas de pessoas brancas (7,5%). O trabalho foi realizado em dezembro de 2020.
> [...]
>
> Rafael Machado. População negra é a mais afetada pela insegurança alimentar. *Portal Drauzio Varella*, 14 jan. 2022. Disponível em: https://drauziovarella.uol.com.br/alimentacao/populacao-negra-e-a-mais-afetada-pela-inseguranca-alimentar/. Acesso em: 11 jan. 2023.

1. Quais continuidades históricas permitem relacionar o período de escravidão às informações apresentadas no texto?
2. A situação da fome tem como consequência problemas físicos e sociais. Que problemas são esses? Você já pensou sobre eles?

Geração da mudança

- A turma vai se organizar em dois grupos para investigar os impactos da fome. Um grupo deve buscar informações e refletir sobre esses impactos no âmbito da saúde. Já o outro deve focar nos âmbitos social e cultural. Cada grupo fará uma lista com os principais impactos identificados.

- Em uma data combinada, compartilhem as listas e realizem uma roda de conversa, para que cada grupo possa expor as reflexões feitas sobre o tema e comentar os itens de suas listas. A ideia é que a turma se conscientize sobre os impactos da fome e a importância de sanar esse grave problema.

EXPANSÃO DA AMÉRICA PORTUGUESA

UNIDADE 9

PRIMEIRAS IDEIAS

1. O que você sabe a respeito da criação de gado no Brasil? Essa atividade é praticada na região onde você mora?
2. No município onde você vive, há atividades de catequese propostas por alguma igreja cristã? Há também manifestações de povos indígenas ou afro-brasileiros? Você conhece ou já participou de alguma cerimônia relacionada a uma dessas tradições? Se sim, compartilhe com a turma.
3. Em sua opinião, como a descoberta de ouro e de pedras preciosas modificou a sociedade que vivia na região das minas?

Conhecimentos prévios

Nesta unidade, eu vou...

CAPÍTULO 1 — O processo de interiorização

- reconhecer as intenções de lucro da Coroa portuguesa durante a expansão das atividades econômicas.
- analisar a importância da pecuária e das bandeiras para a expansão das fronteiras da Colônia, com base na observação de mapas.
- identificar as diferentes estratégias de resistência das populações nativas em relação às investidas dos colonos em direção ao interior.

CAPÍTULO 2 — As missões jesuíticas

- analisar a atuação da Companhia de Jesus na América portuguesa mediante o estudo das missões e de seus vestígios materiais e imateriais.
- relacionar a existência das missões jesuíticas na América ao contexto da Contrarreforma europeia.
- promover atitudes de valorização da diversidade cultural.

CAPÍTULO 3 — A sociedade das minas

- perceber as relações entre as políticas da Coroa portuguesa e a descoberta de ouro na América portuguesa.
- analisar os conflitos entre indígenas e colonos.
- examinar o aparato político-administrativo implantado para controlar a extração de ouro e diamante.
- caracterizar os diferentes grupos que formavam a sociedade colonial.
- conhecer e caracterizar as obras de arte produzidas durante o Barroco na América portuguesa.

INVESTIGAR — Desigualdade social

- analisar as representações cartográficas como fontes históricas para compreender as conexões entre diferentes sociedades, nos séculos XIV ao XVIII.
- praticar a elaboração de mapas.

CIDADANIA GLOBAL

- reconhecer os próprios hábitos de consumo.
- identificar a importância do consumo consciente.
- analisar cadeias produtivas de artigos de luxo e observar os impactos negativos desses produtos no meio ambiente e na sociedade.

221

LEITURA DA IMAGEM

1. O que mais chama sua atenção nessa foto? Por quê?
2. Você acha possível atravessar uma região como essa com uma grande quantidade de bois de maneira rápida e segura? Levante hipóteses.
3. Você já estudou outras comunidades que realizam a atividade retratada nessa imagem? Em caso afirmativo, quais comunidades?

CIDADANIA GLOBAL

12 CONSUMO E PRODUÇÃO RESPONSÁVEIS

Atualmente, há muitas críticas à criação de gado em escala industrial para o abate. A prática causa muitos impactos ambientais, como grande quantidade de emissão de gases que desequilibram a atmosfera terrestre e o alto consumo de água potável.

1. Você conhece outros impactos ambientais relacionados com essa prática?
2. Como esses impactos poderiam ser evitados? Levante hipóteses.

Observe a **expansão das fronteiras da América portuguesa** e as principais atividades econômicas da época da colonização. Qual foi a importância da criação bovina nesse processo histórico? Levante hipóteses.

Boiadeiros conduzindo um rebanho de gado em Aquidauana (MS). Foto de 2022.

Adriano Kirihara/Pulsar Imagens

223

CAPÍTULO 1
O PROCESSO DE INTERIORIZAÇÃO

PARA COMEÇAR

Durante o primeiro século da colonização portuguesa, os colonos se concentraram na faixa litorânea do território. No século XVII, a crise da economia portuguesa, gerada pela queda do preço do açúcar no mercado externo, levou a administração colonial na América a incentivar expedições para explorar o interior do território. Em sua opinião, quais populações foram afetadas por esse processo de interiorização?

▼ Detalhe do mapa de Cornelis Goliath e Georg Marcgraf da capitania de Pernambuco. No detalhe, escravizados trabalham em diversas atividades de um engenho.

EM BUSCA DE NOVAS ATIVIDADES COMERCIAIS

Em 1654, os neerlandeses foram expulsos da Colônia portuguesa na América e implantaram o cultivo da cana-de-açúcar em Aruba e Curaçao, suas colônias nas Antilhas. Utilizando técnicas modernas de plantio, conseguiram aumentar a produtividade dos canaviais e vender o açúcar a preços reduzidos no mercado internacional, tornando-se os principais fornecedores desse produto.

Na Colônia portuguesa, a cana era cultivada com técnicas mais rudimentares e, por isso, a produtividade era menor. Isso também impactava no preço: não era possível aos produtores vinculados a Portugal baixar os preços para competir com o açúcar antilhano.

Essa conjuntura desencadeou uma crise econômica em Portugal. Os colonos e a Coroa, então, passaram a investir em outras atividades econômicas.

A **pecuária**, principalmente com a criação avícola, equina e bovina, e as **expedições exploratórias**, que buscavam, sobretudo, pedras e metais preciosos, configuravam-se como soluções para as crises enfrentadas pela Colônia no período.

Essas atividades, porém, já eram realizadas na Colônia. No início da colonização, a pecuária estava atrelada às atividades canavieiras, fornecendo animais para o transporte de cargas e para mover as moendas nos engenhos, como força motriz.

PECUÁRIA E INTERIORIZAÇÃO DO TERRITÓRIO

A pecuária na América portuguesa começou a ser praticada, sobretudo, por portugueses e seus descendentes que não possuíam recursos nem tinham poder político para estabelecer engenhos de cana. O gado era criado nas proximidades das moendas, solto no pasto, e, à medida que o rebanho crescia, ocupava também as terras férteis destinadas à produção da cana, ameaçando os interesses econômicos dos grandes senhores de engenho. Em 1701, a administração colonial proibiu a criação de gado a menos de 10 léguas (cerca de 50 quilômetros) do litoral, preservando, assim, as terras destinadas aos canaviais e forçando os criadores a avançar em direção às áreas distantes do litoral, chamadas de **sertão** nessa época.

Portanto, a pecuária constituiu um dos primeiros elementos de expansão do território colonial. A prática da **criação extensiva**, que abrangia grandes áreas de terra, possibilitava desbravar diversas regiões sem custos adicionais aos produtores e ocupava inclusive terras que eram impróprias para o plantio da cana e as mais distantes dos portos marítimos. Inicialmente, a pecuária se desenvolveu nas regiões onde hoje ficam Piauí, Maranhão, Paraíba, Rio Grande do Norte e Ceará. Pelo São Francisco, um rio perene, chegou a Goiás e ao Mato Grosso.

No Nordeste, a pecuária ganhou subsídios e incentivos da Coroa portuguesa, e seu crescimento foi acompanhado pelo povoamento do interior e pelo desenvolvimento de outras atividades, como expedições em busca de novos produtos agrícolas e de pedras e metais preciosos. À medida que os proprietários das grandes fazendas de gado ganharam prestígio e foram pouco a pouco sendo incorporados à estrutura social e política da Colônia, a prática da pecuária e a sua expansão para os territórios mais afastados do litoral causaram conflitos diretos com as populações indígenas que habitavam esses territórios.

CIDADANIA GLOBAL

PRODUÇÃO, CONSUMO E PROPAGANDAS

Com o surgimento e o crescimento de vilas e povoados na América portuguesa, fez-se necessária a produção interna de alimentos e utensílios. Nesse período, a produção de alimentos e objetos de origem animal era feita em escala reduzida e por meio de técnicas artesanais. Atualmente, esses produtos são feitos em escala mundial.

1. Quais produtos dessa origem você e sua família consomem com mais frequência?
2. Entre esses produtos, há algum que você consome ou deseja consumir por influência de propagandas?
3. Em sua opinião, de que modo o consumo impulsivo, resultante dos desejos criados pelas propagandas, é maléfico para o equilíbrio ambiental?

rio perene: rio que nunca seca, mesmo em períodos de estiagem.

RESISTÊNCIAS, ENTRADAS E BANDEIRAS

As áreas para onde se expandiam os colonos portugueses, isto é, os sertões, não eram desabitadas. Como vimos, estima-se que, por volta de 1500, o território da América portuguesa era ocupado por mais de 2 milhões de indígenas. Esses nativos, que se organizavam em dezenas de grupos, com diversas línguas, costumes e culturas, estabeleceram diferentes tipos de relação com os europeus recém-chegados. Os indígenas, que contavam com estruturas de poder próprias, não reconheciam os portugueses como os novos proprietários das terras. Além disso, viram-se forçados a resistir diante das tentativas de escravização empreendidas pelos colonizadores.

As formas de resistência foram diversas, como o conflito direto, as fugas do litoral para o interior e também a negociação com os colonos. Essas diferentes maneiras de resistir marcaram a dinâmica entre indígenas e europeus, moldando variadas formas de organização social na Colônia.

Para os portugueses e outros grupos de europeus, era importante buscar apoio e alianças com os grupos nativos, afinal essas populações conheciam o território, os animais e as plantas medicinais locais e dominavam técnicas de caça e pesca. No processo de colonização, essas alianças foram importantes para Portugal não apenas no processo de interiorização, mas também na luta contra potenciais colonizadores de outras nações europeias.

Acompanhados por indígenas aliados, os colonizadores adentraram o sertão em expedições exploratórias sancionadas pela Coroa portuguesa conhecidas como **entradas**. Essas expedições podiam reunir centenas de pessoas, entre elas os chamados **mamelucos**, descendentes de relacionamentos, muitas vezes forçados, entre homens europeus e mulheres indígenas. Os mamelucos tiveram papel fundamental nessas expedições, uma vez que, conhecendo a língua tupi e a língua portuguesa, serviam de mediadores entre os dois grupos. Além das entradas, houve iniciativas particulares, chamadas **bandeiras**, que visavam sobretudo capturar indígenas para escravizar e comercializar em diferentes partes da Colônia.

> **MONÇÕES**
>
> Simultaneamente às entradas e às bandeiras, ocorriam as **monções**, expedições fluviais que transportavam mantimentos para as campanhas organizadas pela Coroa. Partiam de Porto Feliz e Itu, cidades do interior paulista situadas nas margens do rio Tietê, e tinham como destino principal a capitania do Mato Grosso.
>
> As monções tornaram-se mais frequentes após a descoberta de ouro nos afluentes do rio Cuiabá, nas primeiras décadas do século XVIII. Durante as décadas seguintes, as embarcações passaram a transportar suprimentos e africanos escravizados para as zonas mineradoras; na volta, elas carregavam o ouro que seria escoado para a Europa.

sancionado: reconhecido, aprovado de forma oficial.

▼ Johann Moritz Rugendas. *Guerrilhas*, cerca de 1835. Litogravura colorizada. A imagem representa um conflito armado entre indígenas e portugueses, no século XVI, durante as expedições exploratórias.

A GUERRA DOS BÁRBAROS

Nem todos os grupos se aliaram aos colonizadores para garantir a própria sobrevivência. Muitos deles optaram por guerrear contra os inimigos europeus. Isso contradiz uma ideia, construída pela historiografia tradicional, de que não houve conflitos armados entre indígenas e portugueses e de que a colonização ocorreu sem nenhuma resistência. Assim, a historiografia atual vem produzindo cada vez mais materiais sobre a história dos indígenas na época do encontro com os portugueses, privilegiando o ponto de vista dos nativos nas narrativas históricas.

Nesse sentido, um dos eventos mais emblemáticos foi a chamada **Guerra dos Bárbaros**. Essa expressão define um conjunto de conflitos armados, entre indígenas de diversos povos e portugueses, nos anos de 1650 a 1720. Entre esses conflitos estão a **Guerra do Recôncavo** (1651-1679) e a **Guerra do Açu** (1680--1720), que ocorreram em uma extensa área que inclui a atual região do interior nordestino, da Bahia ao Maranhão.

Esses conflitos envolveram grande parte da população da época, de moradores locais a soldados, incluindo missionários e agentes da Coroa, além de diferentes grupos indígenas, que lutaram em ambos os lados, devido às alianças estabelecidas com portugueses e outros europeus.

Entre as táticas de guerra empreendidas pelos indígenas é possível destacar as técnicas **tapuias**, utilizadas ao norte dos territórios da América portuguesa. Nessa região, indígenas de diferentes povos atacavam entrepostos e acampamentos portugueses, impedindo a expansão da pecuária, das bandeiras e das entradas. Os documentos da época descrevem essa técnica como uma muralha invisível e se referem aos indígenas como tapuias, termo que não define um povo indígena, mas que era utilizado pelos colonizadores para denominá-los.

Nos documentos oficiais e nas narrativas dos cronistas, eles também foram chamados, por exemplo, de "índios bravos", "selvagens" e "bárbaros". O uso desses termos pejorativos reforçou a ideia de que os povos nativos, cujas culturas e formas de organização social eram diferentes das do europeu ocidental, precisavam ser "civilizados".

Saiba mais sobre **as resistências indígenas** durante os primeiros séculos da colonização. Registre suas observações no caderno e, depois, compartilhe-as com os colegas.

pejorativo: depreciativo, ofensivo.

▼ Albert Eckhout. *Dança tapuia*, cerca de 1650. Óleo sobre madeira. A imagem retrata os grupos indígenas temidos pelos europeus e chamados, genericamente, de tapuias. Note os ornamentos corporais e as armas que carregam. Esse tipo de registro é uma importante fonte histórica sobre a cultura dessas comunidades.

ATIVIDADES

Acompanhamento da aprendizagem

Retomar e compreender

1. Portugal enfrentou uma grave crise econômica no final do século XVII. O que causou essa crise e quais foram seus principais desdobramentos?

2. Sobre o desenvolvimento da atividade pecuária, responda:
   a) Como surgiu essa atividade na América portuguesa?
   b) Por que os criadores de gado tiveram de se deslocar para o interior da Colônia?
   c) Você já viu de perto ou na televisão, em revistas ou na internet, como é uma criação de gado bovino? Se nunca viu, faça uma breve busca para descobrir. Em seguida, reflita sobre as seguintes questões: Em sua opinião, quais aspectos dessa atividade econômica permaneceram inalterados desde sua implantação no período colonial? Quais teriam sido as mudanças ocorridas?

Aplicar

3. Leia o texto e, em seguida, responda à questão.

> [o] governador-geral do Brasil, d. Diogo de Meneses, que escreveu ao rei, no ano de 1612, [explicou] como deveriam proceder os mercenários coloniais na conquista do Maranhão, então sob o controle dos franceses. Para ele, a conquista não se devia fazer com grandes custos nem com um grande exército, mas, pelo contrário, com "engenho e manha", porque os índios não eram gente de se conquistar pela força. [...] Se os índios abandonassem a expedição, isto é, se não aceitassem fazer-se aliados dos portugueses, estes estariam em maus lençóis pela dependência que lhes deviam. Nas palavras do governador, os portugueses não se sustentariam "na falta das coisas". A conquista da costa dependia desta política de alianças: "sem eles", continuava a carta, "mal se poderá remediar nem povoar tão larga costa assim para o remédio de a defender aos estrangeiros como de a cultivarem".

engenho: esperteza, astúcia.

mercenário: indivíduo que trabalha apenas por interesse financeiro.

Pedro Puntoni. *A guerra dos bárbaros*: povos indígenas e a colonização do sertão nordeste do Brasil, 1650-1720. São Paulo: Hucitec/Edusp, 2002. p. 50-51.

- Segundo o texto e considerando o que foi apresentado no capítulo, qual foi a importância dos indígenas para a manutenção da Colônia na América portuguesa?

4. O mapa desta atividade representa uma expedição colonial que ocorreu no século XVII. Observe-o atentamente e, em seguida, faça as atividades propostas.

O caminho de uma expedição colonial (século XVII)

Fonte de pesquisa: Sérgio Buarque de Holanda. *Monções*. São Paulo: Brasiliense, 1990. p. 145.

a) Identifique o percurso da expedição representado no mapa. Anote, no caderno, a cor usada para representá-lo.

b) É possível definir que tipo de expedição o mapa retrata? Responda usando o percurso representado e seus conhecimentos sobre o período colonial.

c) Em sua opinião, por que as expedições acompanhavam o caminho dos rios naquela época? Esse tipo de viagem ainda ocorre atualmente?

d) Em interdisciplinaridade com Geografia, use um atlas geográfico para consultar um mapa político e um mapa físico do Brasil. Compare esses mapas. Veja que, em alguns trechos, o limite dos estados coincide com o traçado de rios. Formule uma hipótese para explicar por que isso ocorre, considerando o que você estudou neste capítulo.

228

HISTÓRIA DINÂMICA

A diversidade social do período colonial

Durante décadas, a historiografia tradicional classificava as pessoas que viviam na América portuguesa em duas grandes categorias sociais: os escravizados e os donos de escravizados.

No entanto, com o desenvolvimento de novas maneiras de pesquisar e compreender a História, muitas inovações foram feitas nesse sentido. Nos anos 1980, a historiadora Laura de Mello e Souza se propôs a estudar um grupo social na região mineradora da Colônia que foi identificado por ela como "desclassificados". As pessoas que integravam esse grupo seriam aquelas que não pertenciam a nenhuma das duas grandes categorias tradicionalmente estudadas, como trabalhadores livres e pobres, indígenas e mestiços.

Assim, a pesquisa de Mello e Souza ampliou a compreensão que temos hoje sobre a sociedade colonial. Leia, a seguir, alguns trechos do trabalho da historiadora.

Ilustração lúdica, em cores-fantasia, representando um tropeiro típico da América portuguesa.

> A camada dos desclassificados ocupou todo o "vácuo imenso" que se abriu entre os extremos da escala social, categorias "nitidamente definidas e entrosadas na obra da colonização". Ao contrário dos senhores e dos escravos, essa camada não possui estrutura social configurada, caracterizando-se pela fluidez, pela instabilidade, pelo trabalho esporádico, incerto e aleatório. Ocupou funções que o escravo não podia desempenhar, ou por ser antieconômico desviar mão de obra da produção, ou por colocar em risco a condição servil: funções de supervisão (o feitor), de defesa e policiamento (capitão do mato, milícias e ordenanças), e funções complementares à produção (desmatamento, preparo do solo para o plantio).
>
> [...] Na mineração, como de resto em qualquer atividade primordial da colônia, a força de trabalho era basicamente escrava, havendo entretanto os interstícios ocupados pelo trabalho livre [...] Dificilmente o homem livre destituído de recursos vultosos poderia se manter como proprietário, sobretudo em Minas, região que, apesar de tida tradicionalmente como rica e democrática, apresentava possibilidades favoráveis apenas a um pequeno número de pessoas.
>
> Laura de Mello e Souza. *Desclassificados do ouro*: a pobreza mineira no século XVIII. 5. ed. Rio de Janeiro: Ouro sobre Azul, 2017. p. 65.

Em discussão

1. De acordo com o texto, quais eram as atividades exercidas pelos chamados "desclassificados do ouro"?

2. A pesquisa de Mello e Souza recai sobre a região mineradora da Colônia. Com base nas descobertas dela e em seus conhecimentos sobre o Brasil colonial, levante hipóteses sobre a seguinte questão: É possível afirmar que em outras regiões da América portuguesa também havia pessoas que não faziam parte do grupo dos escravizados nem dos donos de escravizados? Se sim, quais?

interstício: intervalo que separa partes de um todo.

vultoso: que tem grande volume ou valor.

229

CAPÍTULO 2
AS MISSÕES JESUÍTICAS

PARA COMEÇAR

Um dos objetivos da colonização portuguesa na América era impor aos indígenas a conversão ao catolicismo. Como essa campanha de evangelização transformou a vida na Colônia? Será que ela ocorreu de forma pacífica?

A CHEGADA DOS JESUÍTAS E AS MISSÕES

Assim como ocorreu na América espanhola, a ação religiosa dos missionários integrou o processo de colonização e de expansão do território português na América. No contexto da **Contrarreforma** e do **Concílio de Trento** (1545-1563), a missão de expandir a fé católica na América portuguesa foi oficialmente iniciada em 1549, quando membros da **Companhia de Jesus** – uma ordem religiosa formada por padres jesuítas –, liderados por Manuel da Nóbrega, chegaram a Salvador acompanhando Tomé de Sousa, o primeiro governador-geral da América portuguesa.

No decorrer do período colonial, outras ordens religiosas realizaram trabalhos missionários na Colônia, como as dos dominicanos, dos carmelitas, dos beneditinos e dos franciscanos.

Os jesuítas fundaram colégios próximo às aldeias indígenas do litoral, nos quais se dedicaram à catequese dos povos nativos. Mais tarde, dirigiram-se para o interior em meio às matas, fundando aldeias cristãs, chamadas **missões** ou reduções, que reuniam os indígenas da região. Nessas aldeias, os nativos eram cristianizados e submetidos a uma rígida disciplina de orações e de trabalho. Além disso, viviam separados dos indivíduos não convertidos ao cristianismo, considerados pagãos. Isso incluía as crianças, que eram separadas de seus familiares não convertidos.

▼ Benedito Calixto. *Poema à Virgem Maria*, 1901. Óleo sobre tela. Em destaque está representado o padre jesuíta José de Anchieta, que escreve um poema na areia. Ao fundo, dois indígenas observam a cena. O predomínio dos jesuítas na educação só teve fim no século XVIII, quando o governo português determinou, em 1759, a expulsão desses religiosos de todos os seus domínios. O trabalho educacional dos jesuítas no Brasil seria retomado apenas em 1842.

O COTIDIANO DAS MISSÕES E A EDUCAÇÃO JESUÍTICA

Ao fundar uma missão, os religiosos retiravam os indígenas de suas aldeias e impunham-lhes o estilo de vida cristão. A prioridade era extinguir os costumes tradicionais indígenas que contradiziam a fé cristã, como a crença em vários deuses (o politeísmo), a nudez, a antropofagia e a poligamia.

As missões jesuíticas chegaram a reunir milhares de indígenas de diferentes povos. Os nativos eram orientados a seguir os princípios cristãos, a organizar seu cotidiano de acordo com os preceitos dos missionários europeus e a abandonar seu modo de vida e sua cultura. O dia a dia envolvia o trabalho na agricultura, o artesanato, a criação de animais e a coleta e extração de plantas e especiarias. Observe o mapa para conhecer a localização das principais missões.

antropofagia: ato de comer carne humana, que fazia parte dos costumes de alguns povos indígenas; era um ritual simbólico, por vezes relacionado a cerimônias fúnebres.

poligamia: união matrimonial de um indivíduo com mais de uma pessoa ao mesmo tempo.

ALGUMAS DROGAS DO SERTÃO DURANTE OS SÉCULOS XVI A XVIII

Salsaparrilha

No século XVI, as propriedades anti-inflamatórias e antioxidantes do chá feito com as raízes dessa planta eram conhecidas pelos europeus e por diversos povos indígenas que habitavam a região amazônica. Plantas da mesma família são encontradas em florestas equatoriais da África e da Ásia, por isso seu uso era popular em diferentes regiões.

Guaraná

Desenvolvido pelos indígenas Sateré-Mawé, o manejo do guaraná é até hoje uma das tradições culturais mais importantes desse povo. No período da colonização, as propriedades estimulantes desse fruto de origem amazônica foram amplamente divulgadas.

Urucum

Das sementes do urucum é extraído um corante avermelhado, muito usado na pintura corporal de diversos povos indígenas. Essa propriedade também foi explorada na culinária e na medicina tanto indígenas quanto europeias, tornando seu uso corrente na América portuguesa e na Europa.

■ **Expansão dos jesuítas pela Colônia (séculos XVI-XVIII)**

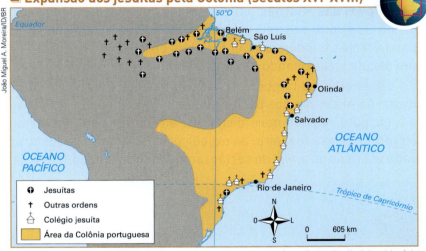

Fonte de pesquisa: Flavio de Campos; Miriam Dolhnikoff. *Atlas história do Brasil*. São Paulo: Scipione, 2006. p. 17.

Especialmente nas missões ao norte da Colônia, os indígenas coletavam as chamadas **drogas do sertão**, espécies vegetais usadas na alimentação, como o guaraná, as castanhas e o cravo, ou como substâncias medicinais (veja o esquema).

Nas missões, os nativos também aprendiam música, teatro, leitura e escrita na **língua geral** – um idioma de base indígena amplamente utilizado nos territórios hoje correspondentes ao Brasil, tanto por grupos nativos de diferentes etnias quanto por portugueses, possibilitando a comunicação entre essas duas comunidades.

Os jesuítas também se dedicaram à educação dos colonos e dos filhos da elite local. Para isso, criaram diversos colégios na Colônia, como o **Colégio de São Paulo de Piratininga**, fundado em 1554 em um planalto próximo à vila de São Vicente.

OS CONFLITOS ENTRE JESUÍTAS E COLONOS

As tentativas dos colonos de escravizar os indígenas geravam constantes conflitos com os jesuítas, que eram contrários a essa prática. Em virtude disso, esses religiosos fundaram os **aldeamentos**, alegando que eles ofereceriam proteção aos nativos, uma vez que evitariam sua captura e exploração pelos colonos. No entanto, os próprios jesuítas submetiam os indígenas a uma rígida rotina de trabalho, transformando profundamente seus costumes e suas tradições.

Por influência da Companhia de Jesus, foram criadas diversas leis que restringiam ou que proibiam a escravidão indígena na Colônia. Na prática, entretanto, essas leis não foram cumpridas plenamente, pois o poder e os interesses dos colonizadores locais prevaleciam.

Os principais desentendimentos entre colonos e jesuítas ocorreram no **sul da Colônia**, onde se localizava grande parte das missões. Ao longo dos séculos XVI e XVII, essas missões foram seguidamente atacadas pelos bandeirantes, que saíam em campanha para aprisionar os indígenas. Na redução jesuítica de **Sete Povos das Missões**, no atual Rio Grande do Sul, na região do rio da Prata, ocorreu um dos conflitos mais intensos entre bandeirantes e indígenas. As batalhas perduraram por mais de um século, ocasionando a morte de milhares de nativos.

Esses ataques também foram comuns nas missões amazônicas. As ofensivas dos bandeirantes levaram grupos indígenas a fugir para regiões mais distantes, em direção ao interior do território. Dessa maneira, as expedições começaram a adentrar cada vez mais as áreas do sertão, ampliando os limites coloniais.

A IGREJA CATÓLICA E A ESCRAVIZAÇÃO

A posição da Igreja católica quanto à submissão de indígenas e de africanos ao trabalho escravo era contraditória. Em geral, o clero era contrário à escravização dos indígenas, mas aceitou a dos africanos, afirmando que era uma maneira de essas pessoas pagarem seus pecados na Terra.

Em 1985, o papa João Paulo II pediu perdão aos africanos, reconhecendo que a Igreja havia cometido um grande erro.

▼ Vestígios da igreja de São Miguel, de 1745, em São Miguel das Missões (RS). As ruínas do antigo povoado de São Miguel, fundado no século XVII, correspondem aos vestígios da missão jesuítica mais preservados no Brasil atual. Foto de 2022.

OS IMPACTOS DA COLONIZAÇÃO PARA AS POPULAÇÕES NATIVAS

A política indigenista de meados do século XVI caracterizou-se, como visto no capítulo anterior, por duas vertentes principais: o domínio sobre a força de trabalho indígena e a apropriação das terras tradicionalmente pertencentes às populações locais.

Os portugueses tentaram garantir seus interesses manipulando práticas ancestrais indígenas, incentivando o conflito bélico entre grupos nativos inimigos, utilizando relações de troca e alianças e interferindo nas relações de parentesco entre povos diferentes. Além disso, embora a escravização indígena tenha sido proibida pela Coroa portuguesa em 1570 e contestada pelos missionários jesuítas, essa prática se manteve.

Entre os séculos XVI e XVII houve uma drástica diminuição das populações indígenas na América portuguesa. Muitos povos foram completamente exterminados nas guerras contra os bandeirantes e os colonizadores portugueses; outros foram extintos devido às doenças trazidas pelos europeus, como sarampo e varíola, contra as quais os indígenas não tinham anticorpos. Um grande número desses nativos também não resistiu às péssimas condições de trabalho a que eram submetidos.

Assim como os portugueses se utilizaram das rivalidades entre os grupos étnicos indígenas, os povos locais, por sua vez, usaram no início da colonização a mesma estratégia em relação aos europeus, aliando-se a franceses, espanhóis e holandeses.

CIDADANIA GLOBAL

DIVERSIDADE ALIMENTAR

As diferentes ações dos colonizadores europeus causaram a desestruturação e a destruição de diversas sociedades indígenas. Com o extermínio delas, também foram perdidos conhecimentos e saberes sobre alimentos nativos da América. Hoje em dia, muitos povos buscam recuperar sementes e mudas de gêneros alimentícios que consideravam extintos após a colonização. Junte-se a um colega para investigar as seguintes questões sobre esse tema:

1. Existem mais de 3 mil espécies de batata, mas apenas oito delas costumam ser oferecidas em feiras e supermercados. Por que isso ocorre?
2. Qual é a importância de preservarmos a diversidade de alimentos vegetais?
3. De que modo o consumo consciente pode ajudar nessa preservação?

anticorpo: forma de defesa do sistema imunológico contra o ataque de organismos nocivos.

Maximilian Wied-Neuwied. *Capitão Bento de Lourenço Abreu e Lima abre a nova estrada através da floresta em Mucuri de Porto Alegre para Minas Novas em 23 de fevereiro de 1816*, 1820. Água-forte sobre papel. A imagem mostra a interação entre os povos nativos e os europeus no continente americano.

O EUROCENTRISMO E A DIVERSIDADE CULTURAL INDÍGENA

Assista ao vídeo **#menospreconceitomaisíndio** e identifique qual é a principal reivindicação que ele veicula. Em seguida, produza um cartaz sobre o tema principal.

Como vimos, para legitimar a escravização e a exploração dos indígenas, os colonizadores apoiaram-se em valores eurocêntricos, segundo os quais a cultura e o modo de vida europeus eram superiores aos dos demais povos e representavam um padrão civilizatório a ser seguido. Os indígenas, por sua vez, eram vistos como povos bárbaros, selvagens e inferiores.

Esse modo de enxergar os nativos levou à imposição de hábitos, da religiosidade e de valores europeus. Para viver entre os colonizadores, os indígenas foram obrigados a abandonar muitos de seus costumes, como os ritos, a maneira de se enfeitar, a crença em vários deuses, as formas de construir moradias e de organizar o cotidiano e suas relações sociais, entre outros. Mas, ainda assim, eles não perderam a própria identidade.

Atualmente, para conhecermos as culturas dos povos indígenas, é preciso considerar as diferenças entre os modos de viver e de ver o mundo de cada etnia ou grupo. Essa concepção procura romper com a noção de superioridade europeia e valorizar os saberes, as práticas, as línguas, as narrativas e as maneiras de pensar de cada povo, isto é, a **diversidade cultural** dessas pessoas. O respeito aos indígenas e à sua diversidade cultural possibilita compreender a formação do próprio povo brasileiro e as variadas contribuições culturais incorporadas à nossa sociedade.

▼ Mulher Ashaninka tecendo vestuário tradicional na aldeia Apiwtxa, da Terra Indígena Kampa do Rio Amônea, no município de Marechal Thaumaturgo (AC). Foto de 2021.

ATIVIDADES

Acompanhamento da aprendizagem

Retomar e compreender

1. Quais foram as principais ações desenvolvidas pelos jesuítas no Brasil colonial?

2. Você conhece alguma das drogas do sertão mencionadas no esquema "Algumas drogas do sertão durante os séculos XVI a XVIII"? Em caso afirmativo, que uso você costuma fazer dela? Caso não conheça, levante inormações, em materiais impressos ou digitais, sobre os possíveis usos dessas espécies vegetais.

Aplicar

3. Leia o texto e, em seguida, responda às questões propostas.

> Os índios do Brasil não têm fé, nem lei, nem rei, diziam os portugueses do século XVI. Na verdade, com certeza não tinha rei, mas possuíam lei e fé, como todos os outros povos do mundo. [...]
>
> Não passou despercebido aos cronistas dos Tupinambá que estes elaboraram um sistema religioso mais ou menos coerente, se bem que carecessem de uma figura suprapaternal e onipotente como a majestade do Deus cristão.
>
> Mércio Pereira Gomes. *Os índios e o Brasil*: passado, presente e futuro. São Paulo: Contexto, 2012. p. 62.

a) Do que trata o texto?

b) Nele, há termos que você não conhece? Se sim, quais? Faça uma busca em um dicionário e anote o significado de cada um deles.

c) Em sua opinião, por que os portugueses do século XVI diziam que os indígenas não tinham lei nem rei?

4. Observe a imagem e, em seguida, faça o que se pede.

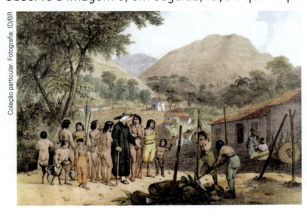

Johann Moritz Rugendas. *Aldeia dos tapuia*, cerca de 1835. Gravura.

a) Descreva a cena retratada nessa imagem.

b) Como os indígenas foram caracterizados por Rugendas e o que eles estão fazendo?

c) De acordo com o que você aprendeu neste capítulo, escreva um texto curto sobre a cena representada nessa imagem, explicando a integração entre o religioso e os indígenas.

d) **SABER SER** Com base no conteúdo deste capítulo, você diria que a relação entre os missionários religiosos e os indígenas ocorria sempre da maneira como o artista a representou? Justifique.

235

ARQUIVO VIVO

A missão jesuítica de São Miguel Arcanjo

As missões (ou reduções) jesuíticas que se instalaram no sul do continente americano eram compostas majoritariamente de indígenas da etnia Guarani. Esses nativos ocupavam uma extensa faixa territorial e, entre eles, havia grande diversidade cultural, pois se dividiam em três subgrupos: Mbya, Ñandeva e Kaiowá. Supõe-se que, na época da chegada dos jesuítas, havia em torno de 1 milhão de indígenas Guarani.

Após o texto, há a reprodução de uma planta da missão jesuítica de São Miguel Arcanjo, fundada em 1632 no território do atual Rio Grande do Sul. Essa missão e outras seis compunham os Sete Povos das Missões, conjunto de aldeamentos indígenas cristãos fundados por jesuítas no sul da Colônia portuguesa.

Com a intensificação dos ataques de bandeirantes paulistas, o aldeamento de São Miguel Arcanjo teve de mudar de lugar duas vezes, até se estabelecer onde hoje é a cidade de São Miguel das Missões. Ainda durante o século XVII, a aldeia chegou a contar com 4 mil indígenas cristianizados.

As ruínas da missão de São Miguel Arcanjo são consideradas um sítio arqueológico na atualidade. Em 1938, elas foram tombadas como **Patrimônio Cultural** pelo Instituto do Patrimônio Histórico e Artístico Nacional (Iphan) e, em 1983, foram declaradas **Patrimônio da Humanidade** pela Unesco.

Leia este texto, que trata da estrutura de uma missão, e na sequência observe a planta da missão.

Alguns dos componentes da estrutura urbana missioneira variavam de posição nas diferentes reduções, mas obedeciam sempre a um mesmo esquema geral. As estruturas que mais mudavam de posição eram o *cotiguaçu* [edificação destinada às recolhidas: viúvas e órfãs], o *tambo* [edificação usada como hospedaria para visitantes estrangeiros à redução] e o *cabildo* [edificação usada para as reuniões do conselho dos caciques no sistema reducional].

A praça era o espaço público e aberto onde se realizavam atividades cívicas, religiosas, culturais, esportivas e militares. Ali se realizavam as celebrações de colheitas, os desfiles militares, as procissões, os teatros sacros, os jogos esportivos e [...] se exercia a justiça. A praça era o elemento estruturador da organização espacial de uma redução.

Em cada redução havia dois padres e até seis mil índios. Um [padre] era responsável pelos serviços religiosos enquanto o outro organizava as atividades cotidianas. Os índios dos diversos grupos ou parcialidades eram coordenados pelo conselho dos caciques que formavam o *Cabildo*, numa estrutura hierárquica, tipo militar, que correspondia à experiência do fundador da Companhia de Jesus.

Quando uma povoação atingia uma determinada população, entre 5 e 6 mil índios, era necessário planejar sua divisão, que era feita com a criação de uma nova redução e a divisão da população. Inicialmente eram destacados alguns índios que partiam para preparar o novo local e iniciar as plantações. Quando a estrutura básica já estivesse concluída, deslocava-se a população.

Luiz Antonio Bolcato Custódio. Missões jesuíticas: arquitetura e urbanismo. *Caderno de História*, Memorial do Rio Grande do Sul, n. 21, 2006. p. 11. Disponível em: https://www.docsity.com/pt/as-missoes-jesuiticas-arquitetura-e -urbanismo/5824730/. Acesso: 20 jan. 2023.

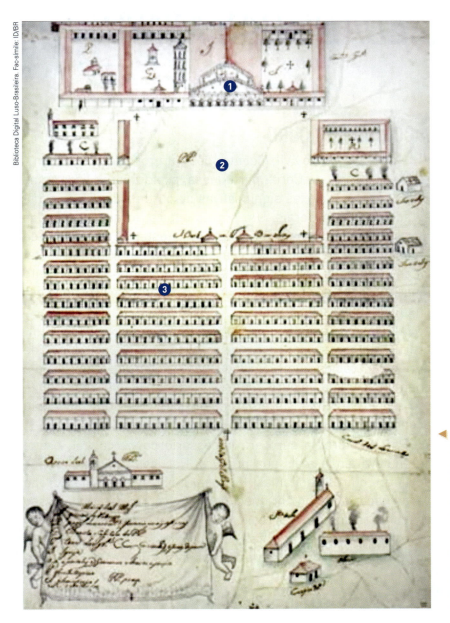

▸ Reprodução de planta do século XVIII da missão de São Miguel Arcanjo, uma das sete reduções jesuíticas fundadas no território do atual Rio Grande do Sul. A missão foi construída tomando como base a igreja, que ficava no centro; em frente à igreja havia uma praça quadrangular, com aproximadamente 130 metros de lado. O colégio, a igreja e o cemitério ficavam de um lado da praça, e as moradias indígenas, do outro.

Organizar ideias

1. A planta representa a missão de São Miguel Arcanjo no local onde foi instalada pela segunda e última vez. Explique por que esse aldeamento teve de mudar de lugar duas vezes.

2. Identifique os componentes da estrutura urbana de São Miguel Arcanjo numerados na planta reproduzida.

3. Segundo o texto, qual era a função da região identificada na planta pelo número 2?

4. **SABER SER** Em sua opinião, qual é a importância da conservação de um patrimônio histórico como esse para o estudo da História?

CAPÍTULO 3
A SOCIEDADE DAS MINAS

PARA COMEÇAR

A descoberta de jazidas de ouro e de pedras preciosas na Colônia portuguesa, no final do século XVII, causou uma grande corrente migratória para a região. Com o passar das décadas, a chamada sociedade das minas tornou-se um grande polo de atividades culturais. Quais fatores proporcionaram esse cenário?

A CORRIDA DO OURO

No fim do século XVII, incentivados por promessas de recompensa por parte da Coroa portuguesa, exploradores fizeram as primeiras descobertas significativas de ouro na região do atual estado de Minas Gerais. Um século depois, foram registradas novas descobertas na região dos atuais estados de Goiás e de Mato Grosso. Nessas regiões, assim como em Minas, o metal foi encontrado em abundância na encosta dos morros e no leito e nas margens dos rios. Esse ouro encontrado na superfície era chamado de **ouro de aluvião**.

A notícia se espalhou por toda a Colônia, provocando a migração em massa para as regiões auríferas. Esperançosos de enriquecer rapidamente, portugueses e colonos deram início à chamada **corrida do ouro** – que se estendeu pelo século XVIII –, e a região de Minas Gerais transformou-se em um novo polo econômico da Colônia.

Para explorar o ouro era necessário pouco capital, o que estimulava ainda mais sua procura. Por isso, muitas pessoas deixaram outras capitanias, Portugal e outras áreas da Europa para buscar o rápido enriquecimento na região das minas. Isso assustou as autoridades reais, que, por um lado, temiam o despovoamento de algumas áreas da Colônia e, por outro, o desvio do ouro da América portuguesa para outras nações europeias.

▼ Arnaud Julien Pallière. *Vista de Vila Rica* (detalhe), 1820. Óleo sobre tela. Vila Rica corresponde à atual Ouro Preto (MG). No período da mineração, muitas vilas e cidades formaram-se na região centro-sul da Colônia portuguesa.

INDÍGENAS NA REGIÃO DAS MINAS: PRESENÇA E RESISTÊNCIA

Após a descoberta das primeiras minas de ouro, grandes contingentes de colonos começaram a migrar para o interior. Por isso, os povos indígenas que habitavam essa região, como os Botocudo, Coroado, Maxakali, Pataxó e Puri, ofereceram resistência contra a ocupação de suas terras e o avanço da atividade mineradora. Uma parte dessas populações indígenas, no entanto, buscou refúgio em outras áreas, principalmente no Pantanal e na floresta Amazônica.

O período de maior violência contra os indígenas no sertão mineiro foi durante a segunda metade do século XVIII, conforme as descobertas de ouro se tornavam mais raras. Os colonos se deslocavam cada vez mais para o interior em busca de novas fontes de riqueza mineral ou com o intuito de praticar atividades alternativas, como a agricultura e a pecuária. Nesse violento processo de ocupação e de avanço territorial, muitas populações indígenas foram dizimadas ou capturadas para servir como mão de obra. Devido a legislações que proibiam a escravização de indígenas, os nativos aprisionados eram catequizados à força pelos colonos, que, desse modo, obtinham permissão jurídica e moral para utilizar a força de trabalho dessas populações.

▲ Charles Motte. *Sinal de combate dos Coroado*, 1834. Litografia feita com base em gravura de autoria de Jean-Baptiste Debret.

Os indígenas foram agentes fundamentais na formação sociocultural de Minas Gerais. Durante todo o período colonial, resistiram à dominação, enfrentando os colonos para defender seus territórios e sua liberdade, fugindo das vilas mineiras e promovendo ataques a vilas instaladas em regiões antes habitadas por eles. Muitos grupos nativos recorriam à justiça colonial para reivindicar o direito de serem livres. Porém, em muitos casos, os colonos negavam a origem indígena dessas pessoas, identificando-as como mestiços, o que lhes dificultava a defesa pelo direito à liberdade.

O AUMENTO DO CONTROLE DA METRÓPOLE

A crise econômica provocada pela queda do preço do açúcar no mercado europeu e a descoberta do ouro alteraram a relação entre Metrópole e Colônia. À medida que o território se ampliava e os lucros diminuíam, o controle exercido pela Coroa portuguesa tornou-se mais rígido e direto, especialmente em relação ao comércio e à cobrança de impostos. Portugal temia perder tributos com a exploração aurífera, já que poderia ser realizada por qualquer pessoa que encontrasse uma mina.

A Coroa passou, então, a controlar a exploração da terra e regulamentou a extração do ouro, fiscalizando as atividades de mineração. Em 1702, criou um órgão chamado **Intendência das Minas** e promulgou o **Regimento das Minas de Ouro**.

Com esse sistema, a descoberta de novas minas deveria ser informada à Intendência, que as dividia em **lotes** ou **datas**. O descobridor escolhia dois lotes, e o terceiro lote seria propriedade da Coroa, que o comercializava em leilões públicos. Os demais lotes eram sorteados entre interessados que deveriam se comprometer a explorá-los em certo período de tempo e ter no mínimo 12 escravizados. Tais medidas impediam que pessoas desprovidas de posses explorassem as minas. No entanto, muitas dessas medidas da Coroa foram ignoradas ou desrespeitadas. A longa distância entre Portugal e a Colônia, assim como a incompatibilidade de interesses das autoridades locais, dificultou esse controle. Conflitos relacionados às atividades comerciais, aos cargos administrativos e às políticas adotadas na Colônia não demoraram a surgir. As tensões se acirraram com o tempo, desencadeando conflitos como a **Guerra dos Emboabas**.

Outra medida da Coroa que visava aumentar o controle sobre a mineração de ouro foi a fundação de vilas nas regiões mais povoadas, como a Vila Real de Nossa Senhora da Conceição (atual Sabará), o Arraial do Tijuco (Diamantina) e a Vila Rica de Albuquerque (Ouro Preto). Nesses locais, foram instituídos órgãos do governo português, como as câmaras municipais, para cuidar da administração, de questões judiciárias e da fiscalização das atividades comerciais, entre outras atribuições.

> ### A GUERRA DOS EMBOABAS
>
> Os conflitos de paulistas contra portugueses e colonos de outras capitanias na região das minas, entre 1707 e 1709, constituíram a Guerra dos Emboabas.
>
> "Emboabas" era o apelido que os paulistas haviam dado aos portugueses e às pessoas de outras capitanias. Originalmente, essa palavra fazia referência a uma ave de pernas emplumadas – os paulistas, assim, zombavam dos portugueses que usavam botas de cano longo e ficavam parecidos com essa ave. A guerra terminou com a vitória dos emboabas. Vencidos, os paulistas organizaram monções e partiram para a região dos atuais estados de Mato Grosso e Goiás em busca de ouro. Em 1709, temendo perder o controle da região, a Coroa portuguesa desmembrou a capitania de São Vicente nas capitanias de São Paulo e de Minas do Ouro.

◀ Johann Moritz Rugendas. *Lavagem do minério de ouro, proximidade da montanha Itacolomi* (detalhe), cerca de 1835. Litografia. Nessa representação, é possível observar o trabalho de extração do ouro feito por africanos escravizados. Note os instrumentos de trabalho utilizados por eles. A maioria dessas ferramentas foi desenvolvida pelos povos africanos.

A COBRANÇA DE IMPOSTOS

Uma das medidas de controle da Metrópole nas regiões auríferas era a cobrança de impostos, como o **quinto** – a quinta parte (20%) de todo o minério extraído.

Para controlar essa arrecadação e impedir o contrabando do ouro, foram criadas as **casas de fundição**. Nesses estabelecimentos, o minério em pó era fundido e transformado em barras, nas quais era gravado o símbolo real. Com as barras marcadas com o selo real, o contrabando ficava mais difícil. Durante esse processo era feita a separação da parte correspondente ao quinto.

Esse sistema, entretanto, era constantemente burlado pelos colonos, e muito ouro era extraviado. Assim, a Coroa passou a utilizar também um sistema de cotas, no qual o quinto deveria chegar, obrigatoriamente, a 100 arrobas (cerca de 1500 quilogramas) de ouro anuais. Com a queda na extração do ouro, os mineradores tinham cada vez mais dificuldade em reunir o montante imposto pela Coroa.

Apesar de todas essas medidas de controle régio, não foi possível conter o contrabando. Por isso, a partir da década de 1720, a Coroa aumentou a vigilância militar da região. Em 1763, com o intuito de centralizar ainda mais a administração da produção aurífera, Portugal transferiu a capital da Colônia de Salvador para o Rio de Janeiro, pois era dessa cidade que os minérios eram enviados à Europa. Para facilitar o escoamento do ouro, também foi criada a **Estrada Real**, conhecida como Caminho do Ouro, que ia da região das minas ao Rio de Janeiro.

A REVOLTA DE VILA RICA

As medidas tomadas pela Coroa para garantir a taxação do ouro causaram revoltas entre os mineradores e a população de Minas Gerais. Além dos altos impostos e do rígido controle sobre o metal, os **preços dos alimentos** eram exorbitantes se comparados aos de outras regiões da Colônia.

Em junho de 1720, os mineradores de Vila Rica, liderados pelo português Felipe dos Santos, pressionaram as autoridades locais contra os abusos cometidos. O movimento reivindicava a redução dos preços dos alimentos e o cancelamento da medida que, com a criação das casas de fundição, proibia a circulação do ouro em pó – segundo os revoltosos, isso dificultava o comércio dos produtos que chegavam à região.

Após uma breve vitória, com a tomada de Vila Rica, o levante foi derrotado no mês seguinte. O governador da capitania manteve as casas de fundição e, para intimidar os colonos e desencorajar outros levantes, ordenou que Felipe dos Santos fosse enforcado e esquartejado e que seu corpo fosse exposto em praça pública.

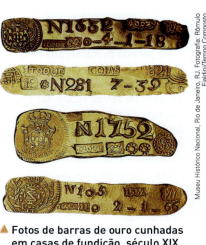

▲ Fotos de barras de ouro cunhadas em casas de fundição, século XIX. Observe as marcações feitas nas barras. Esse tipo de inscrição atestava a legalidade das barras de ouro.

O CIRCUITO DO OURO NO SÉCULO XVIII

A maior parte do ouro extraído nas minas era de aluvião. O ouro em pó era levado para as casas de fundição – onde o quinto era descontado – e, depois, transformado em barras.

↓

Das casas de fundição o ouro seguia para o Rio de Janeiro escoltado pelos "dragões", uma espécie de polícia da época.

↓

Do porto do Rio de Janeiro o ouro seguia para Lisboa, em Portugal.

↓

Em Lisboa, uma parte do ouro ficava nos cofres da Coroa e o restante seguia para a Inglaterra.

OS SANTOS DO PAU OCO

No período da mineração, uma provável forma de contrabando teria sido praticada com o uso de imagens de santos esculpidas em madeira. Essas imagens tinham o interior oco e uma abertura nas costas, onde se supõe que os mineradores escondiam ouro e pedras preciosas para burlar os postos de fiscalização da Coroa – evitando, assim, o pagamento de impostos.

Embora não tenham sido localizados registros oficiais dessa estratégia de contrabando, a prática é relatada pela tradição oral. É dessa época, do auge da mineração, que se originou a expressão "santo do pau oco", usada atualmente para designar uma pessoa mentirosa e hipócrita. Na imagem, observe a escultura de Nossa Senhora do Rosário, feita de madeira, com abertura nas costas, datada do século XVIII. A abertura também tornava a escultura mais leve, para que fosse carregada durante as procissões.

▲ Dois ângulos de escultura talhada em madeira representando Nossa Senhora do Rosário, século XVIII. Ela foi encontrada em Paracatu (MG).

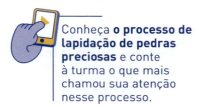

Conheça **o processo de lapidação de pedras preciosas** e conte à turma o que mais chamou sua atenção nesse processo.

A DESCOBERTA E A EXPLORAÇÃO DE DIAMANTES

No século XVIII, além do ouro, a extração de diamantes impulsionou a ocupação de Minas Gerais. No final da década de 1720, sua exploração foi oficializada. Por causa disso, a região de Serro Frio, onde estava localizado o Arraial do Tijuco, atual município de Diamantina, sofreu uma ocupação desordenada.

Para controlar a extração de diamantes e evitar o contrabando, a Coroa portuguesa estabeleceu uma série de medidas, submetendo os garimpeiros a uma rígida fiscalização. Em 1734, foi criado o **Distrito Diamantino**, cuja administração ficou a cargo da **Intendência dos Diamantes**. A área foi delimitada e isolada do restante da Colônia e a atividade de extração de diamantes foi restrita a pessoas indicadas pela Coroa. Posteriormente, a Metrópole assumiu o monopólio da atividade com a criação da **Real Extração de Diamantes**.

O controle da extração e do comércio do ouro e dos diamantes, porém, não inibiu o **contrabando**, que era realizado das mais variadas formas por proprietários, exploradores de minas, escravizados e estrangeiros. Calcula-se que mais da metade do ouro e dos diamantes extraídos ao longo do século XVIII tenha sido contrabandeada para o continente europeu.

A DECADÊNCIA DA MINERAÇÃO

Após um período de crescimento vertiginoso, entre as décadas de 1730 e 1750, a mineração do ouro e de diamante entrou em decadência. Isso ocorreu em razão do **esgotamento das jazidas**, da prática do contrabando, da expropriação da Coroa e da falta de investimento nas técnicas de mineração.

A crise que se seguiu foi trágica para a população das minas, pois a queda na extração não impediu a Coroa de cobrar os impostos, até mesmo diante da dificuldade de atingir a cota anual de 100 arrobas. As pessoas começaram, então, a migrar para outras regiões. Por volta de 1770, havia poucas jazidas de ouro e de diamante rentáveis.

Em 1765, para recuperar os impostos não pagos, a Coroa decretou a primeira **derrama**, isto é, a cobrança forçada dos impostos atrasados pelas autoridades coloniais, feita de casa em casa. Com isso, a população local deveria usar os próprios recursos para pagar o valor cobrado.

As derramas eram temidas pelos moradores da região das minas, sobretudo pela parcela mais pobre da população, pois a cobrança era feita de modo violento e podia durar semanas ou meses. A prática representou o ápice do controle da Coroa portuguesa sobre os colonos. Em fins do século XVIII, havia um clima de insatisfação entre os mineradores e as autoridades portuguesas, e o conflito de interesses era cada vez maior.

A EXPANSÃO DAS FRONTEIRAS

A fronteira determinada pelo **Tratado de Tordesilhas** em 1494 foi sendo desrespeitada aos poucos. A expansão da pecuária, as missões jesuíticas, as entradas, as bandeiras e as monções levaram à ampliação dos territórios da Colônia portuguesa em quase três vezes o tamanho originalmente estabelecido, incorporando aos seus domínios as áreas que hoje pertencem às regiões Sul e Centro-Oeste, além de parte da atual Região Norte do Brasil.

Essa expansão foi legitimada com a ocupação populacional dos atuais estados de Minas Gerais, Mato Grosso e Goiás, no século XVIII, como resultado da exploração de ouro e de diamantes. Tanto os espanhóis quanto os portugueses tinham interesse em muitas áreas estratégicas da América. Após décadas de disputas, em 1750 as duas Coroas decidiram resolver as questões fronteiriças com um novo acordo, o **Tratado de Madrid**. As fronteiras entre as Américas portuguesa e espanhola foram redefinidas com base nos territórios ocupados.

Em 1777, porém, esse tratado foi contestado, e assinou-se um novo acordo, o **Tratado de Santo Ildefonso**, segundo o qual a Coroa portuguesa perdeu uma parte do atual Rio Grande do Sul. Essas terras, no entanto, voltariam a ser possessão portuguesa em 1801. Com esses tratados, ficavam demarcados, em sua quase totalidade, os limites atuais do território brasileiro. Observe o mapa a seguir.

> **PARA EXPLORAR**
>
> **Museu do Diamante**
> A história do atual município de Diamantina (MG) começou com a exploração dos diamantes encontrados na Colônia portuguesa, no século XVIII. O aumento populacional na região e a necessidade, por parte da Coroa, de controlar a exploração e o fluxo de pessoas nas áreas de mineração contribuíram para o desenvolvimento de vilas e de estruturas que simbolizavam o poder português sobre esses territórios. Por isso, o conjunto de construções históricas de Diamantina formam um verdadeiro museu a céu aberto, e é possível visitá-lo virtualmente no *link* a seguir. Nele, são explorados os principais pontos históricos da cidade. Esse projeto, chamado Era Virtual, disponibiliza visitas virtuais a outros espaços históricos do país sob o patrocínio do Ministério da Cultura. Disponível em: https://www.eravirtual.org/museu-do-diamante/. Acesso em: 20 jan. 2023.

■ **Brasil: Tratados de Madrid e de Santo Ildefonso (século XVIII)**

João Miguel A. Moreira/ID/BR

Fonte de pesquisa: *Atlas histórico escolar*. Rio de Janeiro: FAE, 1991. p. 30.

O COTIDIANO NAS CIDADES

Entre os séculos XVII e XVIII, próximo às jazidas de ouro e de diamantes, formaram-se arraiais e vilas que, com o tempo, originaram várias cidades. As mais conhecidas atualmente são Ouro Preto, Sabará, Congonhas, Mariana, Diamantina, Caetés, Tiradentes e São João del Rei.

A expansão urbana desse período seguiu o desenvolvimento da infraestrutura necessária para o comércio e a administração da atividade mineradora. Muitas regiões da Colônia passaram a abastecer as regiões de extração com carne, leite, frutas e hortaliças, entre outros produtos. O crescimento da produção agropecuária também colaborou para o desenvolvimento econômico da região centro-sul e para interligar as cidades.

O transporte de alimentos era feito em tropas de mulas, que no retorno das minas levavam carregamentos de ouro e diamantes para os portos, de onde eram enviados para Portugal. Assim, os **tropeiros** – como ficaram conhecidos aqueles que faziam essas viagens – percorriam grandes distâncias durante o dia. À noite, eles paravam para descansar em ranchos. Com o passar do tempo, os principais locais onde pousavam se transformaram em novas vilas.

Até o final do século XVII, a colonização da América portuguesa baseava-se em fazendas produtoras de açúcar localizadas na faixa litorânea. Com o início da atividade mineradora, a colonização passou por um processo de **interiorização** e de **urbanização**, contribuindo para o desenvolvimento de um **mercado interno**. Nos centros urbanos, as moradias eram, em geral, de casas térreas, pequenas, feitas de materiais como barro, pedra ou madeira, e abrigavam a população mais pobre.

A elite da sociedade mineradora, por sua vez, habitava em casas maiores, geralmente de dois andares, construídas de pedras fixadas com argamassa. Já os escravizados residiam em senzalas, ao lado da moradia dos senhores.

A riqueza proporcionada pela extração de ouro e de diamantes e o dinamismo crescente dos núcleos urbanos contribuíram para o desenvolvimento de atividades culturais nas vilas e cidades mineiras.

Em muitas delas, intelectuais se reuniam para discutir literatura, filosofia e acontecimentos políticos na Europa e na América e, também, para criticar o domínio da Metrópole sobre a Colônia.

arraial: pequeno povoado, de caráter temporário, formado em função de atividades extrativistas como o garimpo de ouro e de diamantes.

▼ Joaquim Lopes de Barros Cabral Teive. *Tropeiro de Minas*, cerca de 1840. Litografia, aquarela, lápis de cor e goma arábica sobre papel. Os tropeiros e os boiadeiros desempenhavam importantes funções para a conexão entre os diferentes povoados do interior da Colônia, levando não só mercadorias e as tropas de bois, mas também notícias e costumes de um lugar para outro.

DIVERSIDADE CULTURAL E DESIGUALDADES SOCIAIS

A experiência da colonização em um contexto urbano, com a formação de uma rede de vilas e cidades próximas das áreas de mineração, proporcionou o desenvolvimento de uma sociedade caracterizada pela multiplicidade cultural. Esse ambiente urbano permitia que pessoas de origens diversas convivessem nos espaços públicos.

Apesar da grande quantidade de libertos, a **população escravizada** formava o maior grupo social da região mineradora. Entre 1698 e 1770, cerca de 340 mil africanos escravizados chegaram à região das minas. Eles eram obrigados a entregar determinada porção de ouro extraído a seus proprietários e, se encontrassem uma quantidade maior que a estipulada, poderiam ficar com o excedente e, eventualmente, comprar a própria alforria. Houve também escravizados que, resistindo ao trabalho compulsório, organizavam revoltas e fugas e formavam quilombos, recuperando sua liberdade.

Nos centros urbanos, os escravizados exerciam diversas funções, como mecânicos, fabricantes de carroças, músicos, vendedores ambulantes e soldados. Chamados de escravos de ganho, realizavam esses trabalhos em troca de pagamento. Parte do que ganhavam deveria ser entregue aos senhores, e o restante poderia ser usado para comprar a própria liberdade.

Na sociedade mineradora, também havia população livre, composta de pessoas que se dedicavam a diferentes atividades, como o funcionalismo público, o comércio ambulante ou em pequenos estabelecimentos e os ofícios artesanais.

Os africanos alforriados ou os que haviam comprado a própria liberdade e seus descendentes também faziam parte dessa população, embora enfrentassem preconceito e marginalização maiores do que os profissionais não negros. Esse grupo de trabalhadores livres formava a **camada social intermediária** da sociedade mineradora.

Em contraste com esses grupos sociais, havia a **elite**, formada por pessoas com fortuna proveniente da mineração e de outras atividades, como a pecuária, o comércio e a administração metropolitana. Apenas os homens dessa camada social participavam da política e da administração local, enquanto o restante da população permanecia excluído do poder.

quilombo: lugar de refúgio de africanos e seus descendentes que escapavam da situação de escravidão imposta nos engenhos ou nas fazendas, entre os séculos XVI e XIX. Neles, também podiam viver grupos indígenas, mestiços e pessoas brancas pobres.

▼ Frederico Guilherme Briggs. *Mulher negra com tabuleiro de frutas na cabeça*, cerca de 1830. Gravura. Na categoria de escravos de ganho, destacavam-se as quitandeiras, que eram mulheres negras livres que realizavam o comércio ambulante de alimentos. Pela natureza do trabalho que desempenhavam, muitas vezes auxiliavam outros escravizados na organização de fugas (estabelecendo redes de comunicação) e no comércio com os quilombolas (habitantes dos quilombos).

AS IRMANDADES RELIGIOSAS

As irmandades religiosas surgiram na Europa durante a Idade Média. Muito comuns em Portugal, foram difundidas na América portuguesa e contribuíram para valorizar a religiosidade entre os leigos, difundir o culto a alguns santos e auxiliar os missionários no trabalho de catequização.

Na Colônia, a formação dessas irmandades foi facilitada pelo crescimento repentino das vilas, pois as paróquias existentes nem sempre comportavam o grande número de fiéis que chegavam, e a Coroa não havia autorizado a formação de conventos e de ordens religiosas na região.

Esses grupos, portanto, prestavam assistência a pessoas necessitadas, como viúvas e órfãos, e providenciavam os funerais de seus membros. Além disso, organizavam cerimônias, festas e outras atividades, certamente uma das raras oportunidades de convívio social e de entretenimento para a comunidade.

Em suma, a diversificada sociedade colonial encontrava apoio e aceitação nesses grupos. Havia irmandades para cada grupo social. No caso dos escravizados e dos libertos, essas associações garantiam ajuda mútua a seus membros em momentos de dificuldade. Entre eles era comum a devoção a Nossa Senhora do Rosário, a Nossa Senhora da Conceição e a São Benedito.

Na região das minas, as irmandades mais populares eram a de Nossa Senhora do Rosário e a do Santíssimo Sacramento. Já as Santas Casas de Misericórdia foram o tipo de irmandade mais difundido em toda a Colônia. Elas eram responsáveis pela construção e administração de hospitais e prestavam serviços de assistência social à população pobre e doente. Muitos dos hospitais construídos naquela época existem até hoje.

▼ Jean-Baptiste Debret. *Enterro de uma mulher negra*, 1826. Aquarela. As irmandades religiosas ajudavam seus membros de diversas maneiras, inclusive na organização de cortejos fúnebres e enterros.

O PATROCÍNIO DAS ARTES

Desde o início das atividades mineradoras, as irmandades religiosas patrocinaram as obras de arte, responsabilizando-se pela formação e contratação de artistas plásticos, escritores e músicos e pela construção, decoração e manutenção das igrejas. O luxo e a beleza das igrejas resultavam de uma competição entre as irmandades, cujo prestígio social se manifestava nas obras artísticas e nas festas religiosas que organizavam.

Os projetos aprovados das igrejas que seriam construídas eram expostos para a população, em uma espécie de concorrência. Em geral, os empreiteiros tinham oficina própria e executavam o trabalho com a ajuda de outros artesãos e de escravizados.

TRADIÇÃO MUSICAL MINEIRA

As cidades e vilas mineiras sempre tiveram seu cotidiano marcado pela música. Tanto as irmandades quanto os órgãos públicos contratavam músicos e encomendavam composições exclusivas para suas festas e comemorações. Essa prática deu origem a uma forte tradição musical em Minas Gerais.

Devido à competição existente entre as irmandades, os músicos mineiros tinham a preocupação constante de compor obras novas. Assim, para garantir sua sobrevivência, mantinham-se atualizados quanto aos estilos predominantes na Europa. Além disso, os músicos eram profissionais autônomos e muitos viviam exclusivamente de seu ofício. Registros indicam a presença de mais de mil deles na região mineradora, no final do século XVIII. Entre os de maior destaque está **José Joaquim Emérico Lobo de Mesquita** (1746-1805), considerado um dos mais importantes compositores brasileiros de música sacra e erudita daquele século.

Além da música sacra, compunham-se obras de outros gêneros, como peças musicais de concerto, ópera e teatro. No atual município de São João del Rei (MG), há dois grupos musicais ativos que têm sua origem nas atividades de irmandades religiosas no século XVIII: a Orquestra Ribeiro Bastos, fundada em 1790, e a Orquestra Lira Sanjoanense, fundada em 1776. Ambas atuam em missas e cerimônias religiosas.

> **PARA EXPLORAR**
>
> **Uma vida no Reinado de Nossa Senhora do Rosário**
>
> Saiba mais sobre as tradições da Irmandade de Nossa Senhora do Rosário, do bairro do Jatobá, atual Minas Gerais. Nesse vídeo, produzido pelo projeto Saberes Plurais Museu Virtual, da Universidade Federal de Minas Gerais (UFMG), o Capitão Expedito da Luz Ferreira conta a história dessa irmandade, suas principais práticas e algumas de suas preocupações, como a falta de interesse dos jovens da comunidade pelas tradições. Disponível em: https://www.ufmg.br/proex/cpinfo/saberesplurais/videos/expedito/. Acesso em: 20 jan. 2023.

▼ Luis Bartholomeu Calcagno. Músicos durante Festa do Divino, na paróquia de Nossa Senhora da Abadia de Bom Sucesso, em Monte Alegre (MG). Foto de 1875. À medida que a produção do ouro aumentava e, consequentemente, cresciam as vilas e as cidades, surgiam mais músicos. Muitos deles eram descendentes de indígenas e de africanos, e a atividade artística se tornou uma das formas de ascenderem socialmente.

O BARROCO COLONIAL

As riquezas geradas pela mineração permitiram o desenvolvimento de um estilo artístico, literário e arquitetônico na América portuguesa que ficou conhecido como **Barroco colonial**.

Surgido na Europa no século XVII, o Barroco foi difundido na Colônia, sobretudo no século XVIII, onde desenvolveu estilo próprio, muito ligado à religiosidade católica. Esse estilo caracterizava-se pela variedade de elementos decorativos, como os entalhes, as colunas espiraladas e os motivos florais e curvilíneos. Nas regiões de mineração, que eram áreas mais isoladas, era preciso utilizar os materiais disponíveis no local para as construções, o que resultou em um estilo arquitetônico bastante original nessas cidades.

Entre os principais artistas do Barroco brasileiro estão Antônio Francisco Lisboa (1738-1814), o **Aleijadinho**, Manuel da Costa Ataíde (1762-1830), o **Mestre Ataíde**, e Valentim da Fonseca e Silva (1745-1813), o **Mestre Valentim**.

O conjunto arquitetônico e escultórico do Santuário de Bom Jesus de Matosinhos, em Congonhas (MG), reconhecido como Patrimônio Cultural Mundial pela Unesco em dezembro de 1985, é de autoria de Aleijadinho. Na escadaria do santuário estão suas obras mais famosas: as esculturas dos doze profetas do Antigo Testamento (veja foto em detalhe). Os ornamentos da fachada da igreja de São Francisco de Assis também são atribuídos a Aleijadinho. Já o teto da nave dessa igreja foi pintado por Mestre Ataíde (veja o detalhe na foto à esquerda).

▲ Aleijadinho. *Profeta Isaías*, cerca de 1805. Detalhe de escultura em pedra-sabão. Essa é uma das peças do conjunto escultórico *Doze profetas*, que ornamenta as escadarias do Santuário de Bom Jesus de Matosinhos, em Congonhas (MG). Foto de 2021.

Fachada da igreja de São Francisco de Assis, em Ouro Preto (MG), construída no século XVIII. Foto de 2020. No detalhe, a pintura *Nossa Senhora cercada de anjos músicos*, feita em 1801 por Mestre Ataíde, que decora o teto da nave dessa igreja.

ATIVIDADES

Retomar e compreender

1. Qual era o papel das irmandades criadas na sociedade mineradora do século XVIII?

Aplicar

2. O texto desta atividade propõe uma nova perspectiva sobre a questão indígena durante o período de mineração na América portuguesa, em contraposição à abordagem da historiografia tradicional.

> [...] Ao nomear os índios coloniais com [...] categorias de mestiçagem [...], [os colonos] aproveitavam a brecha na legislação que não impedia o cativeiro de mestiços e, com esse expediente, legitimavam a escravidão. Se não fora pela insistência dos índios coloniais, resolutos em acionar a justiça colonial para garantir o reconhecimento de sua origem indígena, certamente teriam permanecido na escravidão.
> [...]
> [...] Ao reafirmarem sua procedência indígena, aqueles homens rejeitaram a condição de mestiços e, por consequência, a de cativos. [...] Na sociedade escravista mineira, em que a liberdade era um marco diferenciador social, evocar a origem indígena [...] congregou para aqueles homens uma mesma condição – a de homens livres [...]. Por isso, a atuação dos índios coloniais ajudou a aprofundar toda a complexidade e contradição da escravidão em Minas. [...]
>
> Maria Leônia Chaves de Resende; Hal Langfur. Minas Gerais indígena: a resistência dos índios nos sertões e nas vilas de El-Rei. *Revista Tempo*, v. 12, n. 23, 2007. Disponível em: http://www.scielo.br/pdf/tem/v12n23/v12n23a02. Acesso em: 20 jan. 2023.

a) O texto trata de qual aspecto do processo de dominação colonial sobre os indígenas?
b) Que estratégia os colonos utilizavam para legitimar a escravidão indígena?
c) Explique como se deu a resistência indígena diante dessa situação.
d) Por muito tempo, os indígenas foram marginalizados. Em sua opinião, os preconceitos que os indígenas ainda sofrem e as dificuldades que ainda enfrentam para estabelecer seus direitos têm relação com os acontecimentos do passado? Explique.

3. Forme dupla com um colega. Leiam o texto desta atividade, escrito no início do século XVIII, e, depois, respondam às questões.

> A sede insaciável de ouro estimulou a tantos a deixarem suas terras e a meterem-se por caminhos tão ásperos como são os das Minas, que dificultosamente se poderá dar conta do número das pessoas que atualmente lá estão. Contudo, os que assistiram nelas nestes últimos anos [...] dizem que mais de trinta mil almas se ocupam, umas em catar, e outras em mandar catar nos ribeiros do ouro, e outras em negociar [...] mais que nos portos do mar.
> Cada ano vem nas frotas quantidade de portugueses e de estrangeiros para passarem as Minas. Das cidades, vilas, recôncavos e sertões do Brasil vão brancos, pardos e pretos e muitos índios de que os paulistas se servem. A mistura é de toda a condição de pessoas: homens e mulheres, moços e velhos, pobres e ricos, nobres e plebeus, seculares e clérigos, e religiosos de diversos institutos, muitos dos quais não têm no Brasil convento nem casa.
>
> André João Antonil. *Cultura e opulência do Brasil por suas drogas e minas*. São Paulo: Edusp, 2007. p. 226-227.

a) Segundo o autor do texto, de que se ocupavam as pessoas que foram para as minas com "sede insaciável de ouro"?
b) Por que o autor descreve os indígenas como aqueles "de que os paulistas se servem"?
c) Retomem o conteúdo do capítulo e expliquem as funções que brancos, pardos, negros e indígenas, citados no texto, exerciam na sociedade mineradora.
d) Como vocês caracterizariam a sociedade mineira da época com base na leitura desse texto?

4. **SABER SER** No município em que você mora, há irmandades religiosas? E construções com características barrocas? Converse com os adultos da comunidade ou realize uma busca em publicações impressas ou digitais para descobrir. Escreva suas descobertas em tópicos e suas opiniões sobre elas. Em uma data combinada, compartilhe suas descobertas com os colegas.

249

CONTEXTO

PRODUÇÃO ESCRITA

Biografia

Proposta

Nesta unidade, conhecemos os movimentos de interiorização da Coroa portuguesa, a partir do século XVII, a atuação catequizadora das Missões Jesuíticas nos territórios indígenas e as estratégias de resistência dos povos nativos ao domínio europeu. Também analisamos as expressões artísticas do período, como o Barroco. Diversos artistas e pensadores que se destacaram nesse movimento eram pessoas negras. Embora houvesse escravidão no período, elas conseguiram se expressar e conquistar a liberdade e certa mobilidade social.

Nessa seção, você e a turma vão aprofundar os conhecimentos de vocês sobre esse grupo. Para isso, cada estudante vai escrever uma breve biografia sobre um dos artistas ou pensadores negros cujas trajetórias aconteceram no período do **Barroco brasileiro**.

O texto biográfico é um gênero narrativo escrito usualmente em 3ª pessoa, que se caracteriza por relatar a história de vida de alguém. A escrita de uma biografia precisa levar em conta o tempo real dos acontecimentos, os fatos marcantes da vida da pessoa biografada, bem como o contexto histórico e social em que ela esteve inserida. É fundamental que a biografia contenha os principais dados pessoais do biografado, como data de nascimento e morte (se for o caso de biografia póstuma), vínculos familiares, locais de vivência, principais feitos e realizações.

Público-alvo	Pessoas interessadas em conhecer a presença negra no Barroco brasileiro.
Objetivo	Relatar e tornar conhecida a história de vida de artistas negros dos séculos XVII e XVIII.
Circulação	Entre os colegas da turma.

Planejamento e elaboração

1 Leia um trecho da biografia de Chica da Silva, escrita por Júnia Ferreira Furtado.

A trajetória de Chica da Silva teve como palco o Arraial do Tejuco, atual cidade mineira de Diamantina, e seus arredores na capitania das Minas Gerais, nos confins do Império Português.

[...]

Chica da Silva, nascida entre 1731 e 1735, era filha de Maria da Costa, escrava negra, e de Antonio Caetano de Sá, homem branco. Apesar de vários documentos ajudarem a esclarecer sua origem, há perguntas que continuam sem resposta. Nascida escrava, essa condição e posteriormente a de forra sempre estiverem associadas a seu nome nos registros encontrados.

Dalton de Paula. *Chica da Silva*, 2020. Óleo e folha de ouro sobre tela. Diversas personalidades negras do Barroco não foram retratadas nas obras da época. Assim, atualmente, há um importante movimento que busca retratá-las.

Nascida no arraial do Milho Verde, quando sua mãe ainda era escrava de Domingos da Costa, a própria Chica afirmou que "era filha de Maria da Costa e pai incógnito, nascida e batizada na capela de Nossa Senhora dos Prazeres [...] desta freguesia da Vila do Príncipe".

[...]

Vários documentos atestam que Chica da Silva era mestiça, ora descrita como parda, ora como mulata, filha de uma negra com um branco. Enquanto os africanos eram designados pela nação de origem na África, os escravos nascidos no Brasil eram classificados de acordo com a cor, e não pelo local de nascimento. [...]

Júnia Ferreira Furtado. *Chica da Silva e o contratador dos diamantes*: o outro lado do mito. São Paulo: Companhia das Letras, 2003. p. 27-49.

2 Após a leitura do texto, anote os seguintes pontos observados: em que período da história do Brasil acontecem os fatos narrados da vida de Chica da Silva; o tempo e o espaço histórico retratados na biografia e suas conexões com o surgimento do Barroco brasileiro; o tempo narrativo e a linguagem utilizada pela autora; o título da obra e seus significados.

3 Em seguida, compartilhe com os colegas as suas intepretações sobre a vida de Chica da Silva e a importância de conhecermos mais a vida de personagens como ela.

4 De modo coletivo, você e a turma devem investigar quais foram os principais artistas e intelectuais negros do Barroco brasileiro, para montar uma lista. Com base nela, escolha um deles para biografá-lo.

5 Aprofunde sua pesquisa sobre a vida e a trajetória da personagem, atentando-se para as formas de resistência empreendidas por ela diante do contexto escravista da época. Por fim, escreva a biografia da pessoa escolhida. O texto deve possuir título e ter entre 30 e 50 linhas.

Revisão e reescrita

1 Ao final da escrita, forme dupla com algum colega para realizar uma leitura cruzada das biografias escritas por vocês. Atentem-se para:
- A escolha do título e a pertinência ao texto escrito.
- Dados e informações apresentadas sobre a vida da pessoa biografada. São plausíveis?
- Descrição do tempo, espaço e contexto histórico em que viveu o biografado.
- A linguagem está clara, coesa? O texto é narrativo e foi escrito em 3ª pessoa?

2 Ao terminar a leitura do texto do colega, faça apontamentos sobre o que precisa ser modificado/corrigido, e acolha a leitura de seu texto feita por ele, reescrevendo-o realizando as correções sinalizadas.

Circulação

- Com os textos prontos, cada estudante deverá preparar uma breve apresentação sobre o biografado escolhido e exibi-la à turma. O uso de recursos como imagens, fotos, vídeos e áudios, podem tornar a apresentação mais atraente.

251

INVESTIGAR

Desigualdade social

Para começar

A desigualdade social é um problema que atinge grande número de países. Não é uma realidade exclusiva de nações em desenvolvimento, uma vez que afeta também aquelas consideradas ricas.

Há séculos, o mundo vivencia o acúmulo de riquezas por um pequeno grupo de pessoas, sem grandes incentivos para a distribuição desses recursos. De acordo com uma pesquisa divulgada em 2022 pela Oxfam, organização não governamental britânica, a riqueza dos dez homens mais ricos do mundo dobrou nos dois primeiros anos da pandemia de covid-19, enquanto a renda de 99% da humanidade foi seriamente prejudicada. Essa pesquisa também revela que a desigualdade social causa danos diretos a todos nós e, principalmente, às pessoas em situação de pobreza, às mulheres e meninas e aos grupos racializados.

A concentração de renda gera a desigualdade social, pois faz com que alguns grupos sociais vivam em condições piores do que outros e que apenas um pequeno grupo tenha acesso a boas condições de vida.

As comunidades vulnerabilizadas vivem sob essas condições por questões históricas, relacionadas ao gênero, à etnia, à religião, ao local de nascimento, etc. Os contrastes sociais podem ser observados na diferença entre os grupos no que diz respeito ao acesso à saúde, à educação, à habitação, ao lazer e ao trabalho, entre outros fatores.

O problema

Como se originou e como se manifesta a desigualdade social no Brasil?

A investigação

- **Prática de pesquisa**: construção e uso de questionário.
- **Instrumentos de coleta**: registros institucionais (por exemplo, pesquisas do IBGE) e de ONGs.

Material

- artigos, reportagens e relatórios pesquisados em livros, jornais, revistas ou na internet
- canetas hidrográficas, lápis de cor, borracha
- folhas de papel avulsas

Procedimentos

1. Organizem-se em grupos de quatro ou cinco integrantes.
2. Pesquisem o conceito de desigualdade social e como essa desigualdade pode ser observada no dia a dia dos brasileiros.

3. Procurem dados atuais sobre a desigualdade social no Brasil. Complementem a pesquisa com imagens, gráficos e letras de músicas que retratem a desigualdade no país.

4. Observem a realidade do município onde vivem. Conversem com seus pais ou responsáveis ou familiares e realizem entrevistas em sua comunidade para verificar se todos os moradores da região têm acesso fácil e de qualidade à saúde, à educação, ao transporte e à moradia (por exemplo), independentemente do bairro onde residam.

5. Com a ajuda do professor, construam uma ficha com a identificação dos entrevistados, as perguntas com os temas elencados no item anterior e as possibilidades de resposta. Ela pode ser copiada ou impressa.

6. Após o levantamento dessas informações, compartilhem com a turma suas descobertas. Muitas vezes, informações coletadas por um grupo podem complementar a pesquisa de outros grupos. Lembrem-se de citar as fontes das pesquisas (publicações escritas e entrevistas).

Questões para discussão

1. O Brasil pode ser considerado um país com grande desigualdade social?
2. As desigualdades sociais no Brasil se manifestam de que forma no cotidiano das pessoas?
3. Existem grupos que são mais atingidos pela desigualdade social no país do que outros? Em caso afirmativo, quais são eles?
4. Com base nas informações levantadas e nos conteúdos vistos até o momento, vocês consideram que a desigualdade social brasileira pode ser explicada pela história de nosso país? Expliquem.
5. De acordo com as discussões realizadas, há meios de combater essa desigualdade? Em caso afirmativo, quais seriam esses meios?
6. Após a pesquisa, vocês acreditam que é importante estudar esse tema? Por quê?
7. As ideias sobre desigualdade social que vocês tinham antes da pesquisa se mantiveram ou vocês mudaram de opinião em algum aspecto?

Comunicação dos resultados

A partilha das informações obtidas é fundamental para que todos possam ter acesso aos conteúdos levantados. Essa etapa se iniciou quando, reunidos, você e os colegas apresentaram os resultados da pesquisa. Para compartilhar e divulgar esses dados, façam panfletos em quantidade suficiente para distribuir aos demais estudantes da escola ou a outros membros da comunidade escolar e do bairro. Outra opção possível é produzir, com o auxílio do professor, um *blog* da turma para a divulgação virtual do material.

ATIVIDADES INTEGRADAS

Retomar e compreender

1. Como se desenvolveu o mercado interno nos centros urbanos de Minas Gerais? Explique.

2. Formule uma explicação para a seguinte afirmativa: A sociedade mineradora foi uma sociedade miscigenada e com profundos contrastes econômicos.

Aplicar

3. Forme dupla com um colega. Leiam a tabela desta atividade e respondam às questões.

PREÇO APROXIMADO, EM RÉIS, DE ALGUMAS MERCADORIAS EM MEADOS DO SÉCULO XVIII		
Mercadoria	São Paulo	Minas Gerais
1 alqueire de farinha de mandioca	640	43 000
1 libra de açúcar*	120	1 200
1 caixa de marmelada	240	3 600
1 galinha	160	4 000
1 queijo da terra	120	3 600
1 queijo flamengo	640	19 200
1 boi de corte	2 000	120 000
1 cavalo	10 000	120 000

Fonte de pesquisa: Affonso Taunay. História geral das bandeiras paulistas. Em: Antonio Mendes Júnior e outros. *Brasil história* – texto e consulta, v. 1: Colônia. São Paulo: Brasiliense, 1976. p. 246.

*1 libra equivale a 0,45 quilograma.

a) Comparem os preços das mercadorias em São Paulo e em Minas Gerais no século XVIII. Formulem uma hipótese para explicar por que havia diferença de preços entre as duas localidades.

b) De que forma a atividade comercial modificou os caminhos que levavam à região das minas nesse período? Levantem hipóteses.

c) Em interdisciplinaridade com Matemática, escolham um dos itens da tabela e calculem a diferença no valor do produto.

4. Leia o texto para responder às questões.

[...] O pavor de potenciais levantes de escravos ecoava nos escritos de administradores coloniais de todos os níveis − desde governadores portugueses até os oficiais das câmaras locais. Mas Minas não parece ter sido afligida por mais revoltas que as demais regiões da América portuguesa. Desde o início da ocupação das áreas mineradoras houve quilombos; afinal, o terreno montanhoso e as densas matas que se espraiavam pelos vales do território mineiro constituíam um ambiente perfeito para o estabelecimento de comunidades de cativos foragidos. Ao mesmo tempo, alguns quilombos conseguiam florescer em espaços considerados urbanos. Enquanto na área central de mineração o pico da ameaça quilombola teria ocorrido justamente no auge da produção aurífera, ou seja, nas décadas de 1730 e 1740, o maior e mais longevo desses agrupamentos estabeleceu-se na região ocidental da serra da Canastra, e era conhecido como o Quilombo do Ambrósio.

Douglas Cole Libby. Mineração escravista. Em: *Dicionário da escravidão e liberdade*: 50 textos críticos. São Paulo: Companhia das Letras, 2018. p. 319-320.

a) Quais fontes históricas citadas no texto indicam o pavor da elite branca na região das minas?

b) O texto chama a atenção para uma forma de resistência dos escravizados no período. Que forma de resistência é essa?

Analisar e verificar

5. Leia o texto sobre a vida das mulheres negras na região das minas. Depois, responda às questões.

> Nos centros urbanos, as escravas se destacaram no pequeno comércio de varejo. Novidade para elas? Não. Nas sociedades tradicionais africanas as mulheres eram encarregadas das tarefas de alimentação e distribuição de gêneros de primeira necessidade. [...] Em regiões de maior resistência ao regime escravista, como Minas Gerais, Rio de Janeiro e Bahia, negras vendeiras levavam recados de quilombolas, ajudavam a traficar ouro roubado e preveniam fugitivos e bandoleiros sobre os movimentos das tropas. Constituíam-se num eficaz fio condutor de notícias sobre a ação repressiva das autoridades. [...]
>
> No século XVIII, o número de mulatas e de negras livres e alforriadas era bastante expressivo na região das minas. Testamentos mineiros desse período, por exemplo, revelam que muitas delas enriqueceram, legando aos seus descendentes "chãos de terra", propriedades imobiliárias, escravos e joias de ouro e coral. [...]
>
> Mary del Priore. *Mulheres no Brasil colonial*. São Paulo: Contexto, 2000. p. 18-20.

  a) Quais eram as principais atividades desenvolvidas pelas mulheres negras na região das minas?
  b) Qual era a relação dessas mulheres com os grupos de resistência existentes no local?
  c) Escreva um parágrafo relacionando as atividades citadas no texto e o papel das mulheres nas sociedades africanas, que você estudou na unidade 1.

6. O projeto de interiorização do território colonial contribuiu para a formação de povoados, vilas e capitanias, como Minas Gerais. Leia o trecho da reportagem e responda às questões.

> [...] Era manhã de 21 de julho de 1674, o sábado que entrou para a história como o dia em que a bandeira de Fernão Dias Pais [...] partiu da hoje São Paulo para iniciar a formação de Minas Gerais [...].
>
> [...] A bandeira fundou povoados que deram origem a cidades de diferentes portes. A primeira é Ibituruna, no sul do estado. [...]
>
> Já no Vale do Jequitinhonha, a expedição contribuiu para a formação de Itacarambira e Itamarandiba. [...] em 1720, diante da proliferação de vilas e povoados, a Coroa portuguesa decidiu criar a Capitania de Minas Gerais. [...]
>
> Paulo Henrique Lobato. Bandeira de Fernão Dias em busca de esmeraldas, que deu origem a Minas, completa 340 anos. *Estado de Minas*, 28 jul. 2014. Disponível em: https://www.em.com.br/app/noticia/economia/2014/07/28/internas_economia,552526/bandeira-de-fernao-dias-em-busca-de-esmeraldas-que-deu-origem-a-minas-completa-340-anos.shtml. Acesso em: 20 jan. 2023.

  a) Qual foi o papel dos indígenas em expedições como a organizada pelo bandeirante Fernão Dias?
  b) O texto menciona o legado econômico deixado pela bandeira de Fernão Dias. Aponte as consequências desse tipo de expedição para as populações indígenas.
  c) O município em que você vive se originou de alguma bandeira? Levante informações sobre a história da formação do município em publicações impressas ou digitais. Depois, sintetize suas descobertas em um texto.

Criar

7. Observe a cena retratada e, em interdisciplinaridade com Artes, faça uma releitura dela, representando o cotidiano das pessoas que vivem, atualmente, nas antigas áreas de mineração do período colonial. Sua imagem pode ser feita em papel ou em um aplicativo digital. Ao final, escolha um título para ela.

Jean-Baptiste Debret. *Casa para alugar, cabra e cavalo para venda* (1835). Litografia colorida.

255

CIDADANIA GLOBAL

UNIDADE 9

12 CONSUMO E PRODUÇÃO RESPONSÁVEIS

Retomando o tema

Ao longo desta unidade, você estudou o processo de expansão da colônia promovido pela pecuária, pelas expedições exploratórias, pelas missões religiosas e pela corrida do ouro.

A descoberta de ouro em Minas Gerais e, posteriormente, nas regiões dos atuais estados de Goiás e Mato Grosso resultou na formação de uma sociedade urbana. A riqueza, porém, contemplava poucos, e esse grupo privilegiado reforçava seu *status* social por meio do consumo de produtos de luxo, importados da Europa.

1. No período colonial, quais produtos eram considerados de luxo?
2. Que produtos são considerados de luxo atualmente? Como o consumo desenfreado desse tipo de produto prejudica a sociedade e o meio ambiente?

Geração da mudança

- A turma deve se organizar em grupos de quatro integrantes. Cada grupo vai escolher um dos produtos de luxo citados no item 2 e investigar seu processo de produção, o modo como é consumido, a média de preço, o público consumidor, as formas de descarte e seus impactos para a sociedade e para o meio ambiente.

- Com base nas descobertas, os grupos vão construir diagramas que mostrem o ciclo de vida do produto investigado. Para isso, selecionem um aplicativo de edição de apresentações digitais e selecionem a configuração mais adequada para dispor as informações coletadas.

- Compartilhem os diagramas com os outros grupos e conversem sobre as principais descobertas de vocês, contribuindo para a conscientização da turma sobre a importância do consumo consciente.

Autoavaliação

PREPARE-SE!

PARTE 1

Questão 1

Leia o texto a seguir.

> A invasão islamista no norte do Mali pôs em risco de destruição milhares de manuscritos de Tombuctu, documentos históricos sem preço, que relatam a busca pelo conhecimento no mundo islâmico há muitos séculos. Mas os documentos foram salvos. Tudo graças a Abdel Kader Haidara, a quem, por esse feito, a Alemanha entregou o Prémio de África na edição de 2014.
>
> Yaya Konaté. Nova vida para os manuscritos de Tombuctu, *Deutsche Welle*, 2 mar. 2017. Disponível em: https://www.dw.com/pt-002/nova-vida-para-os-manuscritos-detombuctu/a-37790350. Acesso em: 23 jan. 2023.

De acordo com o texto, os documentos históricos de Tombuctu, cidade do Mali, na África Ocidental, são importantes por terem relação com o mundo islâmico. Considerando seus conhecimentos sobre esse tema, essa relação se deu porque

a) a cidade de Tombuctu era vizinha de Meca, cidade sagrada dos muçulmanos, o que facilitou o contato entre seus habitantes.

b) Tombuctu tornou-se um lugar de refúgio para muçulmanos que não queriam estudar o Alcorão, uma vez que o islamismo era proibido no Império do Mali.

c) em Tombuctu, foi construída a maior mesquita de adobe do mundo, o que atraiu muitas escolas islâmicas de religião e de direito para essa cidade.

d) o Império do Mali perdeu o controle das minas de ouro e de sal para os muçulmanos, que passaram a controlar a cidade de Tombuctu e a impor o estudo do Alcorão a seus habitantes.

e) durante o período do Império do Mali, Tombuctu foi um polo cultural onde se estudavam, por exemplo, o Alcorão, astronomia, história, matemática, o que atraiu intelectuais árabes de diferentes regiões.

Questão 2

Observe a imagem.

▲ Detalhe de mapa catalão, datado de 1375.

Com base na imagem, pode-se afirmar que

a) o continente africano era completamente desconhecido pelos europeus até a expansão marítima.

b) o contato de povos e produtos africanos com os dos demais continentes se deu apenas a partir da Idade Moderna.

c) o continente africano tinha poucos reinos e impérios, organizados em pequenas aldeias e tribos.

d) o Império do Mali foi um dos mais prósperos do continente africano, cujo auge se deu com Mansa Mussa.

e) o conflito com os árabes impedia a circulação de produtos africanos com os povos do Oriente, Europa e Ásia.

Questão 3

Observe o mapa.

África Saariana e Subsaariana (séculos XI a XVI)

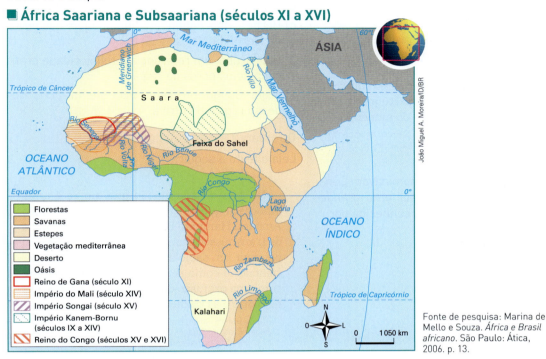

Fonte de pesquisa: Marina de Mello e Souza. *África e Brasil africano*. São Paulo: Ática, 2006. p. 13.

Apesar das difíceis condições climáticas da região, a integração das economias locais e regionais africanas por meio do Sahel durante os séculos XI ao XVI foi essencial para o desenvolvimento de

a) importantes reinos e impérios pastoris e comerciantes, como o de Gana, o do Mali e o Songai.

b) uma população homogênea, formada por pessoas de um único grupo.

c) uma cultura hostil, que construiu uma muralha que circulava todo o deserto do Saara.

d) importantes rotas comerciais, cuja principal atividade era a compra e a venda de palmeiras.

e) um império que dominou todo o continente africano por mais de um milênio.

Questão 4

Leia o texto a seguir.

> Na variante mais divulgada do mito, diz-se que Olodumaré ou Olorum, o deus supremo, lançou, do céu até as águas ou pântanos que lhe ficavam abaixo, uma corrente, pela qual fez descer Odudua, com um pouco de terra num saco ou numa concha de caracol, uma galinha e um dendezeiro. Odudua derramou sobre a água a terra, e nesta colocou a palmeira e a ave. A galinha começou imediatamente a ciscar o solo e a espalhá-lo, aumentando cada vez mais a extensão da terra. Daí o nome que tomou o lugar onde isto se deu: Ifé, o que é vasto, o que se alarga.
>
> Alberto da Costa e Silva. *A enxada e a lança*: a África antes dos portugueses. Rio de Janeiro: Nova Fronteira, 2011. p. 479-480.

Diversos povos viviam na região abaixo do Sahel, inclusive aqueles aos quais a mitologia do texto se refere. Próximos ao litoral e a oeste do rio Níger, nas áreas que hoje correspondem a países como Togo, Benin, Nigéria e Serra Leoa, habitavam

a) os povos Bantu.

b) os povos Iorubá.

c) os almorávidas.

d) os povos do Mali.

e) o povo Songai.

Questão 5

Leia o texto e, em seguida, assinale a alternativa que completa corretamente a frase indicada.

> O império português, que o Brasil integrou de 1500 a 1822, espalhou-se por todos os continentes ao longo de quase seis séculos. [...] Sobretudo marítimo e comercial, o império constitui-se rapidamente – em 1517 os portugueses já estavam em Cantão, do outro lado do mundo [...].
>
> Janaína Amado; Luiz Carlos Figueiredo. *O Brasil no Império português*. Rio de Janeiro: Zahar, 2001. p. 11-12.

Em 1517, quando os portugueses dominavam Cantão, na China, a Igreja passava por uma grande mudança estrutural que se tornou conhecida por

a) Concílio de Trento.

b) Quinto Concílio de Latrão.

c) Tribunal do Santo Ofício.

d) Reforma Protestante.

e) Contrarreforma.

Questão 6

Leia o texto.

> O fenômeno certamente não passou despercebido. Já os primeiros navegadores portugueses, no início do seculo XVI, foram surpreendidos pelo parentesco linguístico existente entre os habitantes do Reino do Congo e aqueles do litoral oriental do continente. Desde que Wilhem Bleek identificou pela primeira vez, em 1862, o grupo de populações de línguas bantas e batizou esta família com o nome "Bantu", segundo a reconstrução da palavra significando "pessoas", os antropólogos, os linguistas e os historiadores, entre outros, demonstram curioso interesse pela questão banta e esforçam-se para explicar as origens e os movimentos destas populações.
>
> Samwiri Lwanga-Lunyiigo; Jan Vansina. Os povos falantes de banto e a sua expansão. Em: Mohammed El Fasi (ed.). *História geral da África*, v. III: África do século VII ao XI. Brasília: Unesco, 2010. p. 170-171.

Utilizado por pesquisadores alemães no final do século XIX, o termo **Bantu** expressa uma visão de mundo externa e eurocêntrica a respeito desses povos. Alguns pesquisadores atuais preferem chamar essa família linguística de

a) Manicongo, pela sua proximidade do Império do Mali.

b) Songai-Gao, devido a sua origem na cidade de Gao.

c) Berbere-Imazighen, em homenagem aos povos do Norte da África.

d) Oni-Iorubá, em referência à religiosidade praticada pelos povos da região.

e) Níger-Congo, em referência aos grandes rios dessa região da África.

Questão 7

Leia o texto a seguir.

> Na África, cada ancião que morre é uma biblioteca que se queima. A frase, do malinês Amadou Hampâté Bâ, expressa a importância da transmissão oral no continente e a sensação de ouvir um sábio africano relatar suas experiências: é como se vários livros se abrissem, com uma profusão de detalhes, para dar voz às histórias e às tradições locais.
>
> Paulo Daniel Farah. Hampâté Bâ leva oralidade africana ao papel. *Folha de S.Paulo*, 16 set. 2003. Disponível em: https://www1.folha.uol.com.br/fsp/ilustrad/fq1609200312.htm. Acesso em: 24 jan. 2023.

Até meados do século XX, era comum considerar "inferiores" as sociedades que não registravam seus feitos por meio da escrita. Essa perspectiva começou a se transformar na década de 1930, com

a) o esforço das potências europeias, que libertaram suas colônias no continente africano no evento conhecido como Partilha da África, dando voz às tradições locais.

b) a atuação de militantes e de intelectuais africanos, afrodescendentes e apoiadores, que defendiam a importância de se utilizar diferentes manifestações culturais, como a oralidade, para o estudo da História.

c) a união dos países africanos, após o fim da Segunda Guerra Mundial, em um conselho de anciões chamado Liga da África.

d) a descoberta de manuscritos sobre história oral em sítios arqueológicos localizados próximo a antigas rotas comerciais transmarinas.

e) a proibição de estudos de textos escritos nos polos culturais de Djenné e de Tombuctu.

Questão 8

Leia o texto a seguir.

> A expansão da riqueza da burguesia, a sólida organização das cidades mercantes, o progresso das técnicas, o apetite geral de felicidade só poderiam atiçar cada vez mais profundamente a necessidade de saber a que iriam conduzir a crise da ordem que cede e o processo confuso que se consuma. As representações do espaço e do tempo, do mundo e da história estão repletas de obscuridades e contradições, sobre as quais se obstina a ciência e que a imaginação se esforça por dominar.
>
> André Chastel. *Arte e humanismo em Florença*. São Paulo: Cosac & Naify, 2012. p. 442.

O texto descreve um processo histórico conhecido como

a) Revolução Inglesa.
b) o fim do Império Romano.
c) expansão islâmica.
d) Renascimento.
e) segunda fase da Revolução Industrial.

Questão 9

Observe a imagem.

▲ Gravura de Theodor de Bry, publicada em 1528, sobre a chegada de Cristóvão Colombo na América.

Sobre as experiências dos europeus ao encontrar os povos indígenas no continente americano, a partir do século XV, podemos afirmar que

a) a visão estereotipada dos primeiros europeus sobre o continente americano foi influenciada apenas pelas ideias religiosas difundidas pela Igreja católica.
b) os retratos das populações indígenas feitos pelos primeiros europeus que chegaram à América projetavam o pensamento humanista e o descontentamento com a sociedade europeia daquele período.
c) os relatos dos primeiros viajantes demonstram a visão de um período no qual se fundiam o pensamento religioso cristão e o pensamento humanista idílico.
d) a visão contida nos relatos dos primeiros viajantes europeus que chegaram à América era condizente com a realidade das populações indígenas que aqui viviam.
e) apesar de estarem envolvidos pelo pensamento cristão ordenador e punitivo, os primeiros viajantes europeus foram capazes de descrever com precisão o cotidiano das populações indígenas americanas.

Questão 10

Leia o trecho do documento a seguir.

> [...]
> 36. Qualquer cristão verdadeiramente arrependido tem direito à remissão plena de pena e culpa, mesmo sem carta de indulgência.
> [...]
> 41. Deve-se pregar com muita cautela sobre as indulgências apostólicas, para que o povo não as julgue erroneamente como preferíveis às demais boas obras do amor.
> [...]
>
> 95 Teses de Lutero. Biblioteca Nacional Digital. Disponível em: http://objdigital.bn.br/objdigital2/acervo_digital/exposicoes_site/lutero500anosreforma/lutero_95_teses.pdf. Acesso em: 24 jan. 2023.

A partir da leitura do texto e considerando seus conhecimentos sobre a Reforma Protestante, Martinho Lutero, em suas teses

a) protestou contra os abusos cometidos pela Igreja, principalmente em relação à venda de indulgências, à hierarquia eclesiástica e à influência política dos sacerdotes.
b) defendeu a elitização do cristianismo, exigindo a proibição da tradução da Bíblia.
c) defendeu a fundação da Companhia de Jesus, ordem religiosa da qual fez parte.
d) se opôs à autoridade dogmática e à administração dos sacramentos, exigindo a eliminação de todos eles.
e) exigiu a diminuição do poder da Igreja e defendeu a supremacia da autoridade monárquica sobre os assuntos religiosos.

Questão 11

Leia o texto a seguir.

Em 28 de setembro de 1583 Menocchio foi denunciado ao Santo Ofício, sob a acusação de ter pronunciado palavras "heréticas e totalmente ímpias" sobre Cristo. Não se tratara de uma blasfêmia ocasional: Menocchio chegara a tentar difundir suas opiniões, discutindo-as [...] ele não se envergonhava de pregar e dogmatizar. A hostilidade do clero local pode ser facilmente explicada. [...] Menocchio não reconhecia, na hierarquia eclesiástica, nenhuma autoridade especial nas questões de fé. "Que papa, prelado, padres, qual o quê! ". E dizia essas palavras com desprezo, dizia que não acreditava neles [...] De tanto discutir e argumentar pelas ruas e tavernas da cidade, Menocchio deve ter acabado por se contrapor à autoridade do pároco.

Carlo Ginzburg. *O queijo e os vermes*: o cotidiano e as ideias de um moleiro perseguido pela Inquisição. São Paulo: Companhia das Letras, 2006. p. 1-2.

O texto aborda o cotidiano de um moleiro italiano no século XVI. Seu nome era Domenico Scandella, também conhecido por Menocchio, morador de uma aldeia situada no nordeste da atual Itália, quase na fronteira com a Eslovênia. Menocchio sabia ler e escrever, tinha um exemplar do Corão e uma versão vulgar da Bíblia, além de ter tido acesso a outros livros. Foi condenado e morto pela Inquisição. Considerando o período em que Menocchio viveu e sua história pessoal, é possível afirmar que

a) a invenção da imprensa, no século XV, não teve nenhuma influência na trajetória do moleiro italiano.

b) questionamentos com relação às doutrinas católicas tomaram fôlego a partir da eclosão da Reforma Protestante e da posterior tradução de ideias reformistas em diferentes idiomas.

c) o Tribunal do Santo Ofício era parte da estrutura feudal, responsável pela administração das terras da Igreja católica no interior dos feudos.

d) a Inquisição foi uma instituição presente em toda a Europa e teve origem na Idade Moderna com o movimento da Contrarreforma.

e) ele não pode servir como exemplo de estudo de caso, já que é uma personagem de ficção criada por Carlo Ginzburg.

Questão 12

Observe os dados da tabela a seguir.

Vítimas da Inquisição em Évora entre 1536 e 1668	
Pecados	**Número de pessoas**
Judaísmo	7 687
Islamismo	93
Calvinismo	24
Heresia	293
Superstições	11
Bigamia	178
Sodomia	45

Fonte de pesquisa: Évora inaugura memorial aos milhares de vítimas da Inquisição. *Diário de Notícias*, 22 out. 2016. Disponível em: https://www.dn.pt/sociedade/evora-inaugura-memorial-aos-milhares-de-vitimas-da-inquisicao-5456881.html. Acesso em: 24 jan. 2023.

A tabela indica os números de vítimas do Tribunal do Santo Ofício de Évora, em Portugal, entre 1536 e 1668. Com base nesses dados e em seus conhecimentos sobre o tema, analise as afirmações a seguir.

I. A incapacidade de respeitar as diferenças e a intolerância religiosa foram características presentes na sociedade portuguesa entre os séculos XVI e XVII.

II. A Inquisição portuguesa não investigou praticantes de outras religiões, apenas os do catolicismo.

III. O crime de "islamismo" foi a sentença mais aplicada pelo Tribunal do Santo Ofício de Évora, entre os séculos XVI e XVII.

IV. Os judeus representaram quase 90% das vítimas do Tribunal do Santo Ofício de Évora, entre os séculos XVI e XVII.

V. As vítimas de intolerância religiosa praticada pela Igreja católica representaram a menor parcela dos julgados pelo Tribunal do Santo Ofício de Évora, entre os séculos XVI e XVII.

Estão corretas as afirmações

a) II e IV.

b) I e IV.

c) I e V.

d) II e III.

e) II, III e V.

Questão 13

Leia o texto a seguir.

> [...] querendo manter entre os homens o nome de liberal, é preciso não esquecer nenhuma espécie de suntuosidade, de forma tal que um príncipe assim procedendo consumirá em ostentação todas as suas finanças e terá necessidade de, ao final, se quiser manter o conceito de liberal, gravar extraordinariamente o povo de impostos, ser duro no fisco e fazer tudo aquilo de que possa se utilizar para obter dinheiro. Isso começará a torná-lo odioso perante o povo e, empobrecendo-o, fá-lo-á pouco estimado de todos [...]. Portanto, um príncipe deve gastar pouco para não precisar roubar seus súditos, para poder defender-se, para não ficar pobre e desprezado, para não ser forçado a tornar-se rapace [ladrão] [...].
>
> Nicolau Maquiavel. Capítulo XVI – Da liberalidade e da parcimônia. Em: *O príncipe*. p. 61 e 62. Disponível em: http://www.dominiopublico.gov.br/download/texto/cv000052.pdf. Acesso em: 24 jan. 2023.

O príncipe, obra de Nicolau Maquiavel publicada em 1513, é um tratado que descreve as ações políticas de um governante ideal. Sobre isso, é possível afirmar que

a) na qualidade de filósofo expoente do Renascimento e estadista, Nicolau Maquiavel foi o maior expoente do absolutismo e do liberalismo.

b) no século XVI, era preciso conter a influência da Igreja católica nos assuntos políticos. Associado a outros humanistas, Maquiavel tentou, como estadista, eliminar o Estado medieval e organizar as bases para o florescimento de um novo Estado.

c) a situação interna na Europa era preocupante, e crescia vertiginosamente o número de tiranos e déspotas que assumiam o poder e ameaçavam a estabilidade das repúblicas comerciais, como Veneza e Florença.

d) as ideias renascentistas, no tocante à política, orientavam para a construção de Estados onipotentes, que, por intermédio da figura dos governantes, deveriam prover e manter todos os aspectos necessários para a ordem social e o desenvolvimento de práticas liberais.

e) o pensamento maquiavélico impulsionou a existência de déspotas tiranos, os quais aniquilaram toda e qualquer forma de participação e organização popular.

Questão 14

Leia o texto do historiador Perry Anderson.

> As alterações nas formas de exploração feudal sobrevindas no final da época medieval estavam, naturalmente, longe de serem insignificantes. Na verdade, foram precisamente essas mudanças que modificaram as formas do Estado. Essencialmente, o absolutismo era apenas isto: um aparelho de dominação feudal recolocado e reforçado, destinado a sujeitar as massas camponesas à sua posição social tradicional — não obstante e contra os benefícios que elas tinham conquistado com a comutação generalizada de suas obrigações. Em outras palavras, o Estado absolutista nunca foi um árbitro entre a aristocracia e a burguesia, e menos ainda um instrumento da burguesia nascente contra aristocracia: ele era a nova carapaça política de uma nobreza atemorizada.
>
> Perry Anderson. *Linhagens do Estado absolutista*. São Paulo: Brasiliense, 2004. p. 18.

Nesse texto, Anderson contesta uma corrente historiográfica que aponta o nascimento do absolutismo moderno na Europa como um pacto entre a antiga aristocracia feudal e a burguesia ascendente. Assim, a versão proposta por Perry Anderson considera que

a) o sistema político e econômico feudal continuou em pleno funcionamento no interior do absolutismo.

b) o Estado feudal não se diferenciou do Estado moderno e que, apesar de uma fachada nova, o motor condutor do absolutismo era o mesmo em funcionamento desde a Baixa Idade Média.

c) apesar de a aristocracia feudal ter mantido o poder monárquico, a burguesia ascendente foi capaz de legitimar um governante próprio.

d) a aristocracia moderna em nada se assemelhava à medieval. Apesar de o sistema de governo continuar sendo a monarquia, a burguesia foi capaz de eleger seus representantes.

e) a monarquia absolutista foi a continuidade da monarquia feudal. A diferença fundamental da monarquia moderna foi eliminar as relações de suserania.

Questão 15

Leia o texto a seguir.

> Do mesmo modo que o poder, assim também a honra do soberano deve ser maior do que a de qualquer um, ou a de todos os seus súditos. Porque é na soberania que está a fonte da honra. [...] Tal como na presença do senhor os servos são iguais, sem honra de qualquer espécie, assim também o são os súditos na presença do soberano.
>
> Thomas Hobbes. *Leviatã*. Disponível em: http://www.dhnet.org.br/direitos/anthist/marcos/hdh_thomas_hobbes_leviatan.pdf. Acesso em: 8 maio 2023.

O texto de Thomas Hobbes (1588-1679) defende

a) o absolutismo de Luís XIV da França, o Rei Sol.
b) a igualdade entre soberano e súdito.
c) que a soberania absoluta deve ser respeitada por todo e qualquer súdito.
d) a amplitude da concessão de títulos de nobreza.
e) que o rei deve seguir as vontades de seus súditos.

Questão 16

Observe a imagem.

▲ Édouard Debat-Ponsan. *Uma manhã diante da porta do Louvre, 1880*. A pintura representa Catarina de Médici (de vestido preto) caminhando calmamente ao lado de corpos de vítimas do massacre de 1572.

O tema da pintura se refere

a) ao massacre dos huguenotes (protestantes franceses) na "Noite de São Bartolomeu".
b) ao massacre de católicos.
c) a conflitos populares contra o rei Luís XIV.
d) ao massacre de católicos na "Noite de São Bernardo".
e) à reação da população católica contra os Médicis.

Questão 17

Leia o texto a seguir.

> A respeito do que se tem pesquisado sobre os diversos códices mesoamericanos, sabemos que eles atraíram a atenção dos espanhóis e de outros europeus desde datas muito antigas. Foi grande a surpresa desses homens ao saberem da existência de livros em terras do que se conheceu depois como Nova Espanha.
>
> Miguel León-Portilla. *Códices*: os antigos livros do Novo Mundo. Florianópolis: Ed. da UFSC, 2012. p. 13.

Esse texto foi escrito por León-Portilla, historiador mexicano que se dedica ao estudo dos povos mesoamericanos. Em relação aos códices mesoamericanos, podemos dizer que

a) se trata de um gênero literário produzido por indígenas durante o processo de colonização espanhola na Mesoamérica.
b) são manuscritos elaborados no período pré-hispânico sobre acontecimentos cotidianos e históricos e que continuaram a ser produzidos após a conquista espanhola como forma de resistência indígena ou por demanda da administração colonial.
c) são uma produção literária introduzida nas colônias espanholas com o intuito de servir à catequização cristã dos povos indígenas na Mesoamérica.
d) são manuscritos rudimentares produzidos por indígenas mesoamericanos no período pré-colonial e que, atualmente, são considerados apenas devido a seu valor artístico.
e) se trata de manuscritos que foram elaborados por escribas na região da Mesoamérica por encomenda da administração colonial.

Questão 18

Observe a imagem.

▸ Guamán Poma de Ayala. Xilogravura feita na segunda metade do século XVI.

Os cerca de 10 milhões de habitantes que integravam o Império Inca eram etnicamente diversos e organizados em uma estrutura social estratificada. Considerando seus conhecimentos sobre o Império Inca, a imagem representa

a) uma sacerdotisa do Templo do Sol em trajes religiosos.
b) uma tecelã comercializando seus produtos em uma feira.
c) uma agricultora se preparando para a colheita de milho.
d) uma mulher usando o *quipu*, um sistema de escrita inca.
e) uma mulher fazendo uma oferenda ao deus Sol.

Questão 19

Leia o texto a seguir.

> [Bernardino de] Sahagún, que colhe informações e organiza sua narrativa em Tenochtitlan ou cidades vizinhas, elege Huitzilopochtli como o primeiro deus a ser tratado em seu primeiro livro, mostrando a clara relação entre suas prioridades narrativas e a importância que tinham as celebrações públicas, ou seja, as celebrações mais praticadas e difundidas deveriam ser os principais focos de atenção do trabalho missionário.
>
> Eduardo Natalino dos Santos. *Deuses do México indígena*: estudo comparativo entre narrativas espanholas e nativas. São Paulo: Palas Athena, 2002. p. 219.

Bernardino de Sahagún foi um frei franciscano espanhol que viveu no século XVI. Ele participou do processo de evangelização da Nova Espanha, especialmente na região mexicana, e estudou a cultura e a história astecas. De acordo com o texto, ele atribui grande importância a Huitzilopochtli, deus

a) do Sol e da guerra.
b) das águas e do trovão.
c) dos guerreiros e dos raios.
d) da neblina e dos bons ventos.
e) criador do Sol, da Lua, das estrelas e de todos os seres vivos.

Questão 20

Observe o mapa.

■ **América do Sul: Possível caminho de Peabiru**

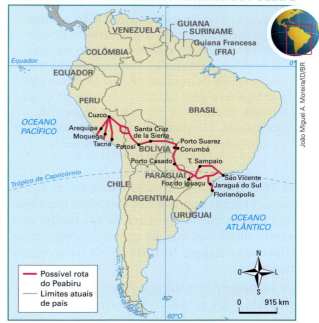

Fonte de pesquisa: Ana Paula Colavite. *Contribuição do geoprocessamento para a criação de roteiros turísticos nos caminhos de Peabiru* – Paraná. 2006. 162 p. Dissertação (Mestrado em Geografia, Meio Ambiente e Desenvolvimento) – Universidade Estadual de Londrina, Londrina. p. 21.

O mapa apresenta o possível caminho de Peabiru, que ligaria São Vicente, no litoral de São Paulo, à costa do oceano Pacífico, no Peru. Uma das teorias é a de que os Guarani, guiados por estudos astronômicos da Via Láctea, teriam aberto essa estrada em busca da Terra sem Mal. Considerando seus conhecimentos sobre os povos americanos, esse caminho teria possibilitado trocas culturais entre os

a) astecas e os Guarani.
b) Guarani e os incas.
c) Guarani e os toltecas.
d) Guarani e os olmecas.
e) maias e os Guarani.

265

PARTE 2

Questão 1

Leia o texto a seguir.

> [...] a grande rota comercial do mundo europeu que sai do esfacelamento do Império do Ocidente é a que liga por terra o Mediterrâneo ao mar do Norte, desde as repúblicas italianas, através dos Alpes, os cantões suíços, os grandes empórios do Reno, até o estuário do rio onde estão as cidades flamengas. No século XIV, mercê de uma verdadeira revolução na arte de navegar e nos meios de transporte por mar, outra rota ligará aqueles dois polos do comércio europeu: será a marítima que contorna o continente pelo estreito de Gibraltar. Rota que, subsidiária a princípio, substituirá afinal a primitiva no grande lugar que ela ocupava. O primeiro reflexo dessa transformação, a princípio imperceptível, mas que se revelará profunda e revolucionará todo o equilíbrio europeu, foi deslocar a primazia comercial dos territórios centrais do continente, por onde passava a antiga rota, para aqueles que formam a sua fachada oceânica: a Holanda, a Inglaterra, a Normandia, a Bretanha e a península Ibérica.
>
> Caio Prado Júnior. *A formação do Brasil contemporâneo*. São Paulo: Companhia das Letras, 2016. p. 17-18.

Em 1942, o pensador brasileiro Caio Prado Júnior buscou explicar os processos históricos que constituíam a sociedade brasileira de seu tempo analisando elementos que ele considerou essenciais na formação do país. No texto acima, o historiador analisa

a) o contexto que antecedeu e impulsionou a decadência das potências da península Ibérica.

b) a ascensão das cidades marítimas italianas e o declínio mercantil das cidades flamengas.

c) a disputa entre França e Inglaterra pelo mercado consumidor europeu.

d) a força mercantil e marítima das cidades costeiras italianas.

e) o fechamento do Mediterrâneo pelos otomanos e o deslocamento das rotas comerciais europeias, que favoreceu a expansão ultramarina.

Questão 2

Leia o texto a seguir.

> [...] Homens e mulheres têm o costume de pintar a pele com certo suco de ervas nas cores verde, vermelho e amarelo [...].
>
> [...] A vestimenta desse povo é mínima. Eles andam praticamente nus à exceção de um tipo de calção feito de pele de cabra, [...].
>
> [...] em seu reino não há nenhuma cidade, apenas vilarejos com suas cabanas de palha. Os homens aqui são incapazes de construir casas porque não há nem argamassa e nem pedras em quantidade suficiente.
>
> [...] Ao rei é permitido ter tantas mulheres quanto ele deseja. Outros príncipes podem, até mesmo os homens comuns, ter também tantas mulheres quantas eles podem sustentar.
>
> Sílvio Marcus de Souza Correa. A imagem do negro no relato de viagem de Alvise Cadamosto (1455-1456). *Revista Politeia*: história e sociedade, Vitória da Conquista, v. 2, n. 1, p. 113, 114 e 117, 2002. Disponível em: https://periodicos2.uesb.br/index.php/politeia/article/view/3954/3256. Acesso em: 24 jan. 2023.

O texto reproduz um trecho do relato da viagem feita pelo navegador veneziano Alvise Cadamosto, ao longo da costa da África, a mando do rei português dom Henrique, no século XV. Sobre o discurso do navegador Alvise Cadamosto, podemos dizer que se trata de

a) uma fonte histórica que nos permite compreender o modo como um europeu interpretava as sociedades africanas do século XV.

b) uma fonte histórica que transmite a realidade sobre como os europeus cuidaram das sociedades africanas do século XV.

c) uma fonte histórica contando como de fato ocorreu a recepção dos povos africanos aos europeus que chegaram ao continente no século XV.

d) um texto meramente literário, o que inviabiliza seu uso como fonte historiográfica.

e) um documento pessoal sem caráter histórico.

Questão 3

Leia o texto a seguir.

> O principal aliado foi a antiga, poderosa, riquíssima e supranacional Santa Sé, de cujas Cruzadas pelo mundo os portugueses participaram, e que mais tarde sustentou de muitas maneiras as pretensões ultramarinas lusas. As bulas papais conferiram a Portugal, entre outras coisas, o direito de comerciar com exclusividade nas terras encontradas além-mar e, em 1493, pela bula *Inter coetera*, praticamente dividiu o mundo entre espanhóis e portugueses. Os inimigos eram os fiéis de todas as outras religiões, no início principalmente os muçulmanos [...]. Com o tempo, os portugueses integraram à categoria de inimigos, reais ou potenciais, outros grupos não católicos, como judeus e ciganos e, já na época do império, também hindus, brâmanes, budistas etc.
>
> Janaína Amado; Luiz Carlos Figueiredo. *O Brasil no Império português*. Rio de Janeiro: Zahar, 2001. p. 16-17.

A chamada Reconquista, que se estendeu do século VIII ao século XV, permitiu que a Igreja católica estabelecesse seu poder na península Ibérica, o que contribuiu para a consolidação da identidade católica nos dois reinos ibéricos e a delimitação de seus inimigos, os não católicos. De acordo com tal contexto, considere as afirmações a seguir.

I. Após a expansão ultramarina, a Igreja teve um papel de destaque na consolidação das empresas coloniais ibéricas principalmente catequizando a população local.

II. A Igreja participou ativamente da expansão ultramarina e deteve o monopólio das terras e das atividades econômicas nos primeiros decênios do século XV.

III. As ordens religiosas marcaram presença em todo o Império Ibérico, e a Companhia de Jesus, criada durante a Contrarreforma e na primeira fase da expansão ultramarina, foi a principal delas.

IV. O enorme prestígio e poder econômico da Igreja possibilitou que essa instituição convidasse lideranças muçulmanas para participar da expansão da fé em um deus único na América.

Estão corretas as afirmações

a) I e IV.
b) I e III.
c) II, III e IV.
d) II e IV.
e) I, II e III.

Questão 4

Observe a imagem.

▲ Jerome Coeler. Ilustração representando o galeão Saint Martin em navegação para Portugal, publicada por volta de 1530.

Com base na imagem, podemos afirmar que a expansão marítima europeia nos séculos XV e XVI só foi possível devido

a) ao senso aventureiro de portugueses e espanhóis, que se lançaram aos oceanos sem pensar nas consequências, visando unicamente à busca por tesouros perdidos.

b) à produção de instrumentos de navegação e à construção de navios a vapor, que possibilitavam aos navegadores percorrer longas distâncias em pouco tempo.

c) ao desejo missionário da Igreja católica, que se uniu aos protestantes para evangelizar o restante do mundo.

d) à produção de cartas náuticas, que podiam ser reproduzidas mais rapidamente com a invenção da imprensa.

e) à utilização de instrumentos de navegação inventados pelos árabes e pelos chineses e à construção, pelos portugueses, de caravelas e de naus.

Questão 5

Leia o texto a seguir.

Havia muitas afinidades comuns entre eles: a cor da pele – negra, parda, vermelha, acobreada, branca às vezes –, o nascimento bastardo, a insegurança do quotidiano, o pânico permanente ante a Justiça atenta e rígida, a itinerância do quotidiano, os concubinatos, as infrações que cometiam e que acabavam por igualá-los e colocá-los como opositores do Poder e da Ordem constituída.

Laura de Mello e Souza. *Desclassificados do ouro*: a pobreza mineira no século XVIII. São Paulo: Graal, 1990. p. 212.

O texto trata de uma camada presente na sociedade mineradora que não pertencia à classe intermediária nem à base e ficou conhecida como "desclassificados". Esse grupo social era formado por

a) africanos escravizados.

b) colonos portugueses pobres.

c) bandeirantes.

d) indígenas escravizados.

e) pessoas livres pobres.

Questão 6

Leia o texto a seguir.

O acarajé é um bolinho de feijão-fradinho, cebola e sal, frito em azeite de dendê. É uma iguaria de origem africana, vinda com os escravos na colonização do Brasil. Hoje está plenamente incorporado à cultura brasileira.

[...]

O registro do Ofício das baianas de acarajé como Patrimônio Cultural do Brasil, no Livro dos Saberes, é ato público de reconhecimento da importância do legado dos ancestrais africanos no processo histórico de formação de nossa sociedade e do valor patrimonial de um complexo universo cultural, que é também expresso por meio do saber dos que mantêm vivo esse ofício. [...]

Ofício das Baianas de Acarajé. Brasília, DF: Iphan, 2007. 104 p. *(Dossiê Iphan 6)*. Disponível em: http://portal.iphan.gov.br/uploads/ckfinder/arquivos/Dossie_oficio_baianas_acaraje.pdf. Acesso em: 24 jan. 2023.

Segundo o texto, é possível afirmar que a salvaguarda de bens imateriais para o ofício das baianas do acarajé é importante, pois

a) transforma um saber popular em um conhecimento intelectual e acadêmico.

b) institui que não possa haver nenhuma alteração nessa prática, tornando-a permanente e garantindo sua sobrevivência para as futuras gerações.

c) defende que esse ofício integra um conjunto de saberes populares característicos da identidade brasileira.

d) viabiliza que as baianas se tornem empreendedoras e possam ter acesso a linhas de crédito concedidas pelo governo.

e) oficializa a profissão e garante os direitos trabalhistas.

Questão 7

Leia o texto do historiador Leandro Karnal.

> No Brasil sempre houve desconfiança sobre a ideia de um "destino manifesto" que privilegiasse o governo de Washington. Porém, muito curiosamente, criou-se aqui uma explicação tão fantasiosa como aquela. A riqueza deles e nossas mazelas decorreriam de dois modelos históricos: as colônias de povoamento e as de exploração.
>
> Leandro Karnal e outros. *História dos Estados Unidos*: das origens ao século XXI. São Paulo: Contexto, 2011. p. 14.

Sobre a interpretação histórica que respalda um suposto sucesso econômico dos Estados Unidos no mundo contemporâneo, pode-se dizer que

a) a Coroa inglesa investiu na colonização do mesmo modo como as potências ibéricas o fizeram.

b) a colonização inglesa foi realizada por empresas privadas que visavam à exploração das terras e dos recursos naturais tanto quanto as empresas coloniais estabelecidas pelas Coroas ibéricas.

c) a colonização inglesa foi realizada por famílias bem constituídas com forte base religiosa.

d) a colonização inglesa surgiu como uma necessidade de acumular metais preciosos. À época, nas Treze Colônias, a mineração era a principal atividade econômica desenvolvida.

e) a colonização inglesa teria sido tão predatória quanto a ibérica se o atual território dos Estados Unidos fosse formado por terras férteis e tivesse clima tropical.

Questão 8

Observe a obra *Guerrilhas*, do pintor Johann Moritz Rugendas, e assinale a alternativa que completa corretamente a seguinte frase:

▲ Johann Moritz Rugendas. *Guerrilhas*, cerca de 1835. Litogravura colorizada.

A Guerra dos Bárbaros se deu com o movimento de interiorização da Colônia e significou

a) o conflito com diversos povos indígenas em um contexto de expansão da pecuária.

b) a insurreição dos colonos pobres que solicitavam auxílio para o investimento na pecuária.

c) um conflito armado organizado pelos senhores de engenho contra os africanos escravizados rebelados.

d) conflitos armados organizados pela Coroa portuguesa contra os escravizados fugitivos.

e) conflitos armados entre jesuítas e bandeirantes, que resultaram na redução dos aldeamentos e na morte de diversos povos indígenas.

Questão 9

Observe o mapa.

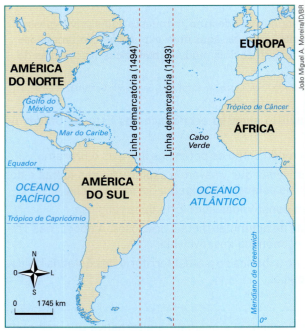

Fonte de pesquisa: Treaty of Tordesillas. *Encyclopaedia Britannica*. Disponível em: https://www.britannica.com/event/Treaty-of-Tordesillas. Acesso em: 24 jan. 2023.

O mapa determina

a) a projeção de Mercator desenvolvida no século XV e ainda hoje uma das mais utilizadas.

b) a influência e a demarcação dos reinos ibéricos no Atlântico pelos tratados de Tordesilhas (1493) e de Alcáçovas (1494).

c) a influência e a demarcação dos reinos ibéricos no Atlântico pela Bula *Inter Coetera* (1493) e pelo Tratado de Tordesilhas (1494).

d) a influência e a demarcação dos reinos ibéricos no Atlântico pelos tratados de Alcáçovas (1493) e de Tordesilhas (1494).

e) a revogação dos princípios estabelecidos no Tratado de Tordesilhas pelos tratados de Madrid (1493) e de Santo Ildefonso (1494).

Questão 10

Leia o texto a seguir.

Eu, El-Rei, faço saber a vós, Tomé de Sousa fidalgo de minha casa que vendo eu quanto serviço de Deus e meu é conservar e enobrecer as capitanias e povoações das terras do Brasil e dar ordem e maneira com que melhor e mais seguramente se possam ir povoando, para exaltamento da nossa santa fé e proveito de meus Reinos e Senhorios e dos naturais deles [...] ordenei ora de mandar nas ditas terras fazer uma fortaleza e povoação grande e forte em um lugar conveniente para daí se dar favor e ajuda às outras povoações [...] se ministrar justiça e prover nas coisas que cumprirem a meus serviços e aos negócios de minha Fazenda e a bem das partes [...] e por ser informado que a baía de Todos os Santos é o lugar mais conveniente da costa do Brasil para se poder fazer a dita povoação e assento, assim pela disposição do porto e rios que nela entram como pela bondade, abastança e saúde da terra e por outros respeitos, hei por meu serviço que na dita baía se faça a dita povoação e assento, e para isso vá uma armada com gente, artilharia, armas e munições e tudo o mais que for necessário. [...].

Regimento que levou Tomé de Sousa Governador do Brasil, 17 dez. 1548. Lisboa: Arquivo Histórico Ultramarino, códice 112, fls. 1-9. Disponível em: https://periodicos.ufpe.br/revistas/revistaclio/article/viewFile/24297/19701. Acesso em: 24 jan. 2023.

Com relação às responsabilidades do primeiro governador-geral do Brasil, identificam-se:

I. Assentamento da base colonial e sua consequente defesa.

II. Estabelecimento de novas normas de relacionamento com os donatários das capitanias hereditárias.

III. Introdução de uma nova instituição de controle social por intermédio da Companhia de Jesus, liderada pelo padre Manuel da Nóbrega.

IV. Construção da cidade de Salvador.

Sobre essas afirmações, podemos dizer que

a) todas estão corretas.

b) I, II e IV estão corretas.

c) I e IV estão corretas.

d) II e III estão corretas.

e) II, III e IV estão corretas.

Questão 11

Leia o texto a seguir.

Há, primeiro, os diversos grupos indígenas, com a característica fundamental de sua autonomia política absoluta. [...] Correlata a esta autonomia, a guerra endêmica, e a possibilidade de alianças estratégicas dos colonos com certos grupos indígenas para escravização dos outros. Estratégias, aliás, de mão dupla, já que tanto quanto as potências metropolitanas, os índios, até o Tratado de Madri em 1750, também souberam usar as guerras europeias para se aliarem, segundo suas conveniências e oportunidades, seja aos portugueses, seja aos franceses, holandeses ou espanhóis.

Manuela Carneiro da Cunha. *Cultura com aspas*. São Paulo: Cosac & Naify, 2009. p. 130-131.

No texto, a autora valoriza

a) a voz e a memória daqueles que detinham o poder político, ou seja, a Coroa portuguesa e a Igreja católica.

b) o entendimento da história a partir da acomodação e resignação indígena no processo de colonização.

c) a resistência e a vivência indígena, procurando produzir uma memória da experiência desses povos.

d) a memória do contato entre missionários jesuítas e a população indígena tanto da costa quanto do sertão colonial.

e) a visão eurocêntrica sobre a participação indígena na Colônia.

Questão 12

Observe o mapa a seguir.

Conquistas da Companhia das Índias Ocidentais na América portuguesa (século XVII)

Fonte de pesquisa: José Jobson de Arruda. *Atlas histórico básico*. São Paulo: Ática, 2011. p. 37.

Com base no mapa, é correto afirmar que a Companhia das Índias Ocidentais

a) foi um projeto expansionista financiado exclusivamente pela casa Orange-Nassau com o intuito de renegar a soberania espanhola.

b) foi uma empresa privada neerlandesa gerida por um conselho formado por 19 membros que ocupou parte da América portuguesa para garantir o lucro do açúcar.

c) era uma associação com diversos países estrangeiros que ocupou o atual Nordeste brasileiro.

d) foi um modelo econômico que uniu o monopólio comercial comandado com mãos de ferro pelo governo dos Países Baixos ao pacto colonial.

e) foi um modelo econômico com base no liberalismo econômico e que estava sob a responsabilidade do Conselho dos 19.

Questão 13

Sobre os eventos que antecederam o domínio espanhol sobre o Império português, é **incorreto** afirmar que

a) havia um forte descontentamento por parte da alta nobreza com relação à ascensão de comerciantes e da média e pequena nobreza, os quais ganhavam prestígio social em decorrência dos serviços prestados além-mar.

b) com o avanço da expansão marítima, a nobreza portuguesa, vinculada à propriedade privada da terra, sentiu-se contrariada com o desenvolvimento da economia mercantil.

c) a queda da importância econômica do açúcar produzido no Brasil causou um desequilíbrio nas finanças do Império português e exigiu que o governo passasse a tributar a alta nobreza.

d) o avanço da expansão marítima exigia cada vez mais recursos do Estado na manutenção do Império português.

e) a "União Ibérica", isto é, o domínio da Espanha sobre Portugal ocorreu entre 1580 e 1640.

Questão 14

Observe a imagem a seguir.

▸ Estátua de Borba Gato pegando fogo na capital de São Paulo. Foto de 2021.

Ao relacionar a imagem com o mito do bandeirante, na história do Brasil, pode-se afirmar que

a) os bandeirantes refletem o prestígio político e a riqueza de São Paulo durante o Brasil colônia.

b) as opiniões acerca dos bandeirantes eram unânimes desde o tempo da Colônia portuguesa.

c) os bandeirantes refletem o prestígio, os hábitos e costumes do Brasil contemporâneo diante de um passado glorioso.

d) o caráter desbravador, corajoso e heroico é contraposto com a ações realizadas por eles durante a Colônia.

e) o movimento das bandeiras representa com fidelidade os elementos estéticos e paisagísticos do período colonial.

Questão 15

Leia o texto a seguir.

> [...] A palavra quilombo tem a conotação de uma associação de homens, aberta a todos sem distinção de filiação a qualquer linhagem, na qual os membros eram submetidos a dramáticos rituais de iniciação que os retiravam do âmbito protetor de suas linhagens e os integravam como co-guerreiros num regimento de super-homens invulneráveis às armas de inimigos. [...]
>
> Kabengele Munanga. Origem e histórico do quilombo na África. *Revista USP*, São Paulo, n. 28, p. 56-63, dez. 1995/ fev. 1996. Disponível em: https://www.revistas.usp.br/revusp/article/view/28364/30222. Acesso em: 24 jan. 2023.

O texto trata da presença do termo "quilombo" nas culturas africanas no período pré-colonial e durante o processo de colonização. Para o autor

a) o termo remete à resistência à escravidão.

b) o termo "quilombo" foi cunhado no continente americano.

c) o termo se refere à associação de escravizados que foram alforriados.

d) o sentido do termo "quilombo" na África pré--colonial não está ligado a seu sentido na atualidade.

e) o termo "quilombo" foi criado por europeus que sequestravam os africanos para escravizá-los.

Questão 16

Entre as medidas tomadas pela Coroa portuguesa na tentativa de retomar a economia colonial depois de expulsar os neerlandeses de Pernambuco, destaca-se

a) o processo de interiorização da Colônia por meio da atividade pecuária, na busca por novas riquezas vegetais e minerais.

b) o incentivo à ampliação territorial da Colônia por meio da produção da cana-de-açúcar.

c) a política de distribuição de terras aos escravizados libertos, para que realizassem atividades pecuárias.

d) o incentivo à apreensão de indígenas para escravizá-los, garantindo a busca por novas terras.

e) o deslocamento dos engenhos para a capitania de São Vicente.

Questão 17

Leia os textos a seguir.

Texto I

> O que aconteceu com os quilombos depois de 1888 com o fim da escravidão? Com sua extinção não havia mais escravos e, portanto, fugitivos. Mas os quilombos e mocambos continuaram a se reproduzir mesmo com o fim da escravidão. Eles nunca desapareceram [...]. Os vários quilombos continuaram se reproduzindo, migrando, desaparecendo, emergindo e se dissolvendo no emaranhado das formas camponesas do Brasil de norte a sul.
>
> Flávio dos Santos Gomes. *Mocambos e quilombos*: uma história do campesinato negro no Brasil. São Paulo: Claro Enigma, 2015. p. 120.

Texto II

> A chamada comunidade remanescente de quilombo é uma categoria social relativamente recente, representa uma força social relevante no meio rural brasileiro, dando nova tradução àquilo que era conhecido como comunidades negras rurais (mais ao centro, sul e sudeste do país) e terras de preto (mais ao norte e nordeste), que também começa a penetrar ao meio urbano, dando nova tradução a um leque variado de situações que vão desde antigas comunidades negras rurais atingidas pela expansão dos perímetros urbanos até bairros no entorno dos terreiros de candomblé.
>
> Coordenação Nacional de Articulação das Comunidades Negras Rurais Quilombolas. *O que é quilombo?*. Disponível em: http://conaq.org.br/coletivo/terra-e-territorio. Acesso em: 23 jan. 2023.

Com base na leitura dos textos, é possível concluir que

a) os quilombos foram se extinguindo após a abolição.

b) com o fim do sistema escravagista, houve o aumento de quilombos no decorrer do tempo.

c) a existência de políticas públicas centradas na população negra brasileira desde a abolição foi essencial para a regulamentação das terras ocupadas pelos quilombolas.

d) com a abolição, os quilombos deram origem ao campesinato brasileiro.

e) os quilombos não desapareceram mesmo após a abolição, contudo o que atualmente chamamos de quilombo remanescente é um fenômeno contemporâneo e se dá principalmente nas áreas urbanas.

Questão 18

Leia o texto a seguir.

> Se é verdade que os paraguaios e paulistas conseguiram forjar uma relação harmoniosa nas terras indefinidas – às custas dos Guarani, é claro –, tal relação foi desestabilizada pelos missionários jesuítas que se instalaram na região a partir de 1609.
>
> John Manuel Monteiro. *Negros da terra*: índios e bandeirantes nas origens de São Paulo. São Paulo: Companhia das Letras, 2009. p. 69.

O texto trata de um vasto território localizado entre os dois reinos ibéricos na América, a região

a) da Amazônia.
b) de Guairá.
c) dos Sertões do norte.
d) da Capitania das Minas.
e) da Capitania de Pernambuco.

Questão 19

Leia o texto a seguir.

> O maior surto de arquitetura em pedra deu-se a partir de 1750, quando muitos templos foram reformados ou totalmente reedificados. Na segunda metade do século XVIII houve bastantes construções nas Minas Gerais, empregando-se inclusive oficiais mecânicos e artistas nascidos na região. Os templos dedicados a São Francisco da Penitência, Nossa Senhora do Carmo, das Mercês, Senhor do Bom Jesus, Cordão de São Francisco, dentre outros, foram edificados a partir de 1750. Capelas primitivas do Rosário dos Pretos foram refeitas nesse período, assimilando a pedra.
>
> Adalgisa Arantes Campos. *Introdução ao Barroco mineiro*. Belo Horizonte: Crisálida, 2006. p. 29.

Com base no texto, podemos apontar duas das características do Barroco mineiro, que são

a) o luxo e o exagero nas formas.
b) a cultura monumental e a exaltação dos temas da natureza.
c) o uso da pedra-sabão e o apoio das ordens religiosas.
d) o uso de figuras deformadas e da técnica da taipa de pilão.
e) o predomínio de linhas curvilíneas e de cores vivas.

Questão 20

Leia o texto a seguir.

> A extração aurífera trazia prosperidade a alguns moradores, enquanto muitos viviam na pobreza, e quase todos contestavam o sistema de cobrança do quinto — taxa de 20% sobre a extração de ouro. Em 1736, essa regra de arrecadação passou a incluir até as áreas onde não havia extração aurífera, incidindo sobre escravos e o comércio. Isso deixou os moradores do sertão do rio São Francisco em polvorosa, pois se sustentavam basicamente da criação de gado e da agricultura. O resultado foi uma série de levantes que se espalharam por diversas localidades, reunindo grandes proprietários rurais, religiosos, escravos, forros, índios e mestiços.
>
> Gefferson Ramos Rodrigues. Ordem na baderna. Condenados pelo uso da violência, os grupos populares nas revoltas da Colônia tinham suas regras e rituais. Sinal de que nem tudo era permitido. *Revista de História da Biblioteca Nacional*, Rio de Janeiro, p. 28-32, 2 dez. 2013.

O texto mostra que os moradores do sertão do rio São Francisco

a) estavam mobilizados contra uma medida específica, e suas ações eram destinadas à revogação dessa medida.
b) estavam organizados, mas não tinham objetivos explícitos de reivindicação.
c) eram baderneiros e depredadores do patrimônio público.
d) estavam organizados, mas permitiram que vândalos se apropriassem do movimento e deturpassem a luta política.
e) eram manifestantes individualistas, mas com reivindicações comuns.

INTERAÇÃO

CIRCULAÇÃO DE PRODUTOS NO MUNDO: MAPA TEMÁTICO

Ao longo do tempo, as relações comerciais aproximaram diversos povos, proporcionando o contato com diferentes sociedades e culturas em várias regiões do mundo. Nesta atividade, você e os colegas vão produzir um mapa temático sobre as redes de comércio mundiais entre os séculos XIV e XVIII.

A bússola, um instrumento inventado pelos chineses, é usada para determinar as direções. Por isso, é uma das principais ferramentas de navegação.

Os mapas do mundo, também chamados de mapas-múndi, são representações gráficas da superfície terrestre. Esse tipo de representação é uma importante ferramenta na organização de informações sobre as características físicas e culturais de um espaço e de um povo, além de ter muitas outras funções. Por serem produzidos por pessoas, os mapas traduzem o modo como os grupos sociais que os produziram compreendem os territórios. Assim, eles também podem ser analisados como fontes históricas.

Por exemplo, na Antiguidade clássica, os romanos e os gregos elaboravam mapas das regiões conhecidas; durante as Grandes Navegações, nos séculos XV e XVI, sempre havia cartógrafos presentes nas expedições ibéricas. Entre os objetivos dessas demarcações, estava a necessidade de conhecer os territórios recém-descobertos e de identificar possíveis locais para expansão.

Objetivos

- Produzir um mapa temático do mundo, comentado e ilustrado, sobre produtos, técnicas e tecnologias do século XIV ao século XVIII.
- Reconhecer espacialmente as regiões que estabeleceram contato comercial entre si do século XIV ao século XVIII.
- Identificar os produtos e as técnicas (os conhecimentos) que circularam nesse período, seus lugares de origem e as regiões que utilizaram esses produtos e essas técnicas.
- Observar que o comércio, além de ser uma forma de obtenção de produtos, propicia o contato entre diferentes culturas e suas manifestações: técnicas, tecnologias, ideias, modos de vida, etc.

Material

- caderno de História para as anotações
- folha de papel A3 ou maior
- folhas de papel avulsas
- canetas hidrográficas e canetas esferográficas
- 6 cartolinas ou folha de papel pardo
- cola, tachas pequenas ou alfinetes
- tesoura de pontas arredondadas

Planejamento

Com a orientação do professor, organizem-se em grupos de até cinco integrantes.

Cada grupo vai escolher um país, uma região ou um oceano estudado, como recorte espacial para a pesquisa.

Na lousa, construam uma tabela coletiva com os nomes dos integrantes de cada grupo e os respectivos locais de recorte espacial escolhidos. Os grupos devem anotar essas informações no caderno e retomá-las sempre que for necessário durante o desenvolvimento do projeto.

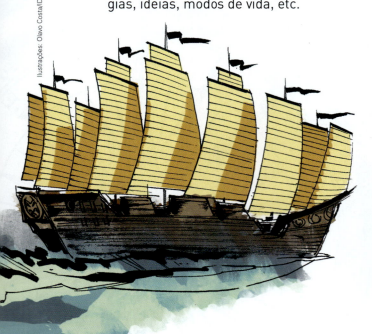

Procedimentos

Parte I – Pesquisando as informações e as imagens

1. Busquem, em suas anotações, informações históricas sobre o recorte espacial escolhido. O foco dessa busca devem ser os contatos comerciais estabelecidos entre as regiões, do século XIV ao século XVIII.
2. Além do livro didático, vocês podem consultar publicações impressas e digitais para complementar as informações de que dispõem.
3. Sistematizem a pesquisa, organizando, de modo temático, os dados coletados. Para isso, usem categorias para agrupar todas as informações, tais como: produtos comercializados; povos com quem realizavam trocas; técnicas e conhecimentos desenvolvidos; principais meios de transporte; rotas comerciais.
4. À medida que a pesquisa avançar, é possível aprofundá-la de acordo com o interesse do grupo, abordando aspectos como a utilidade de cada produto, as técnicas de comércio e de transporte, como se dava a comunicação entre os diferentes povos, etc.
5. Depois de coletados os dados, busquem imagens para ilustrá-los. Representações dos produtos comercializados, dos instrumentos de trabalho, dos meios de transporte, dos povos que realizavam comércio, assim como das aldeias, dos portos e das cidades, podem ser encontradas em publicações impressas ou digitais.
6. Na data combinada com o professor, os grupos devem apresentar os dados e as imagens pesquisadas até o momento. Esse diálogo é importante, pois permite que vocês percebam as relações entre os diferentes recortes espaciais escolhidos pelos demais grupos, observando os diversos pontos de vista e complementando os dados coletados.

Parte II – Preparando os materiais e o mapa

1. Imprimam e recortem as imagens selecionadas. Depois, colem-nas em folhas de papel avulsas um pouco maiores que elas. Em cada folha, escrevam uma breve legenda explicativa para cada uma das imagens.
2. Em folhas de papel avulsas, passem a limpo os textos com as informações pesquisadas.
3. O tamanho dessas folhas deve ser condizente com o tamanho do mapa-múndi produzido pela turma: as folhas não podem ser muito grandes, para não se sobreporem às áreas do mapa, nem muito pequenas, para não dificultarem a leitura do texto.
4. O mapa pode ser confeccionado em uma folha grande de papel pardo ou em um conjunto de seis cartolinas. Outra possibilidade é usar como base um mapa-múndi já pronto. Para isso, você e a turma podem buscar, na internet, um mapa-múndi em alta resolução e, depois, imprimi-lo no tamanho escolhido pela turma.
5. Destaquem, no mapa, a área que cada grupo pesquisou.

Parte III – Montando o mapa

1. Na data combinada, afixem os textos e as imagens com legendas no mapa, usando a cola, as tachas ou os alfinetes.
2. Por fim, tracem no mapa as linhas que indicam os movimentos comerciais, de técnicas e de conhecimentos. Cada rota deve ser de uma cor e estar acompanhada de uma legenda explicativa sobre ela.

Ilustrações: Olavo Costa/ID/BR

Compartilhamento

1. Ilustrado, comentado e exposto, o mapa temático do mundo deve ser observado em conjunto pela turma. Aproveitem a oportunidade para conhecer as informações pesquisadas pelos outros grupos. Caso identifiquem uma região com poucos dados, façam novamente os procedimentos indicados, complementando o mapa.
2. Com cuidado, exponham o mapa em um mural da escola, para que ele possa ser consultado pela comunidade escolar.

Autoavaliação

1. Houve alguma região privilegiada, isto é, da qual foi coletada uma grande quantidade de informações, em comparação com as outras regiões? Em caso afirmativo, que motivos históricos podem ter provocado isso?
2. Houve regiões com pouca ou nenhuma informação pesquisada? Isso aconteceu pela falta de interesse do grupo ou pela escassez de informações sobre a região?
3. A atividade auxiliou na identificação e na caracterização das redes de contato estabelecidas entre os povos dos séculos XIV ao XVIII?
4. A pesquisa e a posterior produção do mapa ampliaram o conceito de comércio, com o reconhecimento de que as relações comerciais difundem não apenas produtos, mas também cultura?
5. O resultado final do projeto possibilitou a percepção de que as principais redes comerciais estabelecidas entre as regiões, dos séculos XIV ao XVIII, foram essenciais para a gradual acumulação de bens em parte do continente europeu, favorecendo a formação do capitalismo e a hegemonia econômica dessa região?
6. Por fim, reflitam sobre todas as etapas do projeto, individuais e coletivas, avaliando de quais vocês mais gostaram, quais foram mais desafiadoras e se fariam alguma coisa diferente.

BIBLIOGRAFIA COMENTADA

ALENCASTRO, L. F. de. *O trato dos viventes*: formação do Brasil no Atlântico Sul. São Paulo: Companhia das Letras, 2000.

O autor analisa como a produção escravista se consolidou na colonização portuguesa norteando processos econômicos e sociais na América portuguesa e em Angola.

ALMEIDA, S.; RIBEIRO, D. (coord.). *O que é racismo estrutural?* Belo Horizonte: Letramento, 2018 (Coleção Feminismos Plurais).

Silvio Almeida, um dos mais importantes pensadores brasileiros da atualidade, propõe, nesse livro, uma abordagem do racismo que compreende o tema para além das esferas moral ou cultural. Ele defende que o racismo é parte de um processo social, histórico e político, decorrente da própria estrutura social, e explora esse fenômeno de forma didática e acessível.

BETHENCOURT, F.; CURTO, D. R. (dir.). *A expansão marítima portuguesa*: 1400-1800. Lisboa: 70, 2010.

Essa obra abrange diversas áreas do Império Português, como economia e sociedade, política e instituições, bem como manifestações culturais. Mostra, ainda, as relações entre os portugueses e as populações locais das colônias.

BRASIL. Ministério da Educação. Secretaria de Educação Básica. *Base Nacional Comum Curricular*: educação é a base. Brasília: MEC/SEB, 2018. Disponível em: http://basenacionalcomum.mec.gov.br. Acesso em: 8 maio 2023.

A Base Nacional Comum Curricular (BNCC) é um documento normativo que se propõe a equalizar o aprendizado, criando parâmetros para a aferição da qualidade da educação em todo o Brasil e padronizando os patamares de aprendizagem ao longo das etapas da Educação Básica em todas as modalidades de conhecimento. Para isso, a BNCC estabelece competências e habilidades que devem ser desenvolvidas por todos os estudantes.

BURCKHARDT, J. *A cultura do Renascimento na Itália*: um ensaio. São Paulo: Companhia das Letras, 2003.

Obra fundamental de referência para historiadores, filósofos e críticos de arte; esse livro é considerado um dos trabalhos fundadores da chamada história cultural e analisa o efeito da cultura sobre a política, concentrando-se na ascensão de uma concepção nova e autoconsciente do Estado, bem como reflete o efeito da cultura sobre a religião e a sociedade.

BURKE, P. *A fabricação do rei*: a construção da imagem pública de Luís XIV. 2. ed. Rio de Janeiro: Zahar, 2009.

O autor explica o funcionamento da máquina de propaganda de Luís XIV e revela como a criação da imagem do rei estabelece a relação entre arte e poder. Em um estudo cronológico da dinâmica de elaboração da imagem do rei ao longo de setenta anos, Peter Burke discute o elemento de propaganda implícito na fabricação de um símbolo para que o leitor compreenda a importância da máquina de propaganda oficial na França do século XVIII.

BURKE, P. *O renascimento*. Lisboa: Texto & Grafia, 2008.

Nesse estudo, o autor discorda da versão tradicional que relaciona o Renascimento a uma matriz essencialmente italiana, de caráter moderno e apartada da Idade Média. A obra destaca a presença das tradições medievais no processo de elaboração criativa da arte e de valores clássicos inseridos nos contextos culturais e sociais.

COSTA E SILVA, A. da. *A enxada e a lança*: a África antes dos portugueses. 7. ed. Rio de Janeiro: Nova Fronteira, 2022.

Os estudos do historiador e diplomata brasileiro Alberto da Costa e Silva são considerados referência para pesquisadores que se dedicam às temáticas sobre os povos e as culturas africanas e afro-brasileiras. Nessa obra, o autor analisa fontes materiais e fontes imateriais da Antiguidade africana, abordando etnias e matrizes culturais do continente africano em diferentes temporalidades.

CUNHA, M. C. *Índios no Brasil*: história, direitos e cidadania. São Paulo: Claro Enigma, 2013 (Coleção Agenda Brasileira).

Esse livro aborda a temática indígena por meio de cinco ensaios e utiliza tanto a História quanto a Antropologia para refletir sobre o desconhecimento do passado, do presente e do futuro dos povos nativos do Brasil.

DELUMEAU, J. *Nascimento e afirmação da Reforma*. São Paulo: Pioneira, 1989.

Esse livro tem três partes: a primeira é dedicada a um balanço de fontes e bibliografias; a segunda apresenta uma narrativa mais detalhada dos eventos e das personagens; e a terceira faz um debate historiográfico com as principais correntes interpretativas sobre a Reforma.

EISENBERG, J. *As missões jesuíticas e o pensamento político moderno*: encontros culturais, aventuras teóricas. Belo Horizonte: Ed. da UFMG, 2000.

Esse livro analisa a presença jesuítica na América revendo as escolhas ou reorientações estratégicas utilizadas para a realização da obra missionária. Para isso, o autor investiga cartas da primeira geração de missionários jesuítas no Brasil (1549-1610), busca o sentido e a dinâmica da correspondência como mecanismo de organização e controle interno das atividades da Companhia e identifica os fracassos das primeiras iniciativas missionárias e os esforços para superá-los.

ELIAS, N. *A sociedade de corte*. Rio de Janeiro: Zahar, 2001.

O autor estuda o rei Luís XIV e sua corte, levando em consideração as relações sociais e suas interdependências, e analisa como os símbolos de *status* e de prestígio fortalecem uma estrutura consolidada de poder.

FEBVRE, L. *Martinho Lutero*: um destino. São Paulo: Três Estrelas, 2012.

O historiador Lucien Febvre analisa Lutero e a Reforma como partes da sociedade que estava em transição para um novo modelo de organização econômica e de sociabilidade intelectual e política. Para Lutero, a sociedade ansiava por uma igreja mais simples, com menos sacramentos, sem as cobranças de indulgências, e por um clero que não se envolvesse em corrupção moral.

GODINHO, V. M. *Mito e mercadoria, utopia e prática de navegar*: séculos XIII-XVIII. Lisboa: Difel, 1990.

O autor busca entender a expansão portuguesa percorrendo conceitos diversos, como as concepções do espaço, do tempo e do número, e analisando a geografia mítica e a exploração real. Esse livro mostra a visão do outro e as relações comerciais presentes nas novas maneiras de pensar e na criação de grandes espaços econômicos no Índico e no Atlântico.

GOMES, F. S. *Mocambos e quilombos*: uma história do campesinato negro. São Paulo: Claro Enigma, 2015 (Coleção Agenda Brasileira).

O tema desse livro é a história dos quilombos, vistos pelo autor como fundamentais nos processos de identidade e de luta pela cidadania das comunidades negras contemporâneas.

GRUZINSKI, S. *A colonização do imaginário*: sociedades indígenas e ocidentalização no México espanhol – séculos XVI-XVIII. São Paulo: Companhia das Letras, 2003.

O autor analisa como os indígenas se submetiam ou resistiam às expectativas dos colonizadores espanhóis, demonstrando como o choque entre os dois povos exigiu uma série de adaptações por parte de ambos, mas, principalmente, dos indígenas.

LADURIE, E. L. R. *O estado monárquico*. São Paulo: Companhia das Letras, 1994.

O historiador Emmanuel Ladurie faz uma síntese do período de 1460 a 1610 na França, analisando como se deu a progressiva centralização do Estado e a definição das fronteiras nacionais. Narra também o processo que culminou no Estado absolutista de Luís XIV, o Rei Sol, apresentando-o como o marco do surgimento da monarquia clássica e do Estado moderno.

MATTOS, R. A. de. *História e cultura afro-brasileira*. São Paulo: Contexto, 2011.

Essa obra, além de trazer informações importantes sobre alguns reinos e impérios do continente africano, analisa a formação de uma cultura afro-brasileira, mesmo diante da penosa chegada forçada dos africanos ao Brasil na condição de escravizados. A leitura promove a oportunidade de refletir sobre a base da cultura brasileira.

MAXWELL, K. *A devassa da devassa*: a Inconfidência Mineira – Brasil e Portugal (1750-1808). São Paulo: Paz e Terra, 2009.

Nessa obra, o autor registra a adaptação, a crise e a reestruturação imperial por meio da análise da Inconfidência Mineira do ponto de vista dos movimentos sociais e econômicos da época. Mostra de que forma esse episódio de ruptura da Colônia com o Império foi ditado por forças estruturais e não apenas pelo protagonismo dos inconfidentes.

MELLO, E. C. de (org.). *O Brasil holandês*. São Paulo: Penguin & Companhia das Letras, 2010.

O autor traz um olhar crítico sobre trechos importantes de fontes de época, como livros, crônicas, documentos e cartas sobre o domínio neerlandês no Brasil, optando por uma narrativa clara e bem estruturada, que abrange desde as primeiras invasões dos holandeses na Bahia e em Pernambuco até a derrota e expulsão deles.

NASCIMENTO, E. L. (org.) *Cultura em movimento*: matrizes africanas e ativismo negro no Brasil. São Paulo: Selo Negro, 2014 (Coleção Sankofa 2: Matrizes Africanas da Cultura Brasileira).

Nessa obra, a educadora Elisa Larkin Nascimento investiga a história de resistência dos descendentes dos africanos no Brasil e seu legado cultural, buscando reconhecer a construção da identidade negra no país. Preocupa-se, também, em discutir a importância da educação no estabelecimento de relações mais éticas e justas.

PANTOJA, S. *Uma antiga civilização africana*: história da África Central Ocidental. Brasília: Ed. da UnB, 2011.

Esse livro aborda a formação dos povos da parte litorânea da África Central Ocidental, mostrando a rica diversidade histórica, geográfica, antropológica e religiosa do universo africano. A autora ressalta os elementos de coesão que garantem o reconhecimento do patrimônio cultural africano.

SANTOS, E. N. *Deuses do México indígena*. São Paulo: Palas Athena, 2002.

O autor faz uma análise histórica de como os povos nativos da América, antes da chegada dos colonizadores, relacionavam-se com seus deuses e de como os colonizadores cristãos entenderam essa relação. Santos apresenta um painel comparativo que evidencia as inúmeras diferenças entre as interpretações cosmológicas.

SANTOS, E. N. *Histórias e cosmologias indígenas da Mesoamérica e Andes Centrais em tempos pré-hispânicos e coloniais*. 2019. p. 227. Tese (Livre-docência) – Faculdade de Filosofia, Letras e Ciências Humanas da Universidade de São Paulo (FFLCH-USP), São Paulo, 2019. Disponível em: https://cema.webhostusp.sti.usp.br/images/ProducaoCEMA/EduardoNatalinodosSantos/Eduardo-N-Santos---Tese---livre-docncia.pdf. Acesso em: 8 maio 2023.

Em sua tese de livre-docência, o pesquisador Eduardo Natalino dos Santos investiga, sistematiza e analisa as principais diferenças e semelhanças culturais entre os povos antigos da América, especialmente aqueles que integram as macrorregiões andina e mesoamericana, importantes matrizes culturais do nosso continente.

SCHWARTZ, S. B.; LOCKHART, J. *A América Latina na época colonial*. Rio de Janeiro: Civilização Brasileira, 2002.

A obra analisa as semelhanças nos processos de colonização espanhol e português na América Latina. Os autores analisam a América Latina como uma unidade com centro e elementos periféricos, todos caracterizados tanto por fronteiras nacionais quanto imperiais. O objetivo é apresentar as semelhanças e as diferenças entre a colonização portuguesa e a colonização espanhola.

SILVA, K. V.; SILVA, M. H. *Dicionário de conceitos históricos*. São Paulo: Contexto, 2009.

Os autores dessa obra buscam listar e definir os principais conceitos históricos utilizados na atualidade, possibilitando, de forma prática e objetiva, o seu aprofundamento.

SOUZA, M. M. *África e Brasil africano*. São Paulo: Ática, 2012.

Diversos aspectos da presença africana no Brasil e a história do continente africano e seus povos são abordados nesse livro, que exalta a contribuição africana para a formação do Brasil.

THORNTON, J. *A África e os africanos na formação do mundo atlântico*: 1400-1800. São Paulo: Elsevier, 2003.

O objetivo principal desse livro é analisar o papel das sociedades africanas na formação do complexo mundo atlântico. O autor aborda de maneira equitativa os estudos sobre as relações entre a América, a Europa e a África pré-colonial, tomando como base o advento da expansão marítima ibérica.

TODOROV, T. *A conquista da América*: a questão do outro. São Paulo: Martins Fontes, 1991.

A obra traz uma importante reflexão sobre a complexa relação entre o choque de culturas no encontro com o "outro". Em vista disso, uma questão é apresentada ao leitor: "Como se comportar em relação ao outro?". Todorov retoma a história da conquista da América, considerando esse fato um dos mais importantes da história ocidental.

VAINFAS, R. (org.). *Dicionário do Brasil colonial (1500-1808)*. Rio de Janeiro: Objetiva, 2000.

A obra é um mosaico de verbetes, os quais possibilitam conhecer os usos e costumes públicos e privados durante o período colonial no Brasil. Trata-se de um guia que permite o aprofundamento de conceitos históricos do período colonial.

VIEIRA, H. C.; GALVÃO, N. N. P.; SILVA, L. D. (org.). *Brasil holandês*: história, memória e patrimônio compartilhado. São Paulo: Alameda, 2012.

Essa obra apresenta o resultado das reflexões realizadas no Primeiro Colóquio Internacional sobre o Brasil Holandês, ocorrido em Recife, em 2011, em virtude do Ano da Holanda no Brasil. O livro é composto de partes específicas sobre historiografia, arte, iconografia, administração do governo holandês, memória e patrimônio.